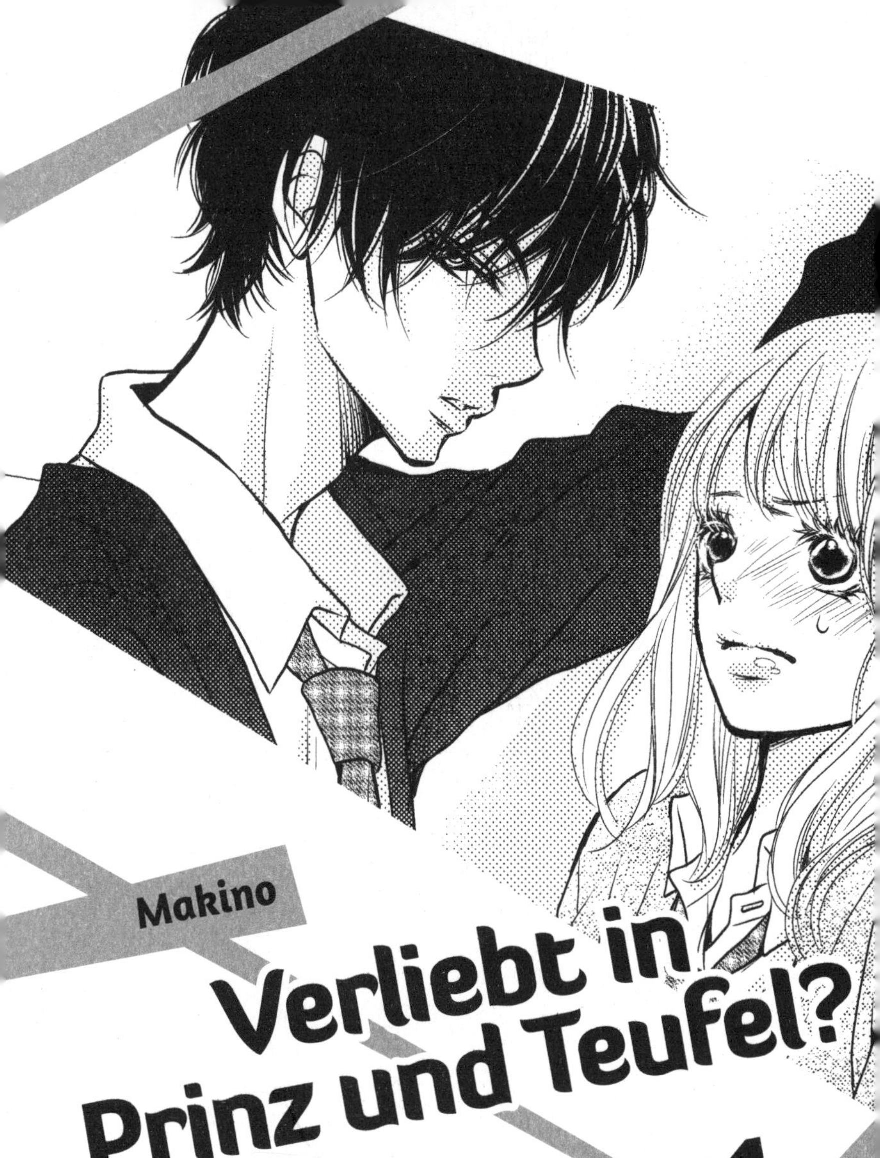

Makino

Verliebt in Prinz und Teufel?

1

TOKYOPOP GmbH
Hamburg

TOKYOPOP
4. Auflage, 2022
Deutsche Ausgabe/German Edition

Aus dem Japanischen von Katharina Schmölders

KODANSHA

Redaktion: Alexandra Schöner
Lettering: Vibrant Publishing Studio
Herstellung: Jacqueline Bradtke
Druck und buchbinderische Verarbeitung:
CPI - Clausen & Bosse GmbH, Leck
Printed in Germany

MIX Papier FSC® C083411

Wir achten auf die Umwelt.
Dieses Produkt besteht aus FSC®-zertifizierten
und anderen kontrollierten Materialien.

ISBN 978-3-8420-4217-9

www.tokyopop.de

Makino

Verliebt in Prinz und Teufel?

1

TOKYOPOP®

Inhalt

01. Kapitel Weißer Prinz und schwarzer Teufel
006

02. Kapitel Bestrafung durch den Teufel?!
059

03. Kapitel Troubleshooter ☆ Kurosaki
101

04. Kapitel Ein teuflisches Versprechen!
143

Verliebt in Prinz und Teufel?

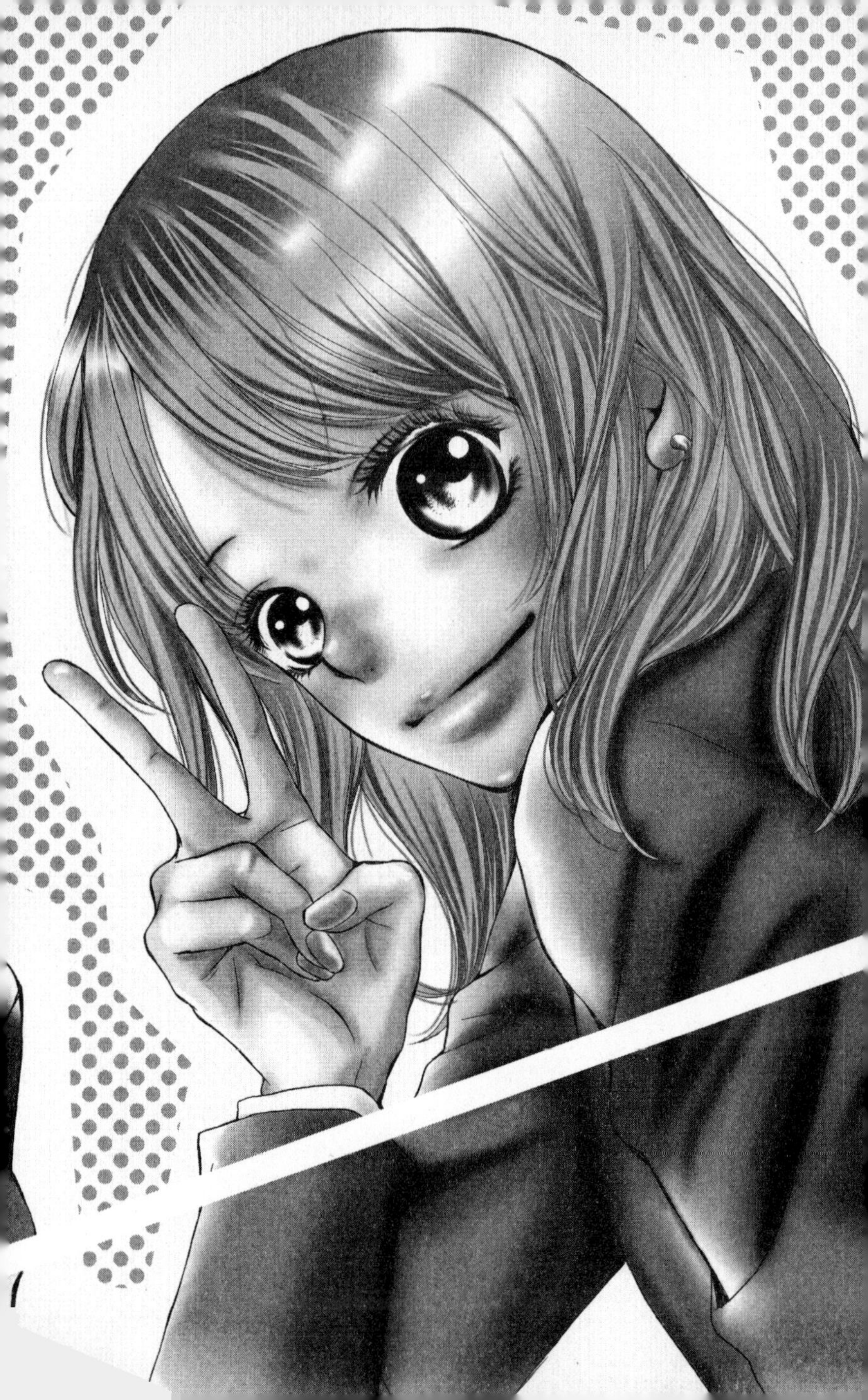

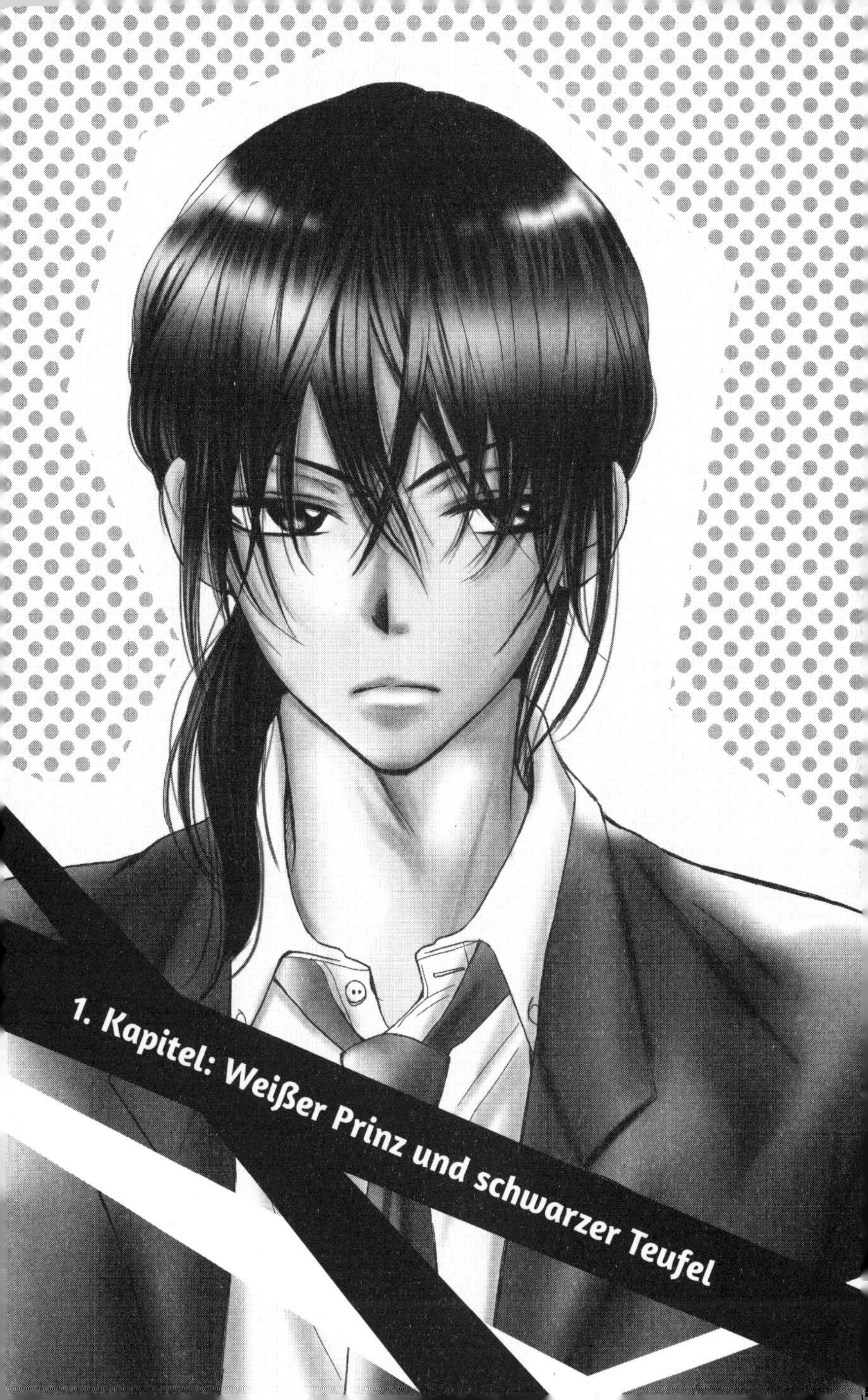
1. Kapitel: Weißer Prinz und schwarzer Teufel

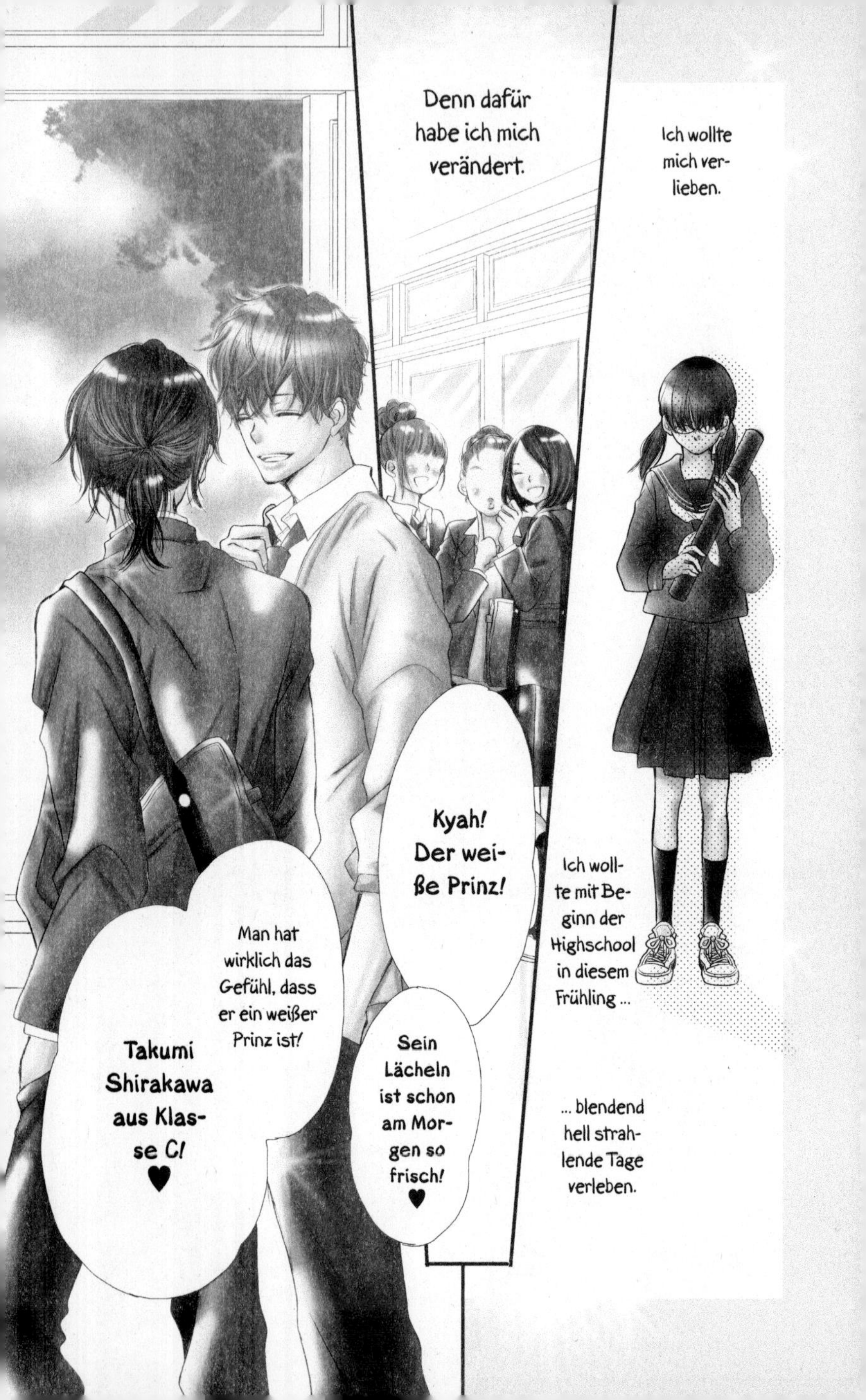
Ich wollte mich ver-lieben.
Denn dafür habe ich mich verändert.
Ich woll-te mit Be-ginn der Highschool in diesem Frühling ...
... blendend hell strah-lende Tage verleben.
Kyah! Der wei-ße Prinz!
Man hat wirklich das Gefühl, dass er ein weißer Prinz ist!
Sein Lächeln ist schon am Mor-gen so frisch! ♥
Takumi Shirakawa aus Klas-se C! ♥

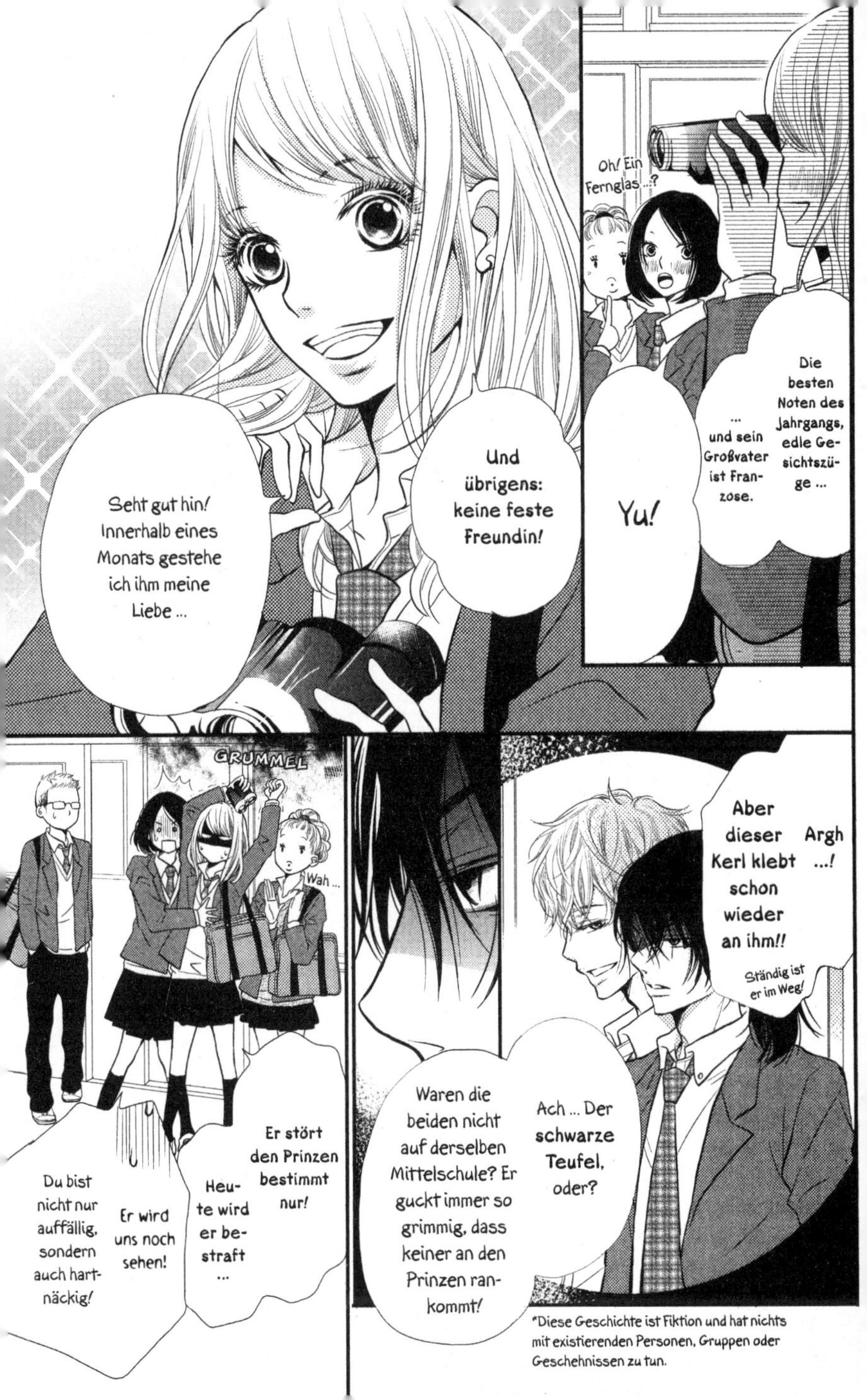

*Diese Geschichte ist Fiktion und hat nichts mit existierenden Personen, Gruppen oder Geschehnissen zu tun.

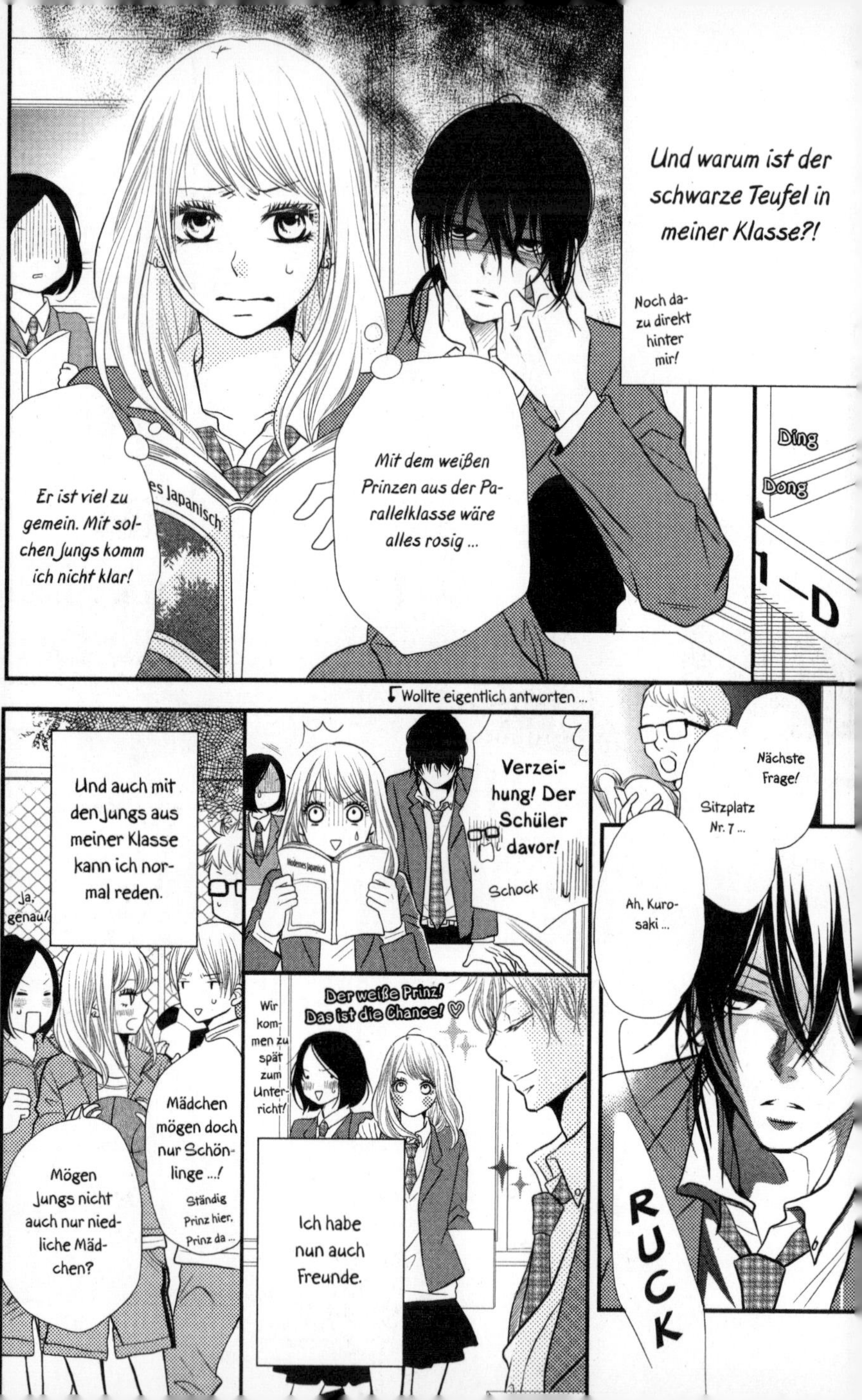
Und warum ist der schwarze Teufel in meiner Klasse?!
Noch dazu direkt hinter mir!
Ding
Dong
1-D
Mit dem weißen Prinzen aus der Parallelklasse wäre alles rosig ...
Er ist viel zu gemein. Mit solchen Jungs komm ich nicht klar!
Modernes Japanisch
Nächste Frage!
Sitzplatz Nr. 7 ...
Ah, Kurosaki ...
RUCK
Wollte eigentlich antworten ...
Verzeihung! Der Schüler davor!
Schock
Der weiße Prinz! Das ist die Chance! ♡
Wir kommen zu spät zum Unterricht!
Ich habe nun auch Freunde.
Und auch mit den Jungs aus meiner Klasse kann ich normal reden.
Ja, genau!
Mädchen mögen doch nur Schönlinge ...!
Ständig Prinz hier, Prinz da ...
Mögen Jungs nicht auch nur niedliche Mädchen?

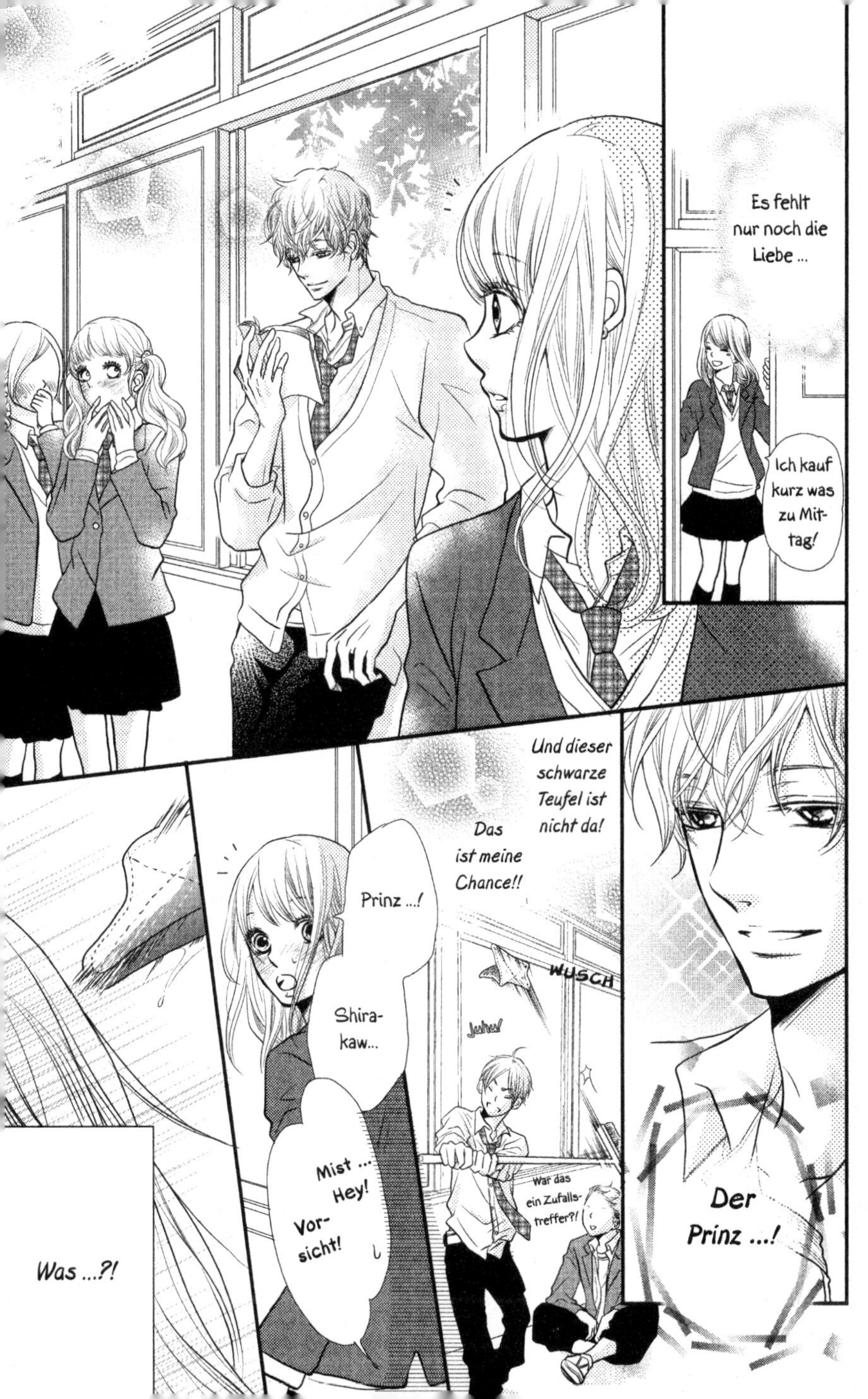

Es fehlt nur noch die Liebe ...
Ich kauf kurz was zu Mittag!
Der Prinz ...!
Und dieser schwarze Teufel ist nicht da!
Das ist meine Chance!!
Prinz ...!
Shirakaw...
WUSCH
Juhu!
War das ein Zufallstreffer?!
Mist ... Hey! Vorsicht!
Was ...?!

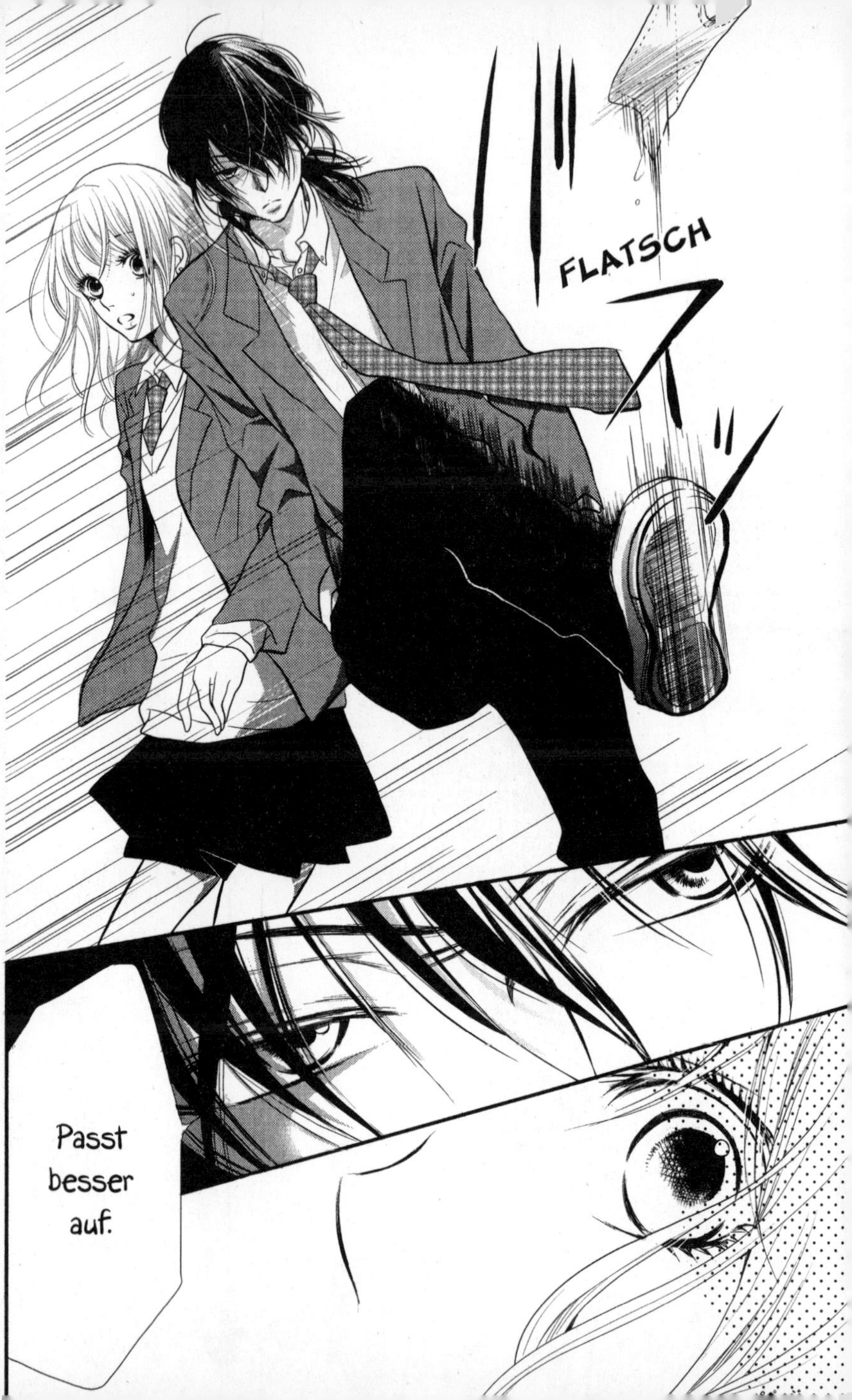
FLATSCH
Passt besser auf.

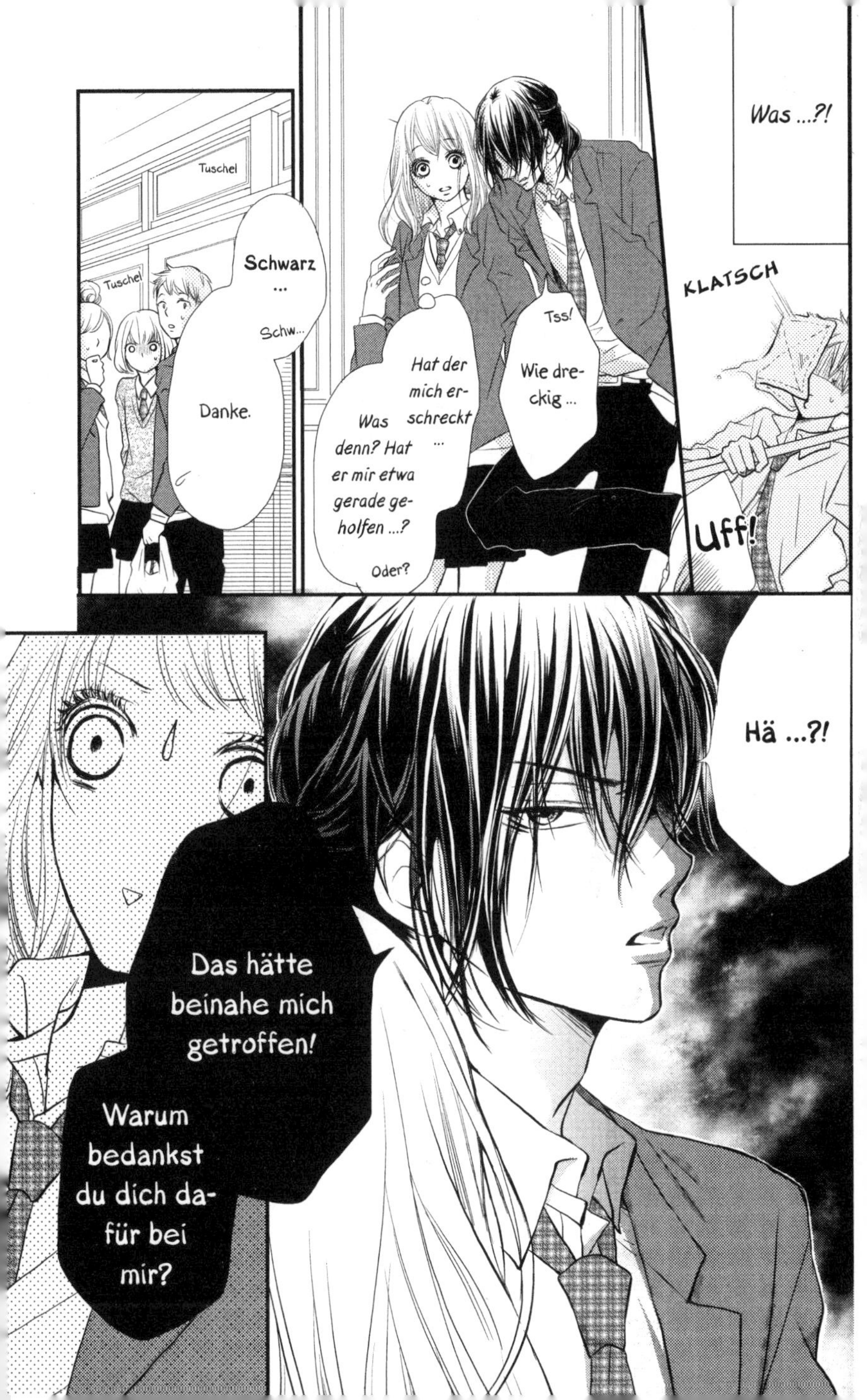
Was ...?!
KLATSCH
Uff!
Tss!
Wie dreckig ...
Hat der mich erschreckt ...
Was denn? Hat er mir etwa gerade geholfen ...?
Oder?
Schwarz ...
Schw...
Danke.
Tuschel
Tuschel
Hä ...?!
Das hätte beinahe mich getroffen!
Warum bedankst du dich dafür bei mir?

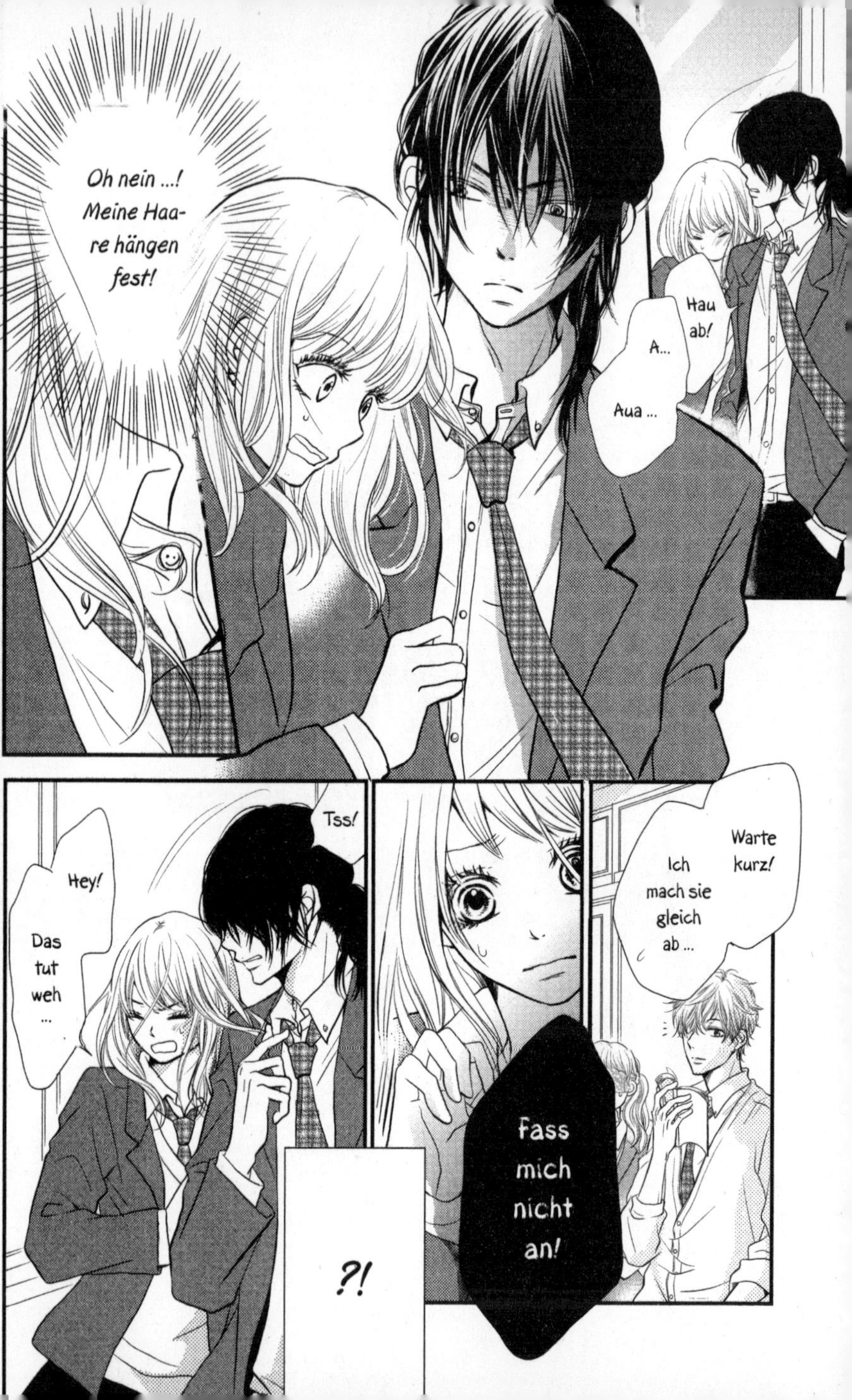
Hau ab!
A...
Aua ...
Oh nein ...! Meine Haare hängen fest!
Warte kurz!
Ich mach sie gleich ab ...
Fass mich nicht an!
?!
Tss!
Hey!
Das tut weh ...

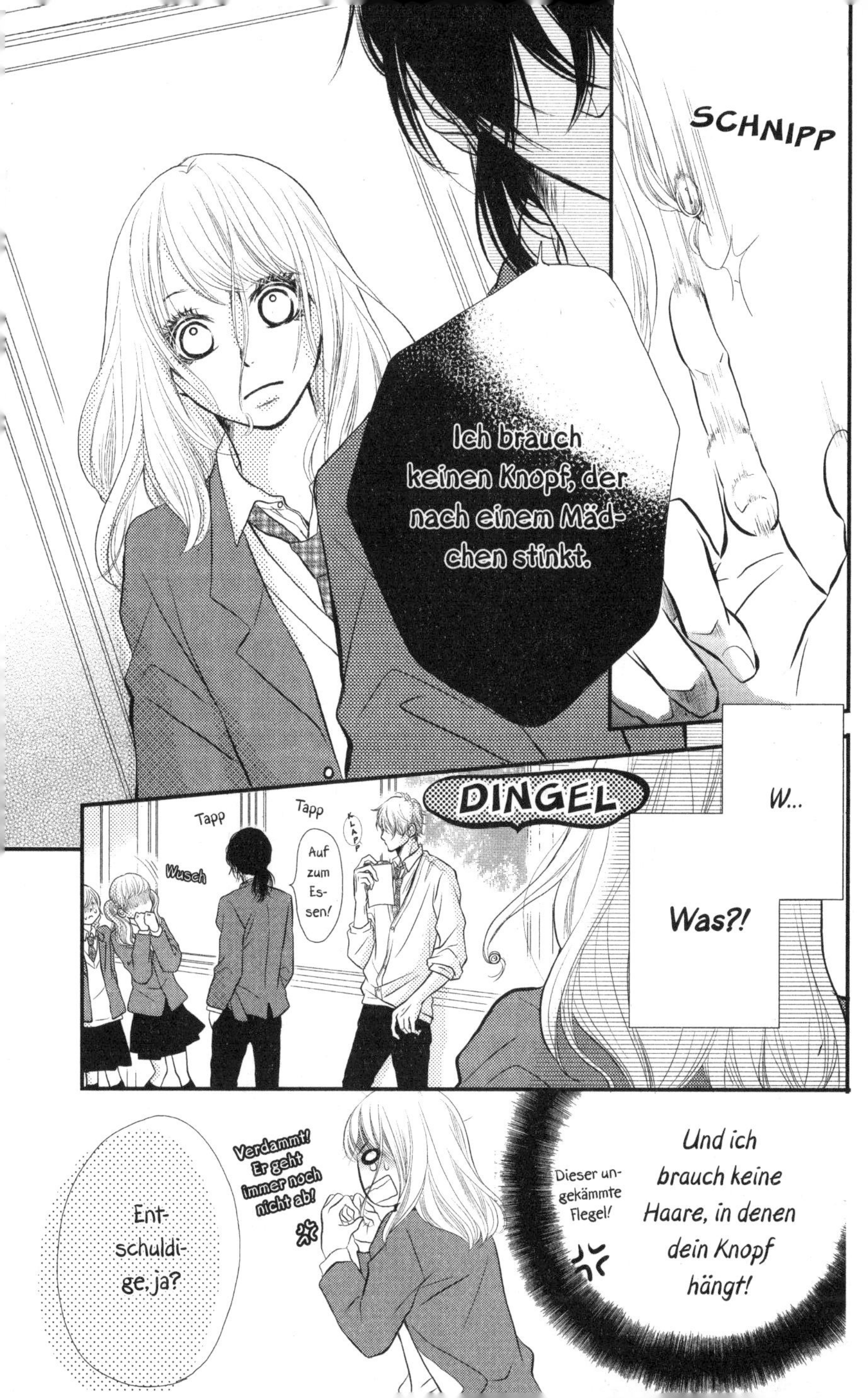
SCHNIPP
Ich brauch keinen Knopf, der nach einem Mädchen stinkt.
W...
Was?!
DINGEL
KLAPP
Auf zum Essen!
Tapp
Tapp
Wusch
Und ich brauch keine Haare, in denen dein Knopf hängt!
Dieser ungekämmte Flegel!
Verdammt! Er geht immer noch nicht ab!
Entschuldige, ja?

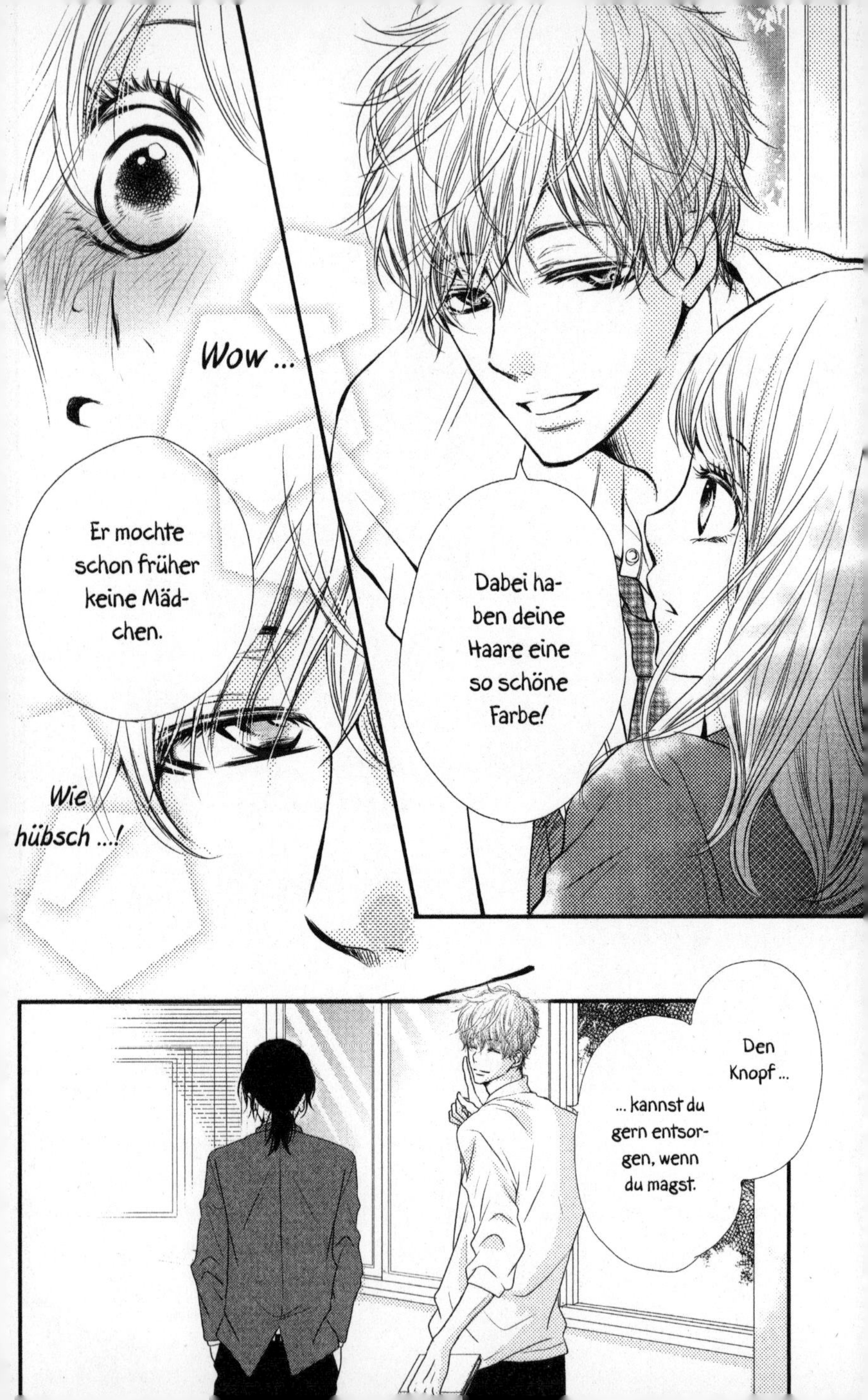
Dabei haben deine Haare eine so schöne Farbe!
Wow ...
Wie hübsch ...!
Er mochte schon früher keine Mädchen.
Den Knopf ...
... kannst du gern entsorgen, wenn du magst.

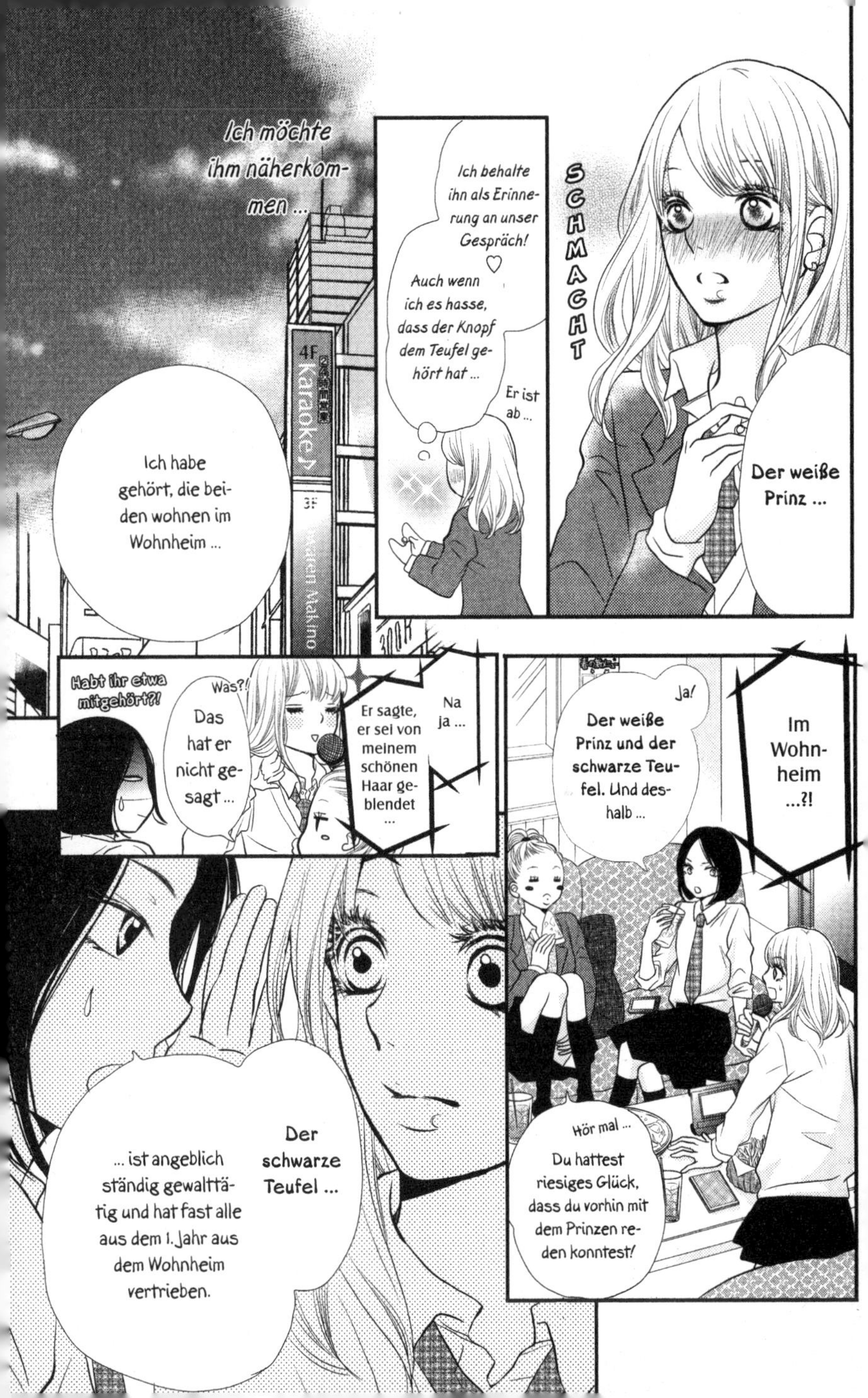
Der weiße Prinz ...
SCHMACHT
Ich behalte ihn als Erinnerung an unser Gespräch! ♡
Auch wenn ich es hasse, dass der Knopf dem Teufel gehört hat ...
Er ist ab ...
Ich möchte ihm näherkommen ...
4F Karaoke
Ich habe gehört, die beiden wohnen im Wohnheim ...
Im Wohnheim ...?!
Ja!
Der weiße Prinz und der schwarze Teufel. Und deshalb ...
Hör mal ...
Du hattest riesiges Glück, dass du vorhin mit dem Prinzen reden konntest!
Na ja ...
Er sagte, er sei von meinem schönen Haar geblendet ...
Was?!
Das hat er nicht gesagt ...
Habt ihr etwa mitgehört?!
Der schwarze Teufel ...
... ist angeblich ständig gewalttätig und hat fast alle aus dem 1. Jahr aus dem Wohnheim vertrieben.

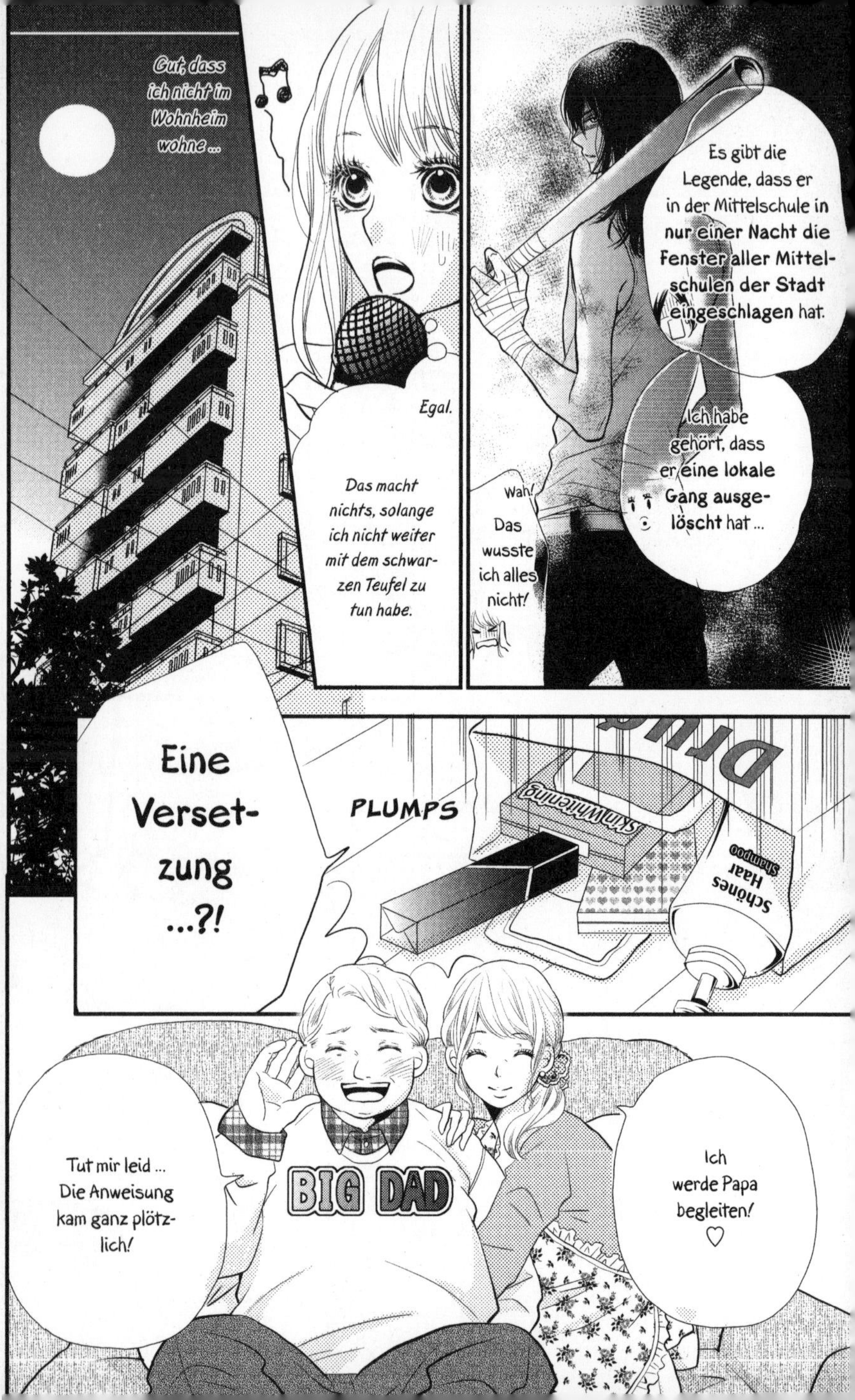
Es gibt die Legende, dass er in der Mittelschule in nur einer Nacht die Fenster aller Mittelschulen der Stadt eingeschlagen hat.
Ich habe gehört, dass er eine lokale Gang ausgelöscht hat ...
Wah! Das wusste ich alles nicht!
Egal.
Das macht nichts, solange ich nicht weiter mit dem schwarzen Teufel zu tun habe.
Gut, dass ich nicht im Wohnheim wohne ...
PLUMPS
Skin Whitening
Schönes Haar Shampoo
Eine Versetzung ...?!
Ich werde Papa begleiten! ♡
Tut mir leid ... Die Anweisung kam ganz plötzlich!
BIG DAD

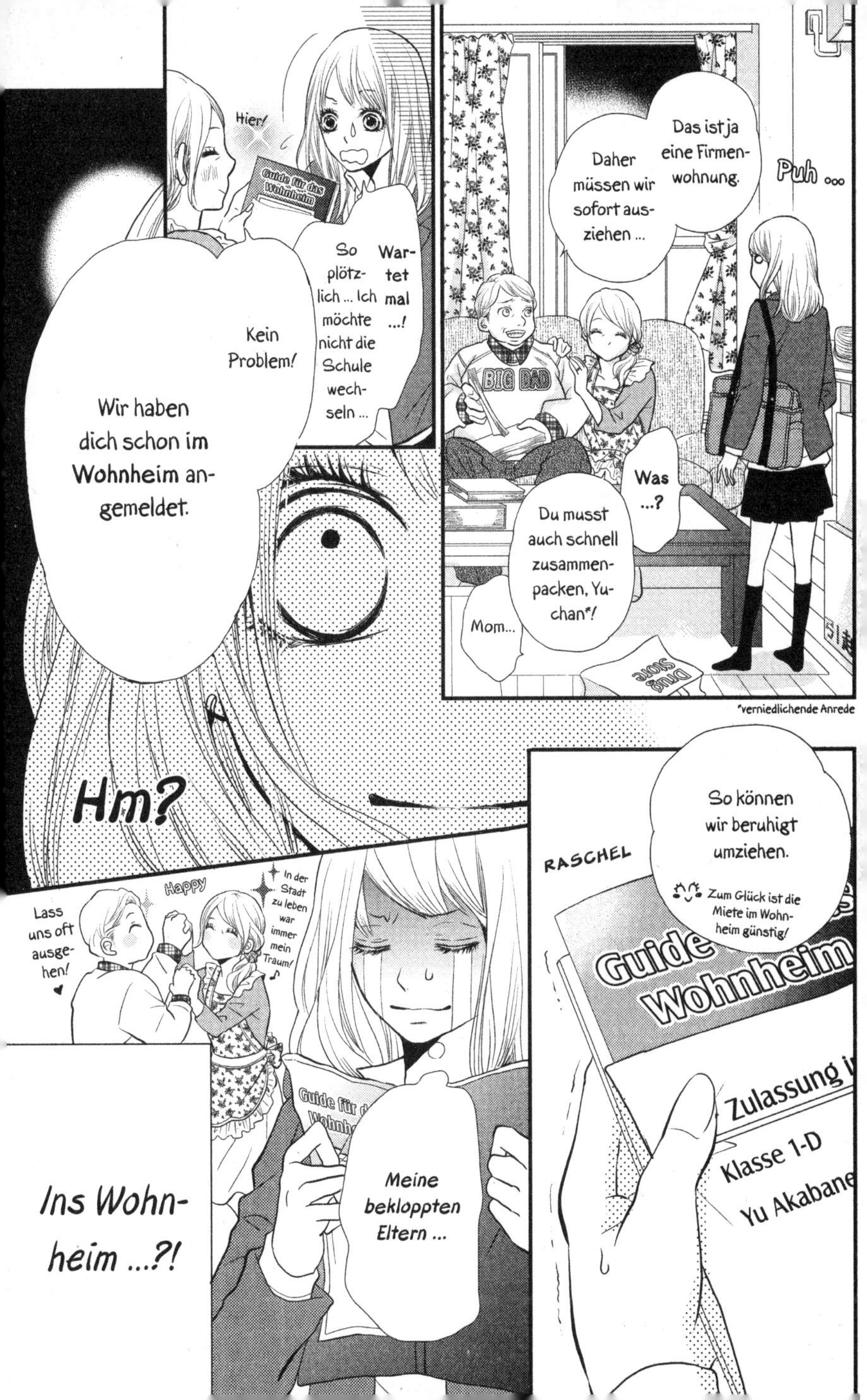

*verniedlichende Anrede

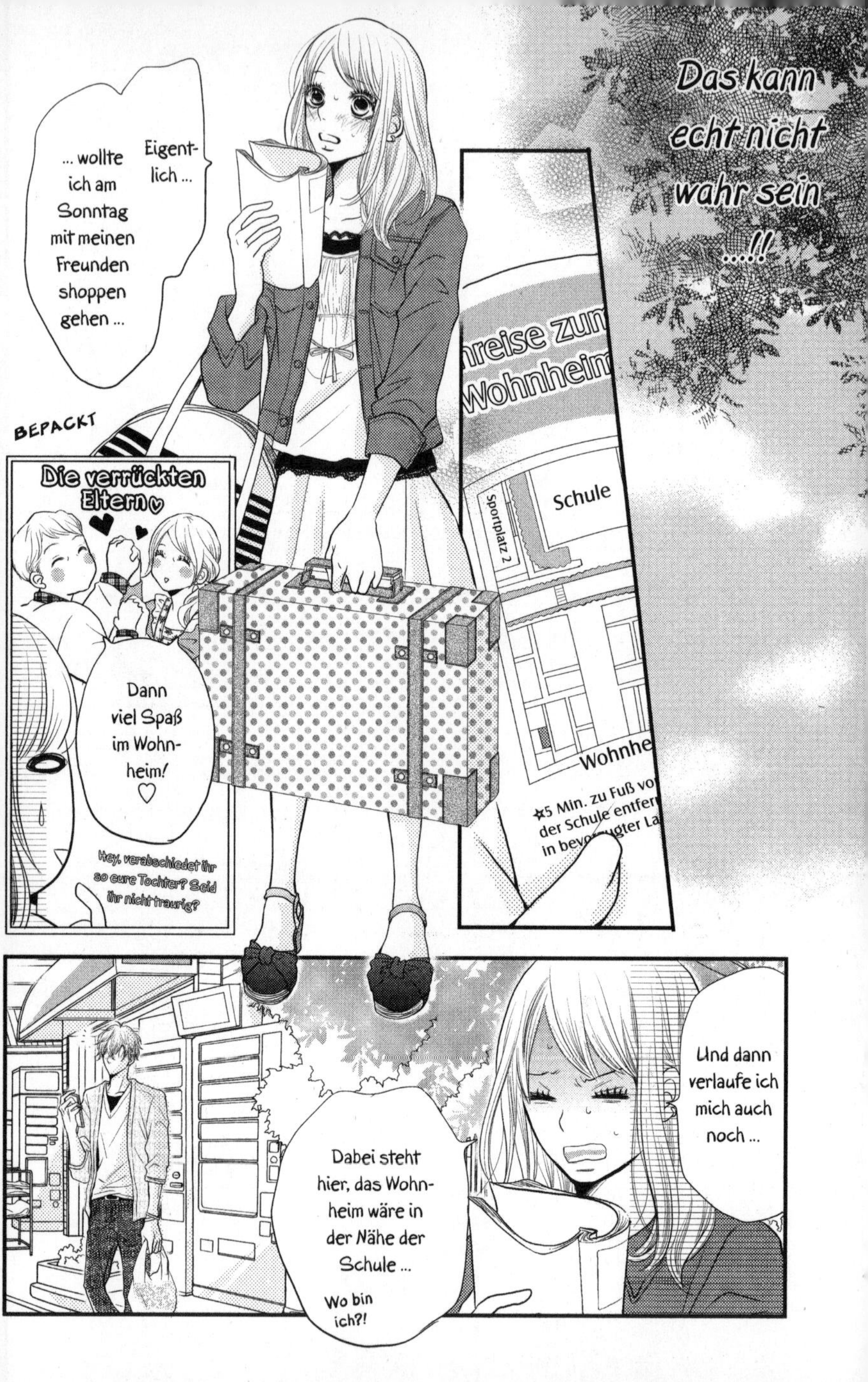
Das kann echt nicht wahr sein ...!!
Wohnheim
Schule
Sportplatz 2
Eigentlich ...
... wollte ich am Sonntag mit meinen Freunden shoppen gehen ...
BEPACKT
Die verrückten Eltern♡
Dann viel Spaß im Wohnheim! ♡
Hey, verabschiedet ihr so eure Tochter? Seid ihr nicht traurig?
Und dann verlaufe ich mich auch noch ...
Dabei steht hier, das Wohnheim wäre in der Nähe der Schule ...
Wo bin ich?!

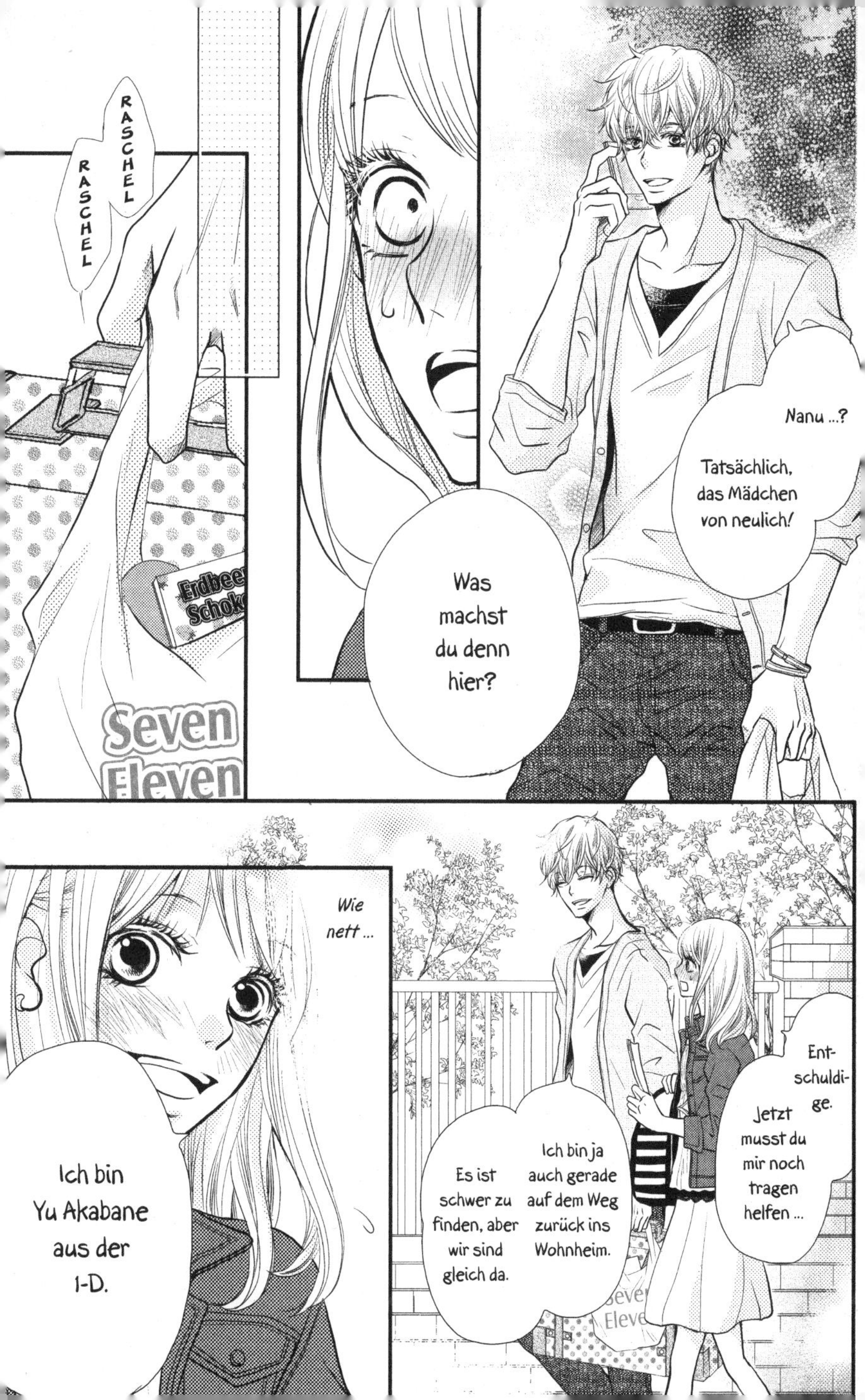
Nanu ...?
Tatsächlich, das Mädchen von neulich!
Was machst du denn hier?
RASCHEL
RASCHEL
Seven Eleven
Ent-schuldi-ge.
Jetzt musst du mir noch tragen helfen ...
Ich bin ja auch gerade auf dem Weg zurück ins Wohnheim.
Es ist schwer zu finden, aber wir sind gleich da.
Wie nett ...
Ich bin Yu Akabane aus der 1-D.

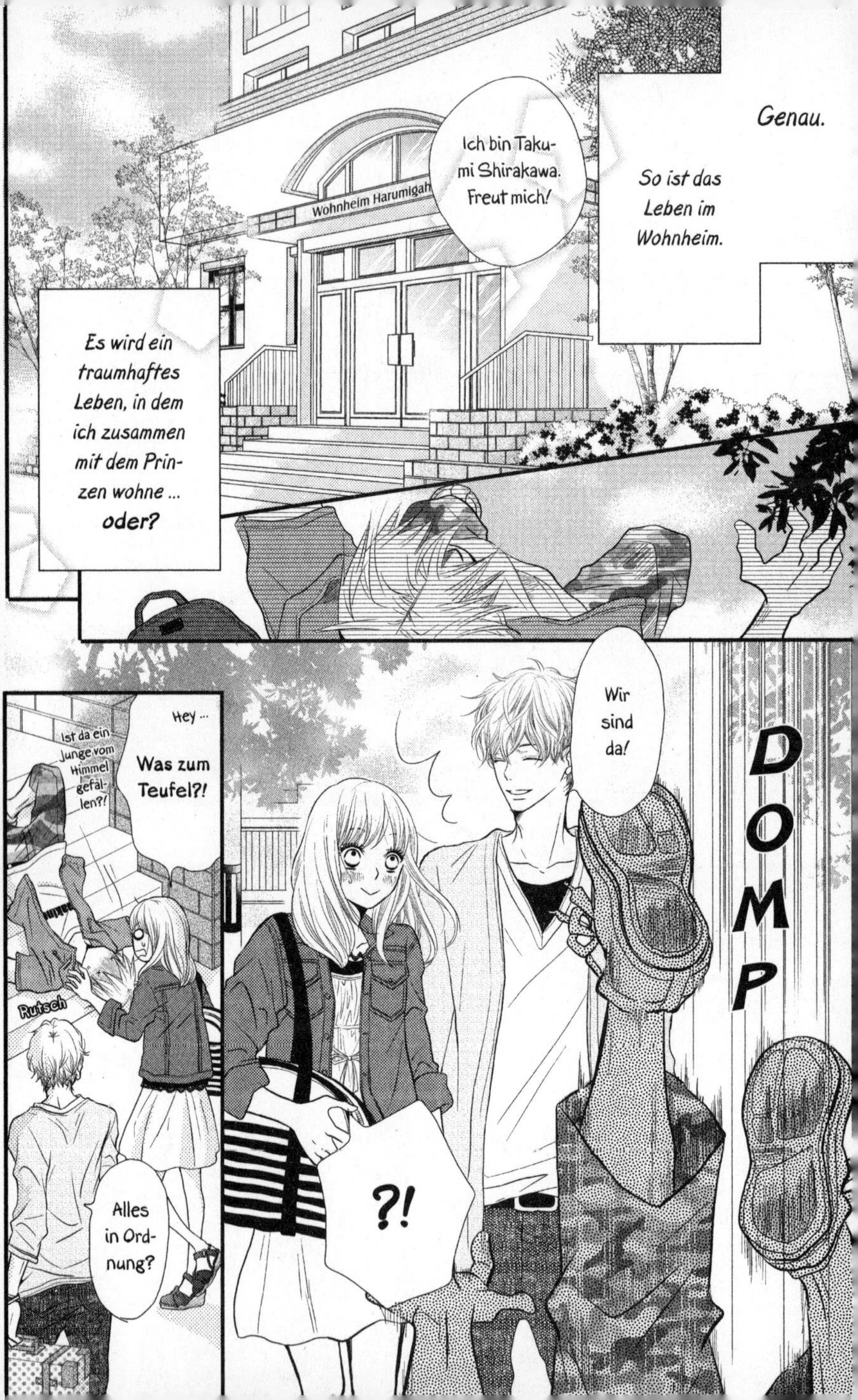

Genau.
So ist das Leben im Wohnheim.
Ich bin Takumi Shirakawa. Freut mich!
Es wird ein traumhaftes Leben, in dem ich zusammen mit dem Prinzen wohne ... **oder?**
Wir sind da!
DOMP
?!
Hey ...
Was zum Teufel?!
Ist da ein Junge vom Himmel gefallen?!
Rutsch
Alles in Ordnung?

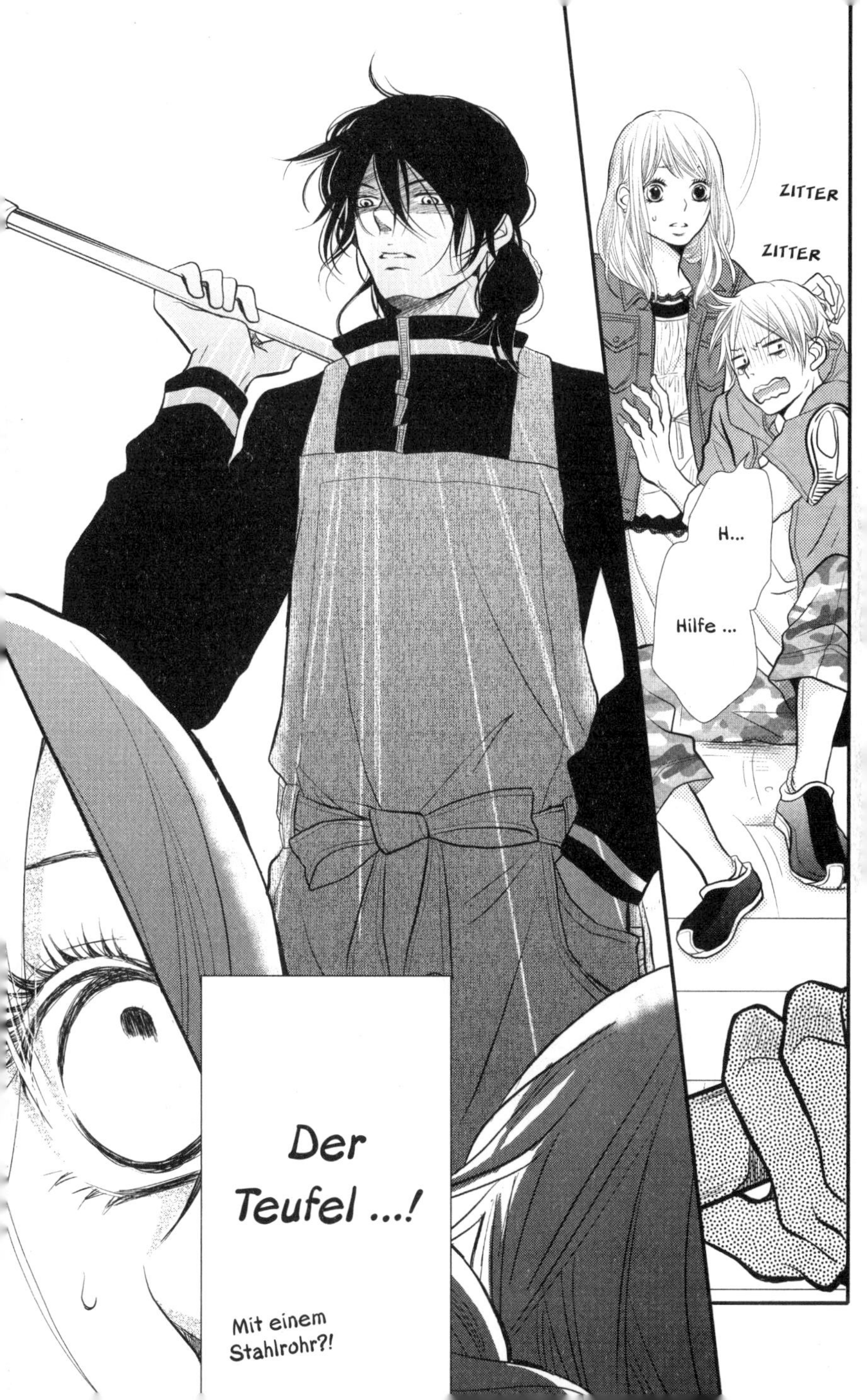
ZITTER
ZITTER
H...
Hilfe ...
Der Teufel ...!
Mit einem Stahlrohr?!

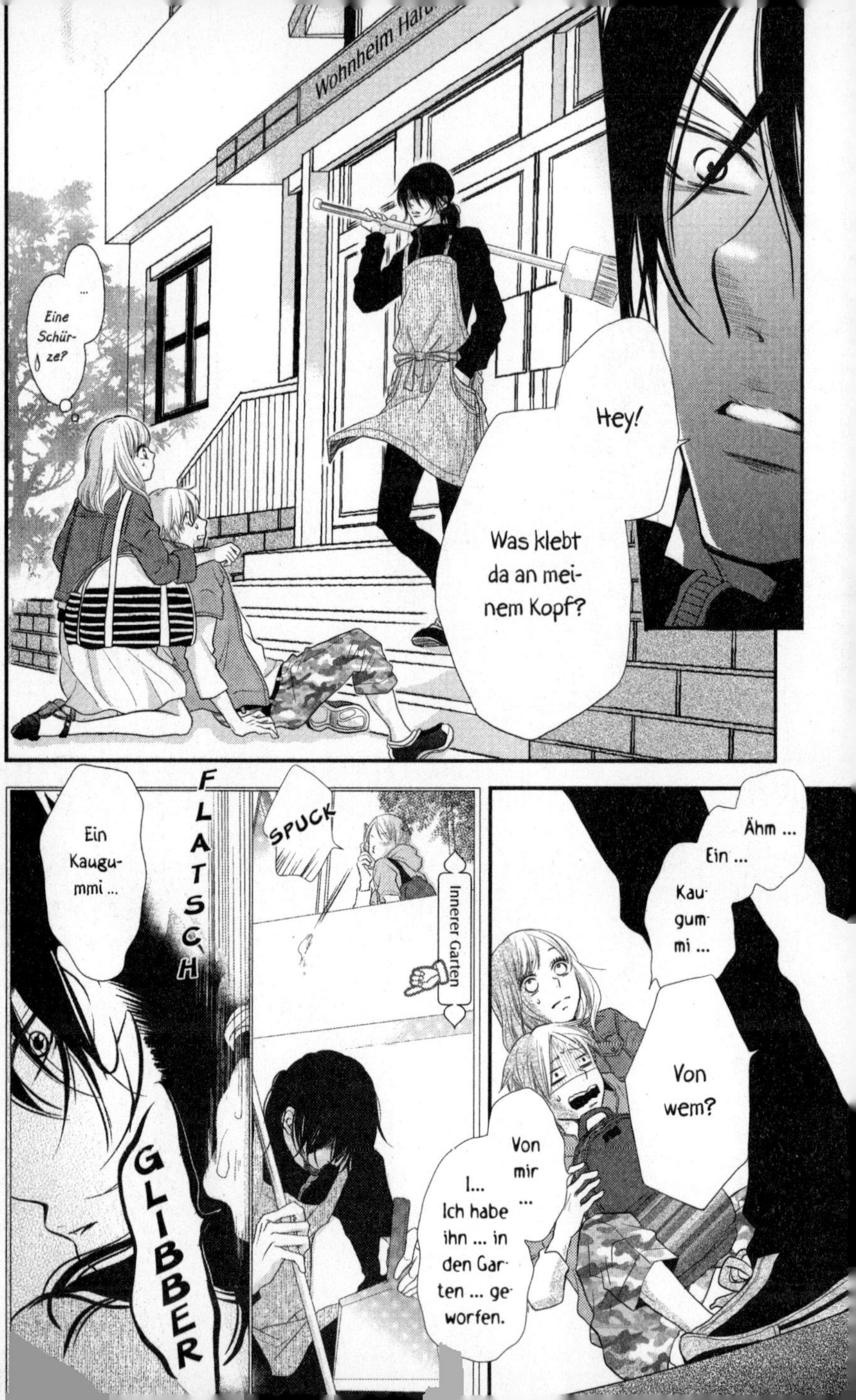
Hey!
Was klebt da an meinem Kopf?
... Eine Schürze?
Ähm ... Ein ... Kaugummi ...
Von wem?
Von mir ...
I... Ich habe ihn ... in den Garten ... geworfen.
Innerer Garten
SPUCK
Ein Kaugummi ...
FLATSCH
GLIBBER

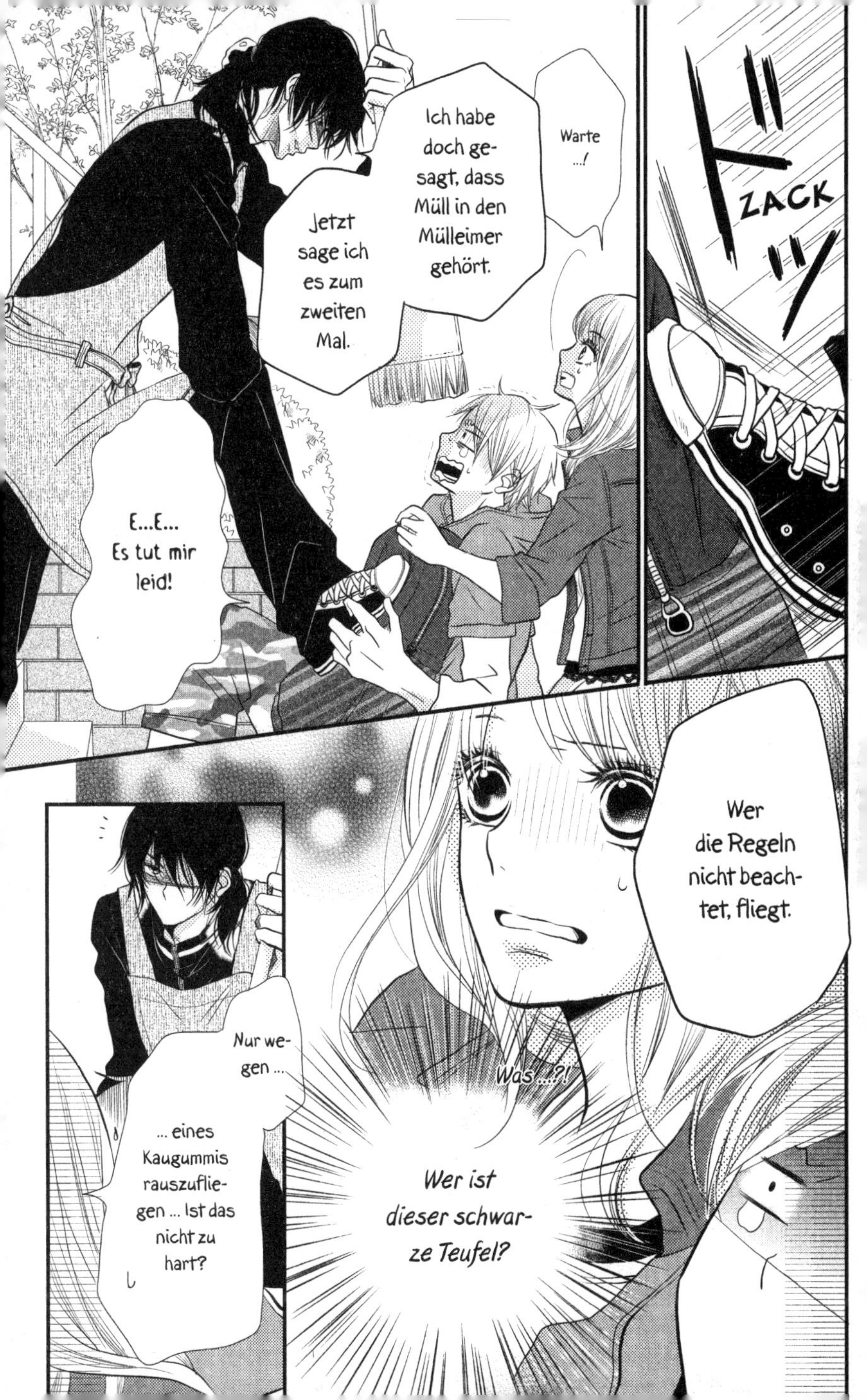
ZACK
Warte ...!
Ich habe doch gesagt, dass Müll in den Mülleimer gehört.
Jetzt sage ich es zum zweiten Mal.
E...E... Es tut mir leid!
Wer die Regeln nicht beachtet, fliegt.
Was ...?!
Wer ist dieser schwarze Teufel?
Nur wegen ...
... eines Kaugummis rauszufliegen ... Ist das nicht zu hart?

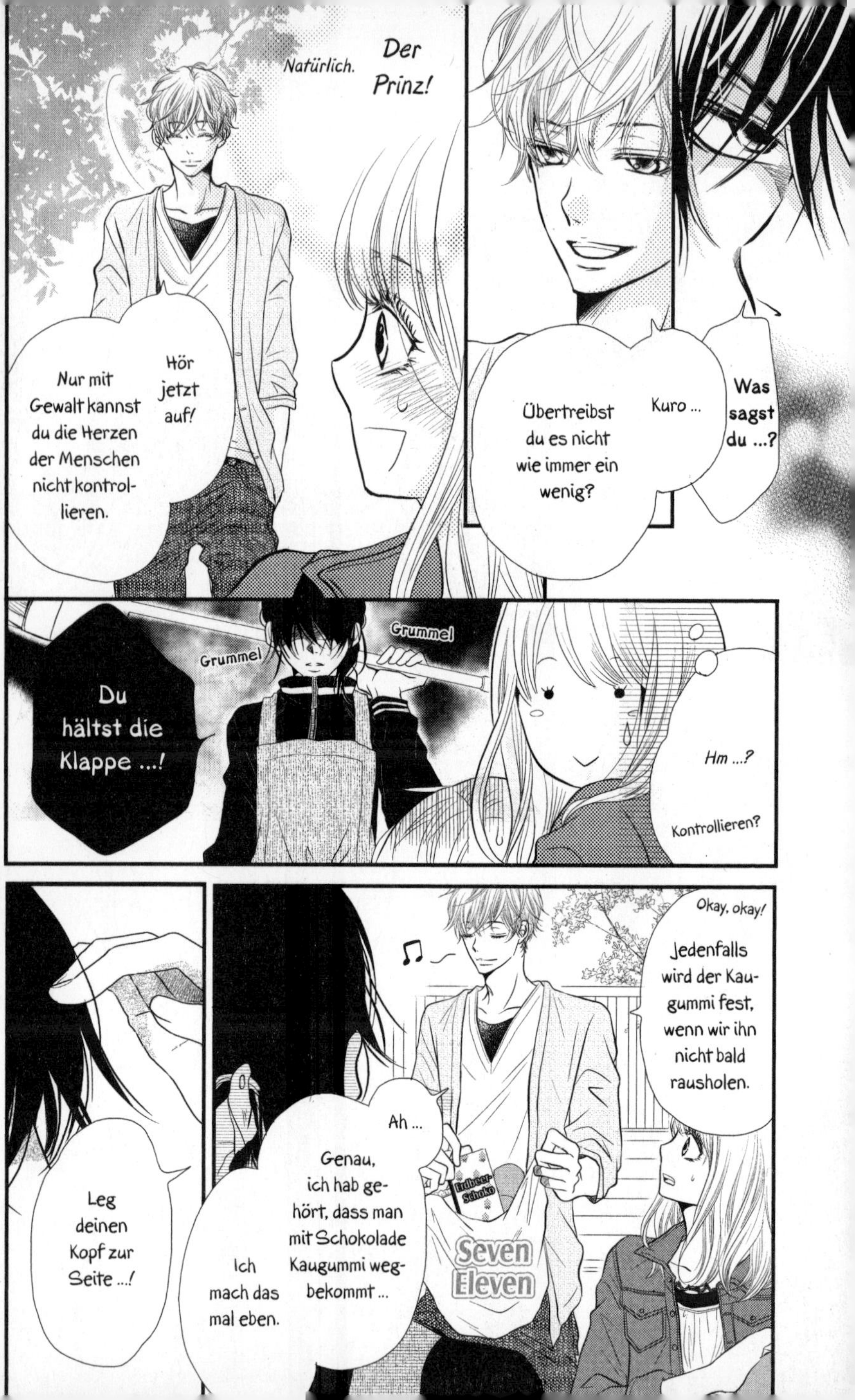
Was sagst du ...?
Kuro ...
Übertreibst du es nicht wie immer ein wenig?
Der Prinz!
Natürlich.
Hör jetzt auf!
Nur mit Gewalt kannst du die Herzen der Menschen nicht kontrollieren.
Hm ...?
Kontrollieren?
Grummel
Grummel
Du hältst die Klappe ...!
Okay, okay!
Jedenfalls wird der Kaugummi fest, wenn wir ihn nicht bald rausholen.
Ah ...
Genau, ich hab gehört, dass man mit Schokolade Kaugummi wegbekommt ...
Ich mach das mal eben.
Erdbeer-Schoko
Seven Eleven
Leg deinen Kopf zur Seite ...!

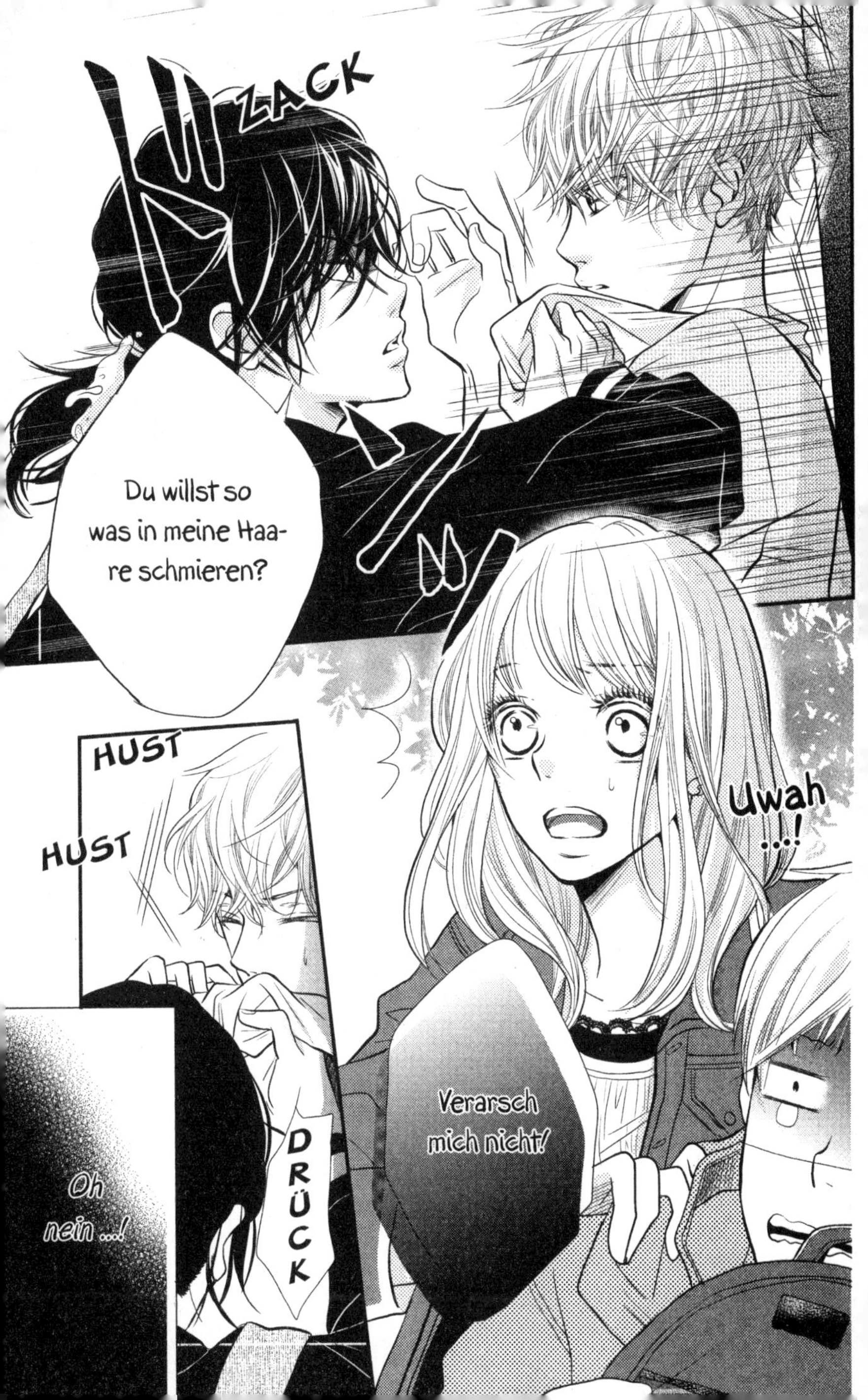
ZACK
Du willst so was in meine Haare schmieren?
Uwah ...!
HUST
HUST
Verarsch mich nicht!
DRÜCK
Oh nein ...!

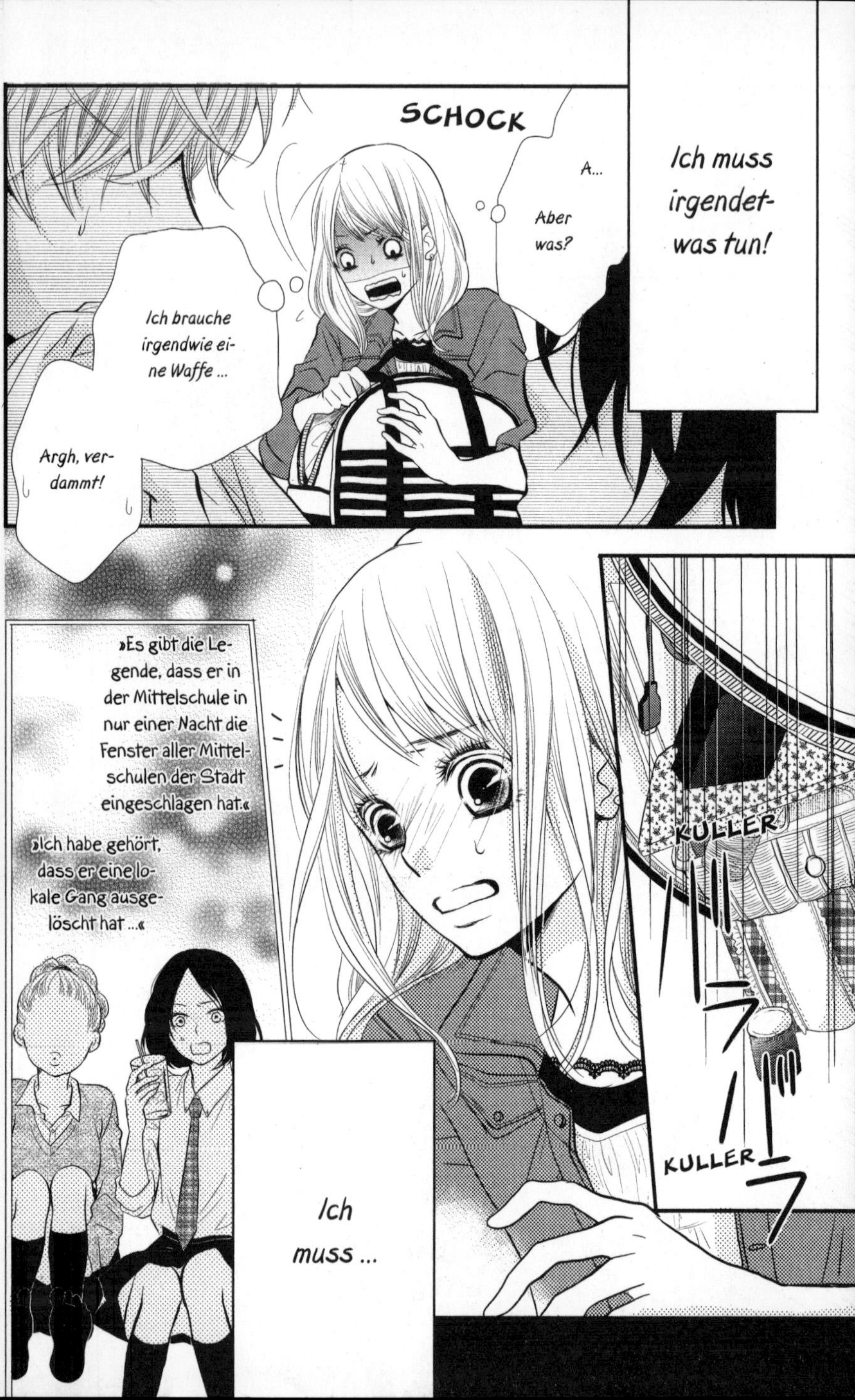
Ich muss irgendet-was tun!
SCHOCK
A...
Aber was?
Ich brauche irgendwie ei-ne Waffe ...
Argh, ver-dammt!
KULLER
KULLER
»Es gibt die Le-gende, dass er in der Mittelschule in nur einer Nacht die Fenster aller Mittel-schulen der Stadt eingeschlagen hat.«
»Ich habe gehört, dass er eine lo-kale Gang ausge-löscht hat ...«
Ich muss ...

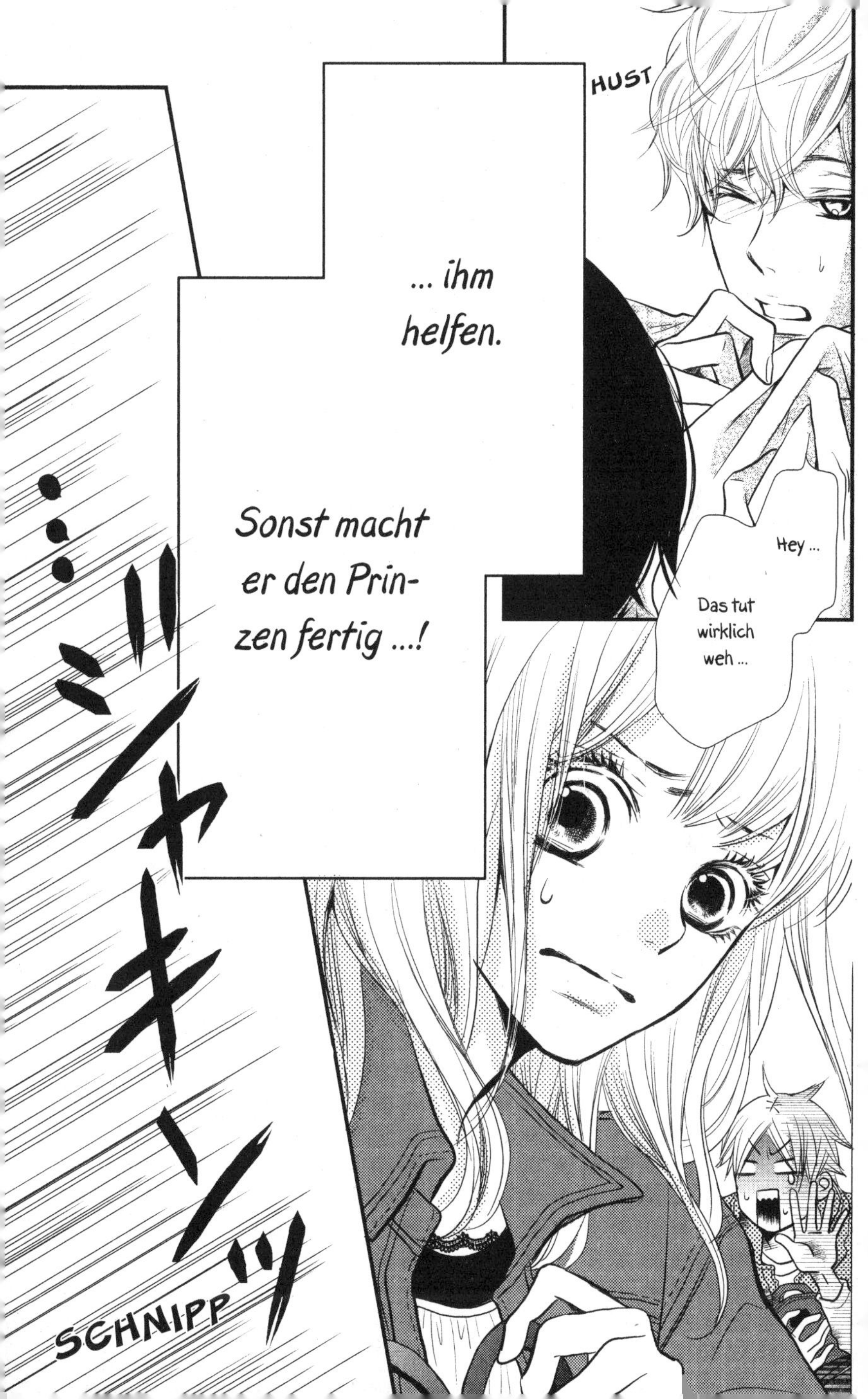
HUST
... ihm
helfen.
Hey ...
Das tut
wirklich
weh ...
Sonst macht
er den Prin-
zen fertig ...!
...
ジャキーンッ
SCHNIPP

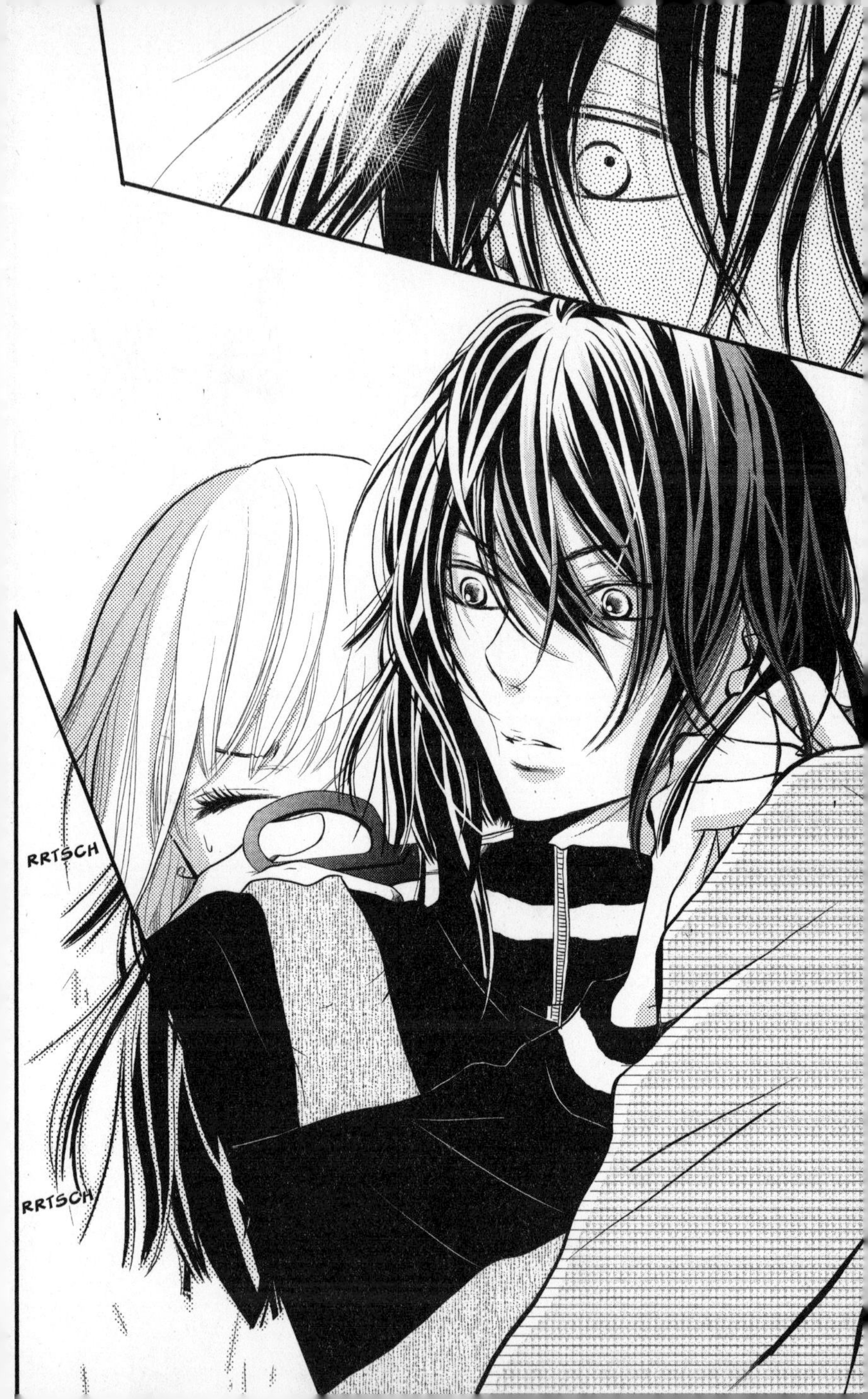
RRTSCH
RRTSCH

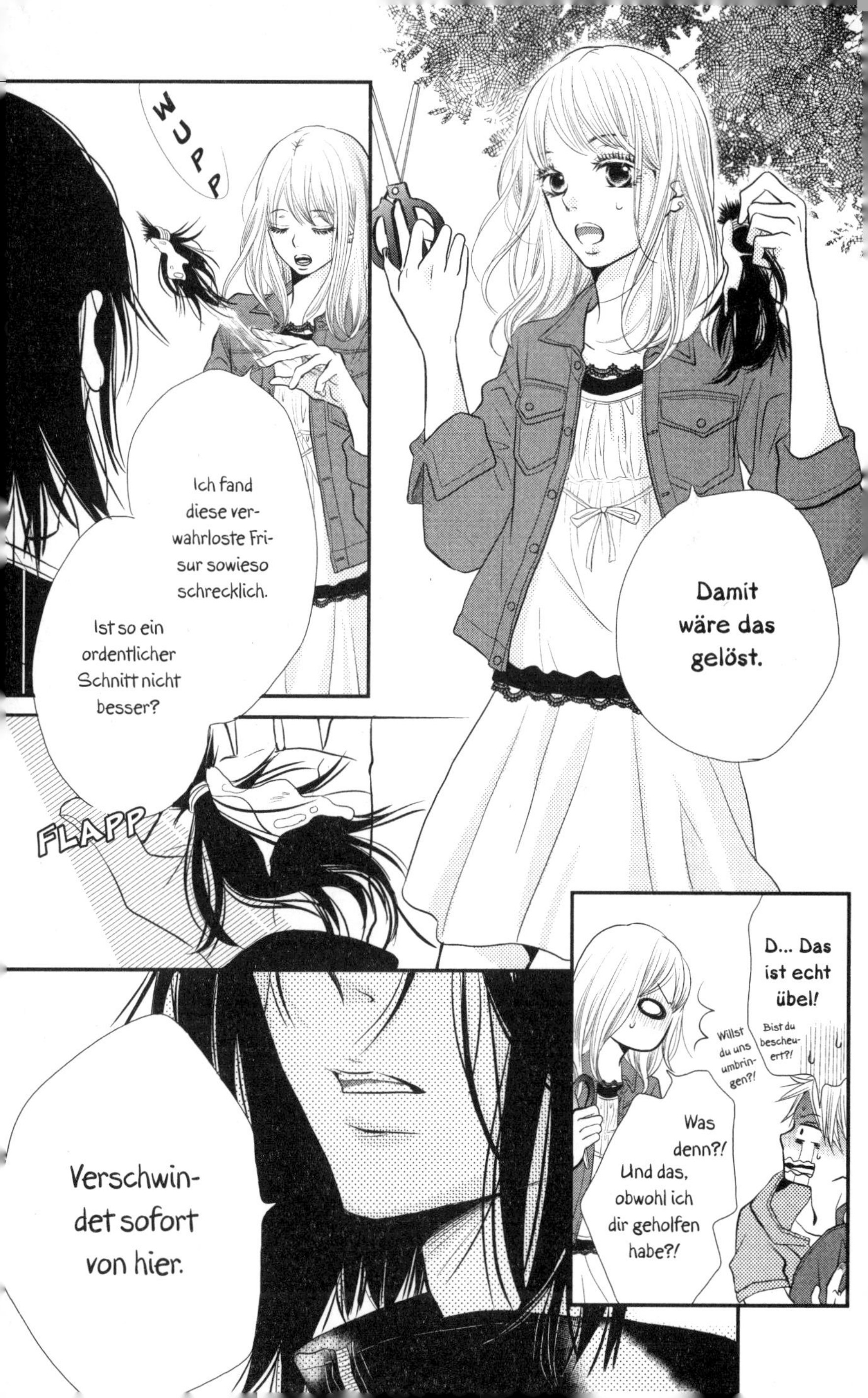
WUPP
Ich fand diese verwahrloste Frisur sowieso schrecklich.
Ist so ein ordentlicher Schnitt nicht besser?
Damit wäre das gelöst.
FLAPP
D... Das ist echt übel!
Bist du bescheuert?!
Willst du uns umbringen?!
Was denn?!
Und das, obwohl ich dir geholfen habe?!
Verschwindet sofort von hier.

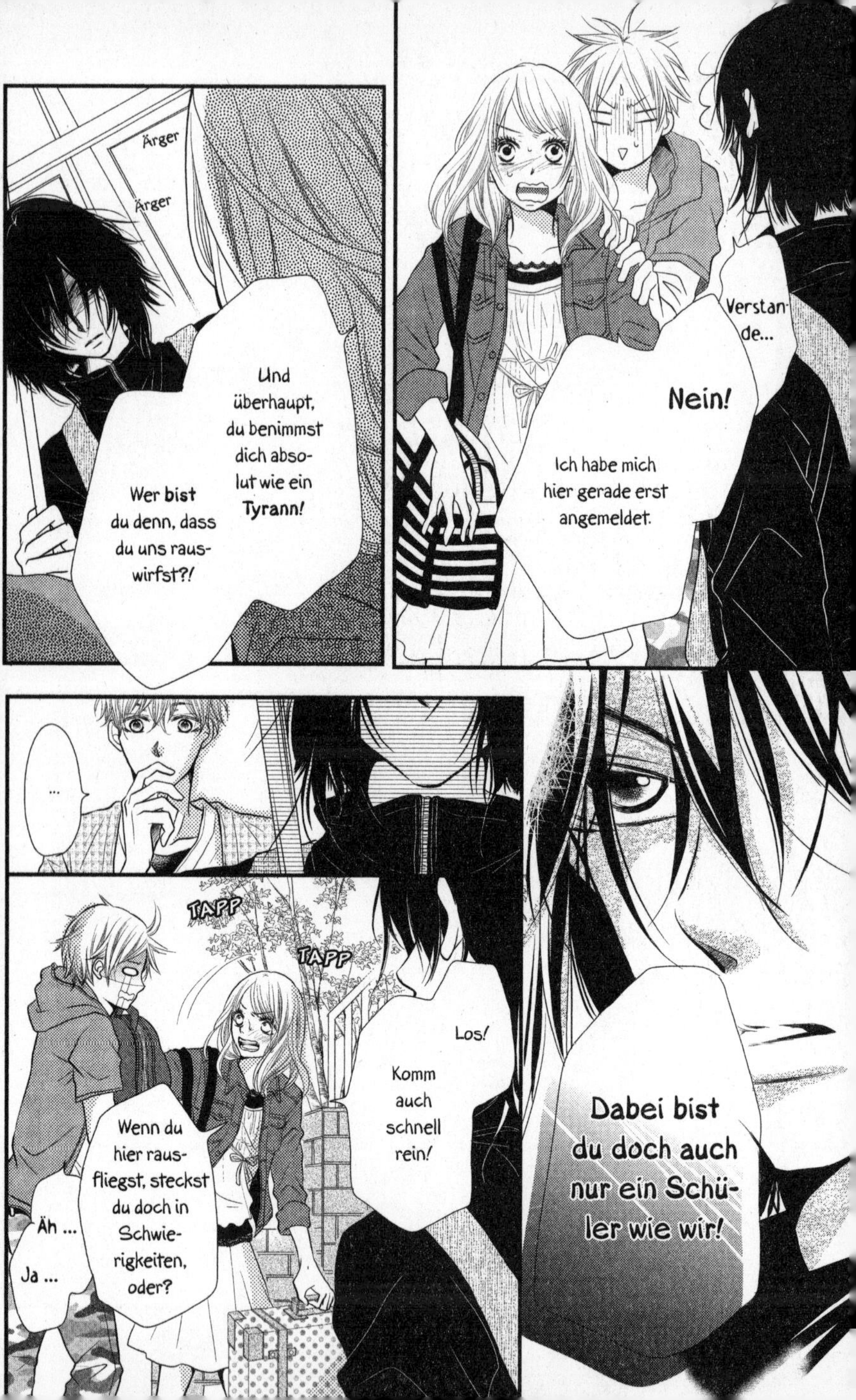
Verstande...
Nein!
Ich habe mich hier gerade erst angemeldet.
Ärger
Ärger
Und überhaupt, du benimmst dich absolut wie ein Tyrann!
Wer bist du denn, dass du uns rauswirfst?!
Dabei bist du doch auch nur ein Schüler wie wir!
...
Los!
Komm auch schnell rein!
TAPP
TAPP
Wenn du hier rausfliegst, steckst du doch in Schwierigkeiten, oder?
Äh ...
Ja ...

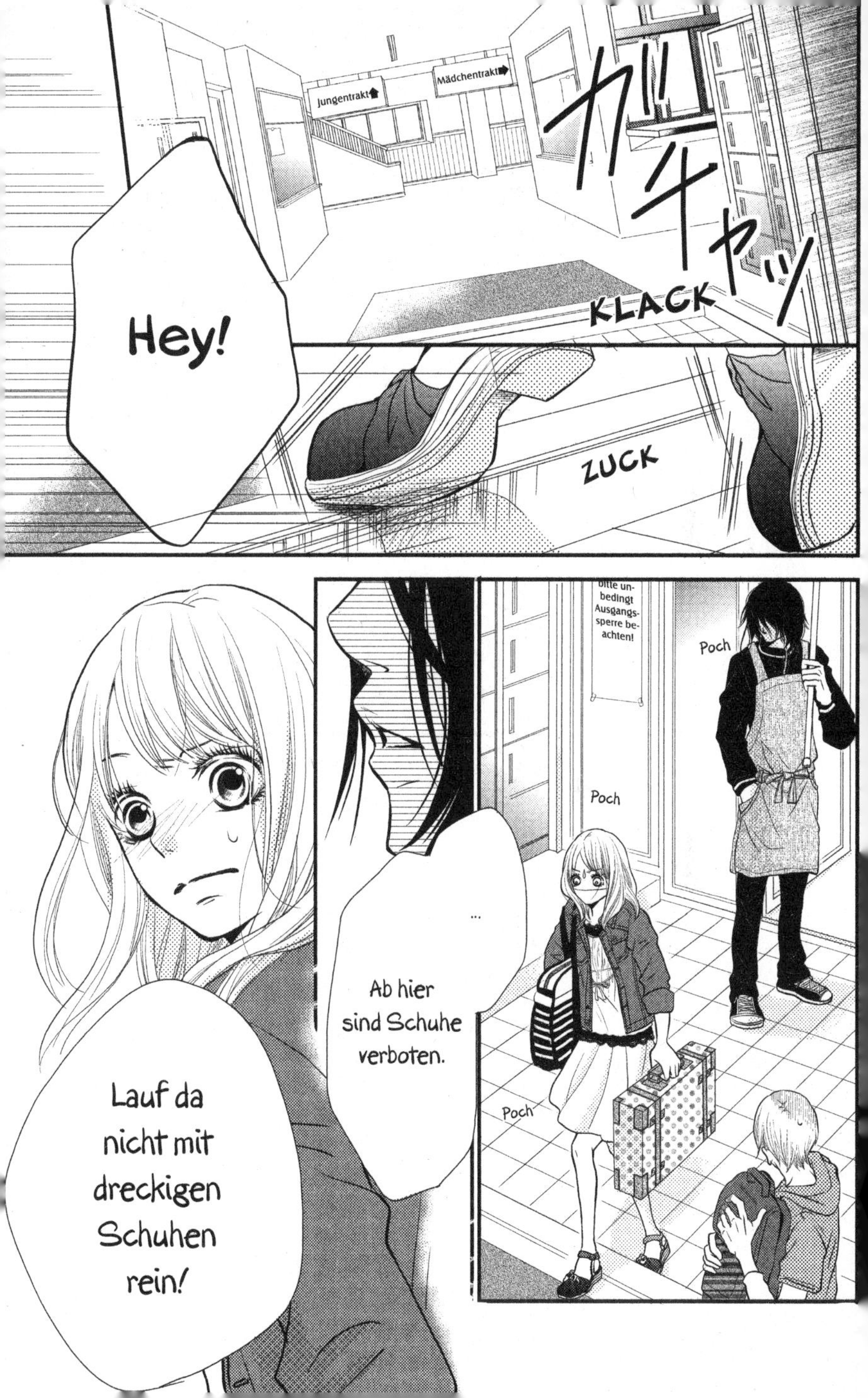

Mädchentrakt
Jungentrakt
KLACK
Hey!
ZUCK
bitte unbedingt Ausgangssperre beachten!
Poch
Poch
Poch
...
Ab hier sind Schuhe verboten.
Lauf da nicht mit dreckigen Schuhen rein!

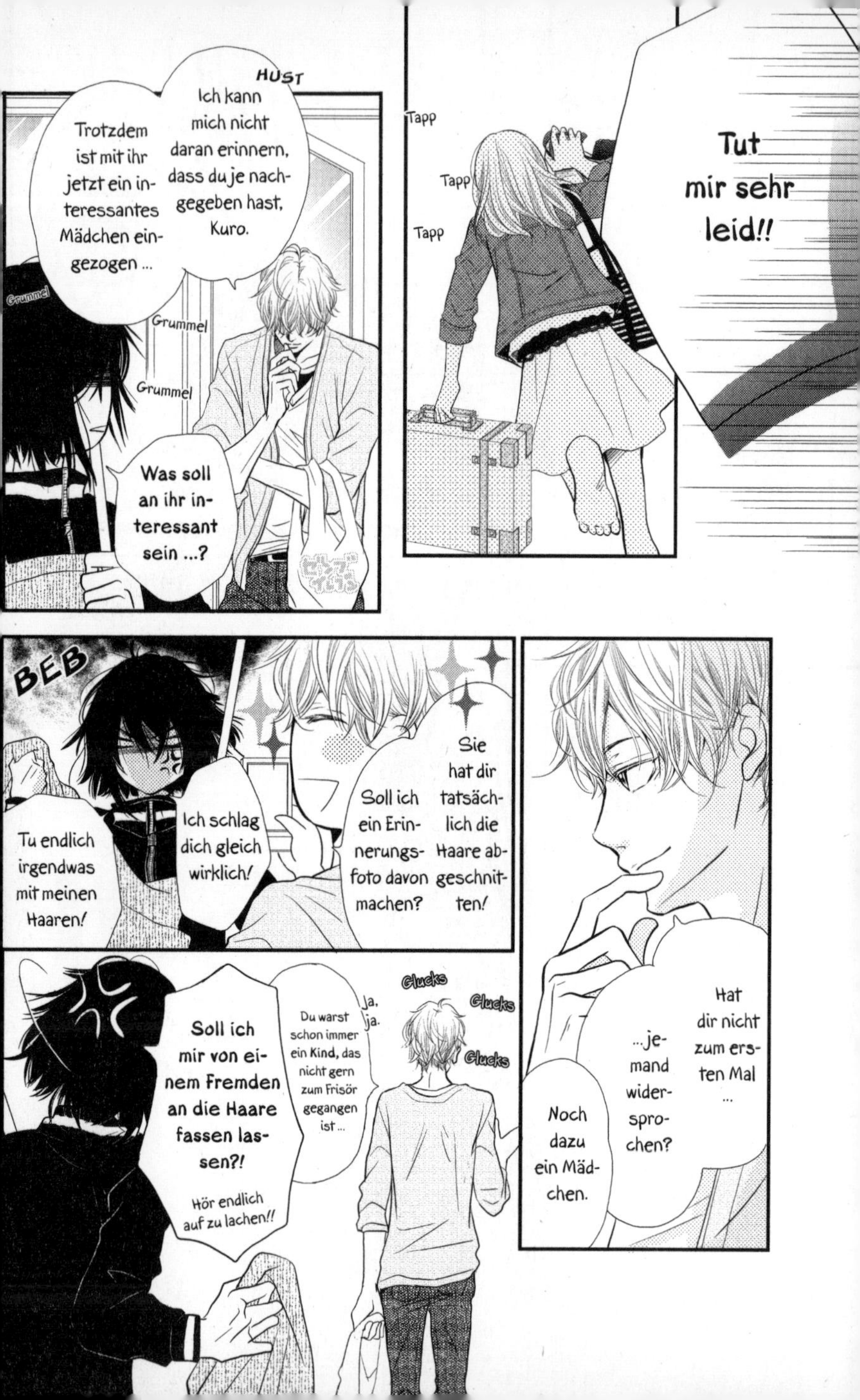
Tut mir sehr leid!!
Tapp
Tapp
Tapp
HUST
Ich kann mich nicht daran erinnern, dass du je nachgegeben hast, Kuro.
Trotzdem ist mit ihr jetzt ein interessantes Mädchen eingezogen ...
Grummel
Grummel
Grummel
Was soll an ihr interessant sein ...?
Hat dir nicht zum ersten Mal ...
...jemand widersprochen?
Noch dazu ein Mädchen.
Sie hat dir tatsächlich die Haare abgeschnitten!
Soll ich ein Erinnerungsfoto davon machen?
Ich schlag dich gleich wirklich!
BEB
Tu endlich irgendwas mit meinen Haaren!
Glucks
Glucks
Glucks
Ja, ja.
Du warst schon immer ein Kind, das nicht gern zum Frisör gegangen ist ...
Soll ich mir von einem Fremden an die Haare fassen lassen?!
Hör endlich auf zu lachen!!

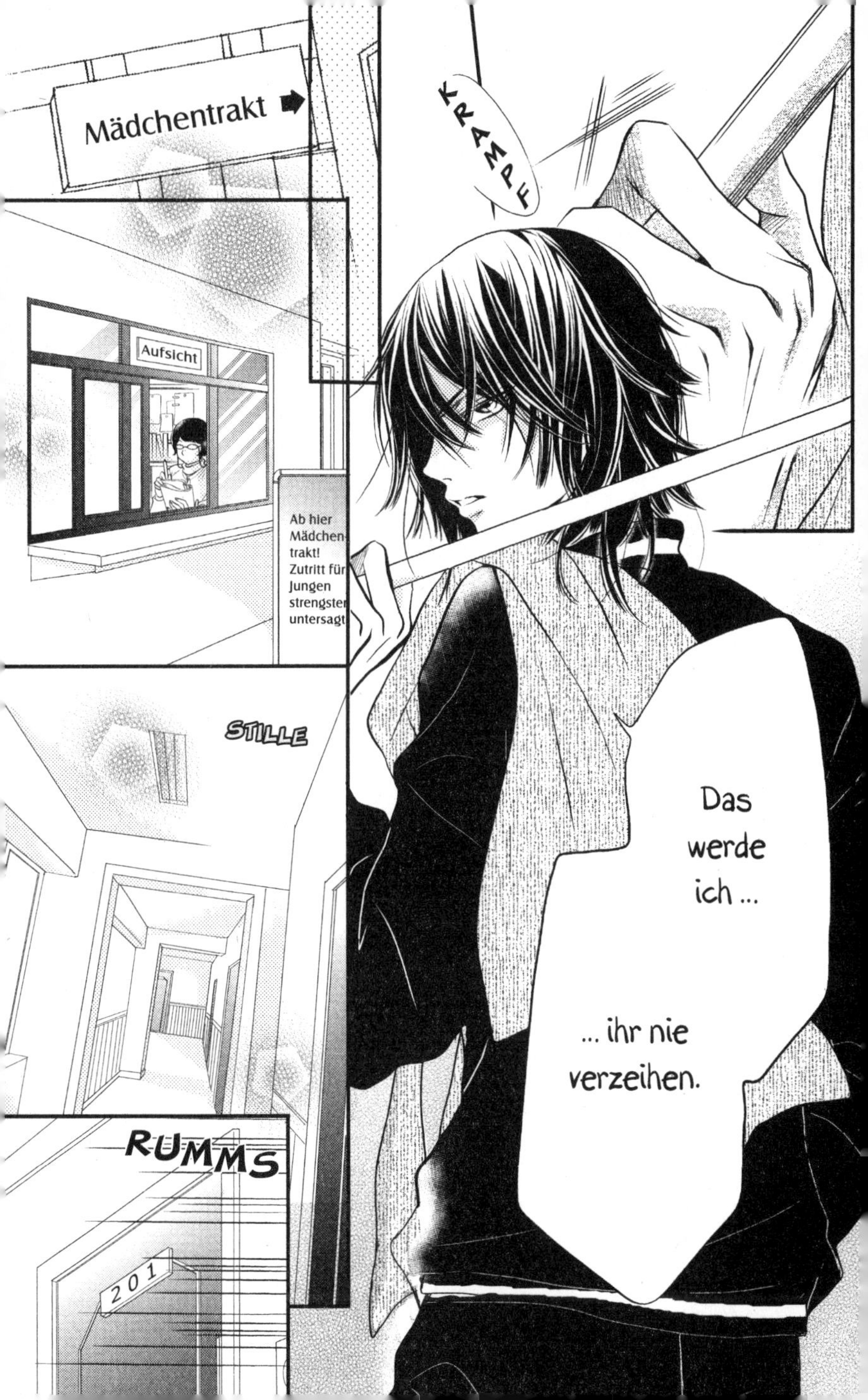
KRAMPF
Das werde ich ...
... ihr nie verzeihen.
Mädchentrakt
Aufsicht
Ab hier Mädchentrakt! Zutritt für Jungen strengstens untersagt!
STILLE
RUMMS
201

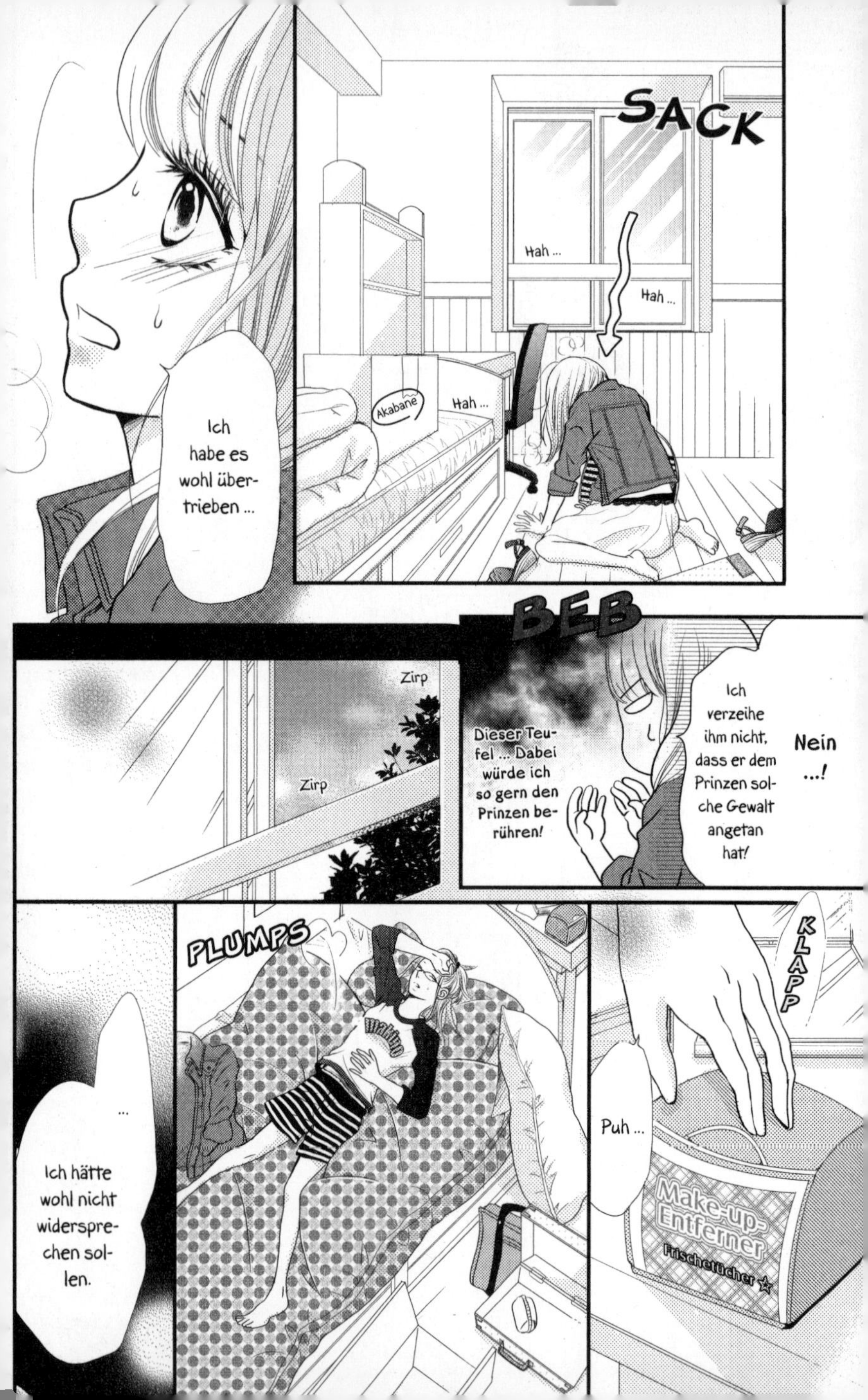
SACK
Hah ...
Hah ...
Hah ...
Akabane
Ich habe es wohl übertrieben ...
BEB
Nein ...!
Ich verzeihe ihm nicht, dass er dem Prinzen solche Gewalt angetan hat!
Dieser Teufel ... Dabei würde ich so gern den Prinzen berühren!
Zirp
Zirp
KLAPP
Puh ...
Make-up-Entferner
Frischetücher
PLUMPS
...
Ich hätte wohl nicht widersprechen sollen.

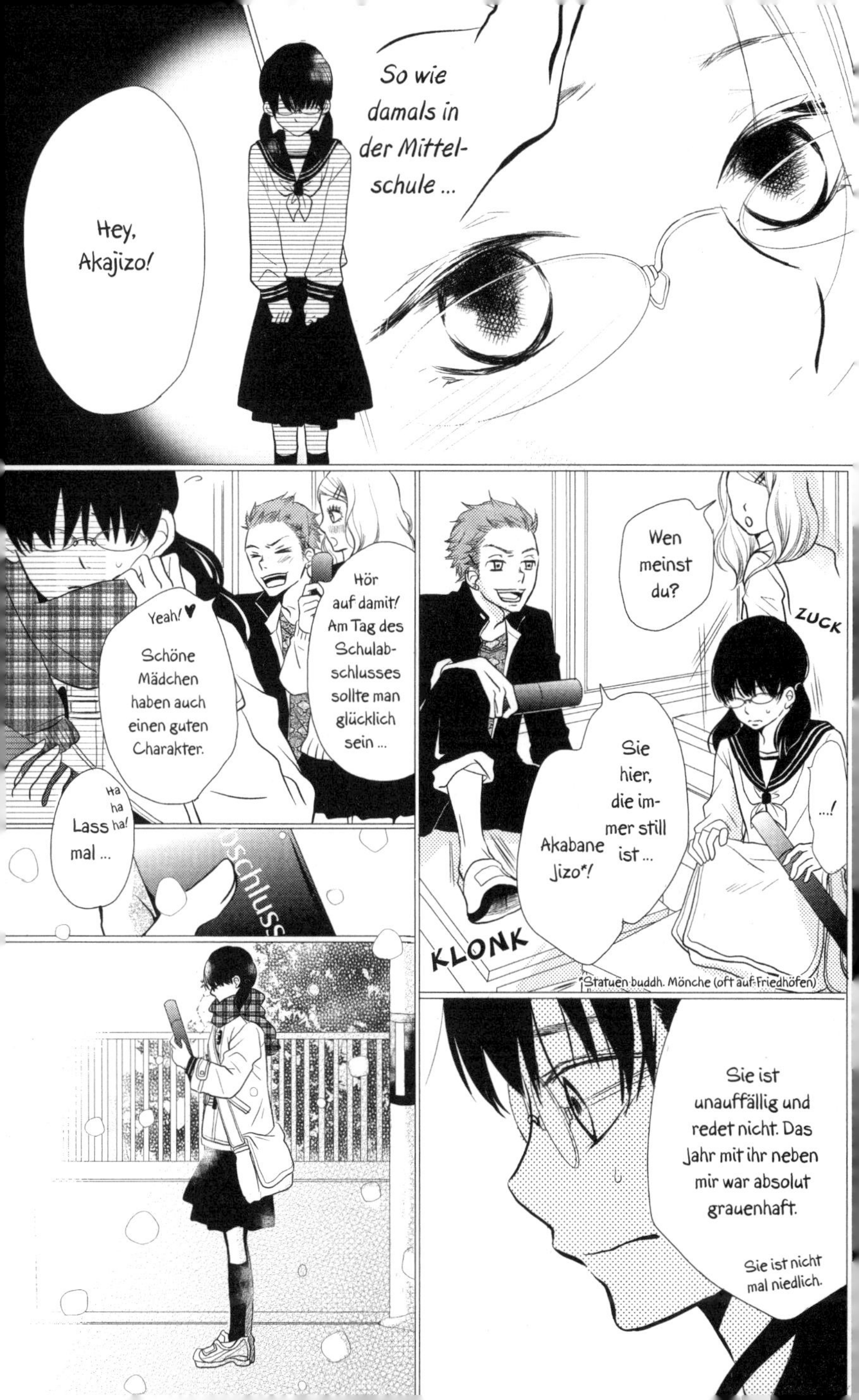

So wie damals in der Mittel- schule ...
Hey, Akajizo!
Wen meinst du?
ZUCK
Sie hier, die im- mer still ist ...
Akabane Jizo*!
...!
KLONK
Statuen buddh. Mönche (oft auf Friedhöfen)
Hör auf damit! Am Tag des Schulab- schlusses sollte man glücklich sein ...
Yeah! ♥
Schöne Mädchen haben auch einen guten Charakter.
Ha ha ha!
Lass mal ...
schluss
Sie ist unauffällig und redet nicht. Das Jahr mit ihr neben mir war absolut grauenhaft.
Sie ist nicht mal niedlich.

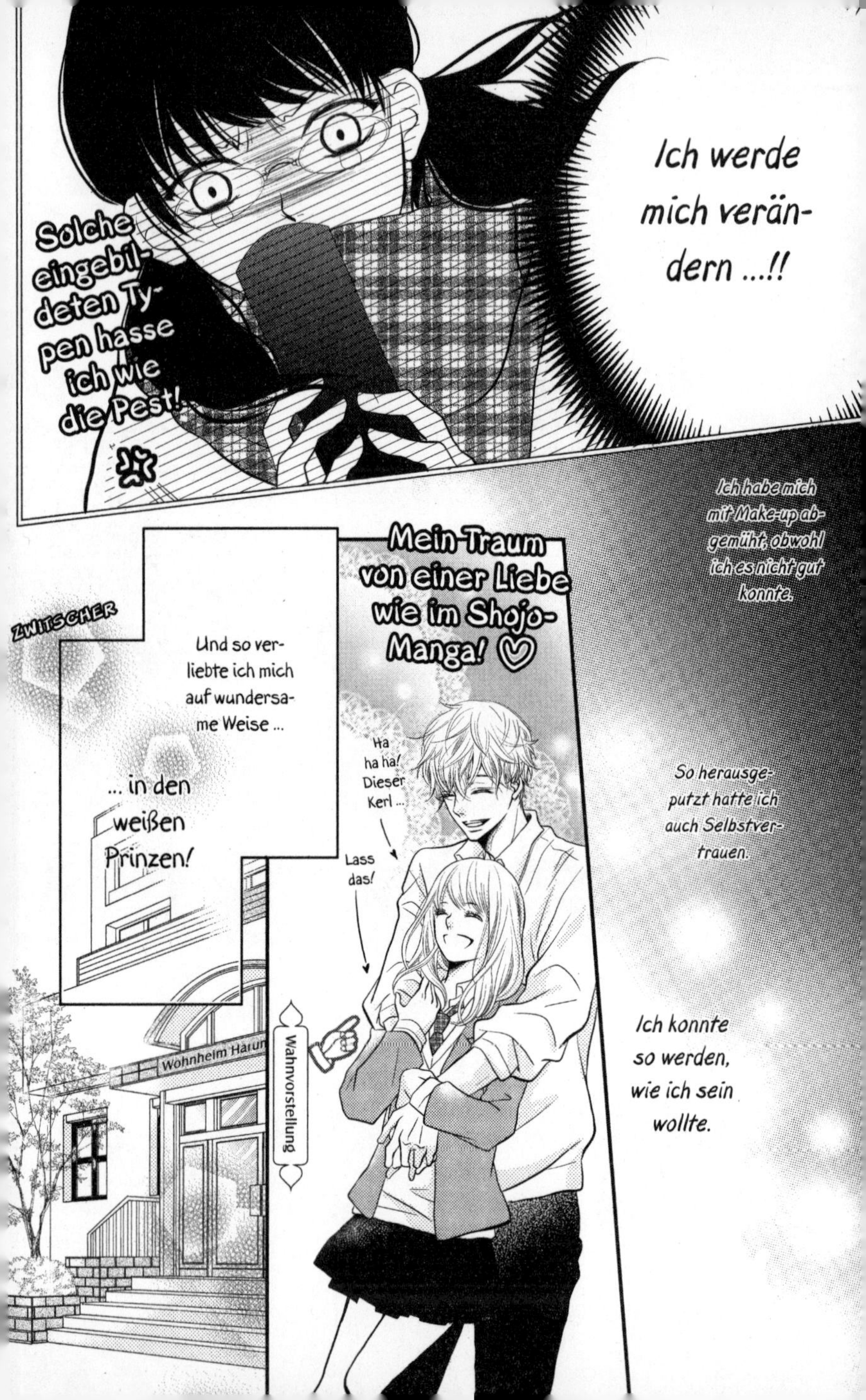
Ich werde mich verändern ...!!
Solche eingebildeten Typen hasse ich wie die Pest!
Ich habe mich mit Make-up abgemüht, obwohl ich es nicht gut konnte.
Mein Traum von einer Liebe wie im Shojo-Manga! ♡
ZWITSCHER
Und so verliebte ich mich auf wundersame Weise ...
... in den weißen Prinzen!
So herausgeputzt hatte ich auch Selbstvertrauen.
Ha ha ha! Dieser Kerl ...
Lass das!
Ich konnte so werden, wie ich sein wollte.
Wahnvorstellung
Wohnheim Harun

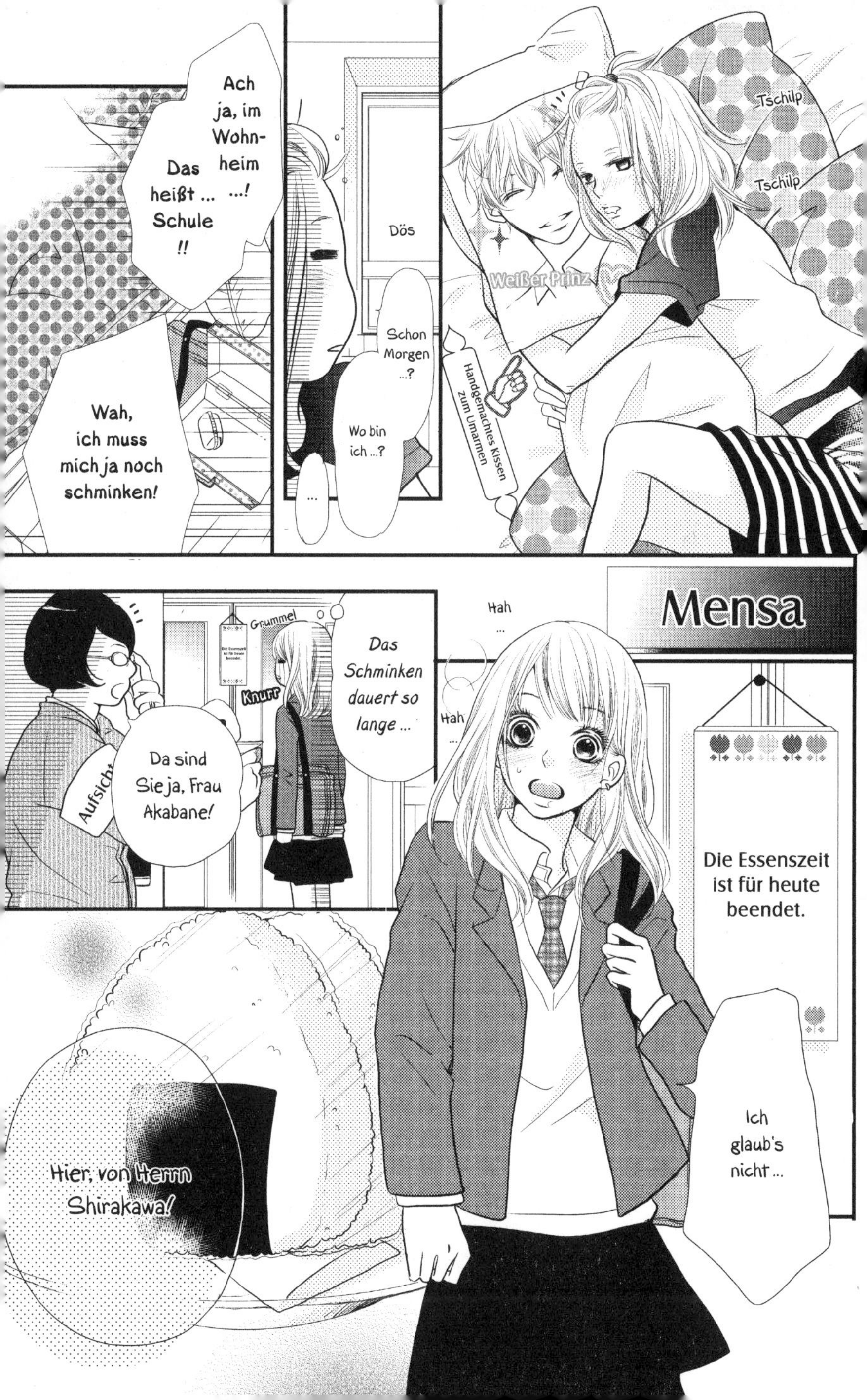
Tschilp
Tschilp
Weißer Prinz
Handgemachtes Kissen zum Umarmen
Dös
Schon Morgen ...?
Wo bin ich ...?
...
Ach ja, im Wohnheim ...!
Das heißt ... Schule !!
Wah, ich muss mich ja noch schminken!
Mensa
Hah ...
Hah ...
Die Essenszeit ist für heute beendet.
Ich glaub's nicht ...
Das Schminken dauert so lange ...
Grummel
Knurr
Da sind Sie ja, Frau Akabane!
Aufsicht
Hier, von Herrn Shirakawa!

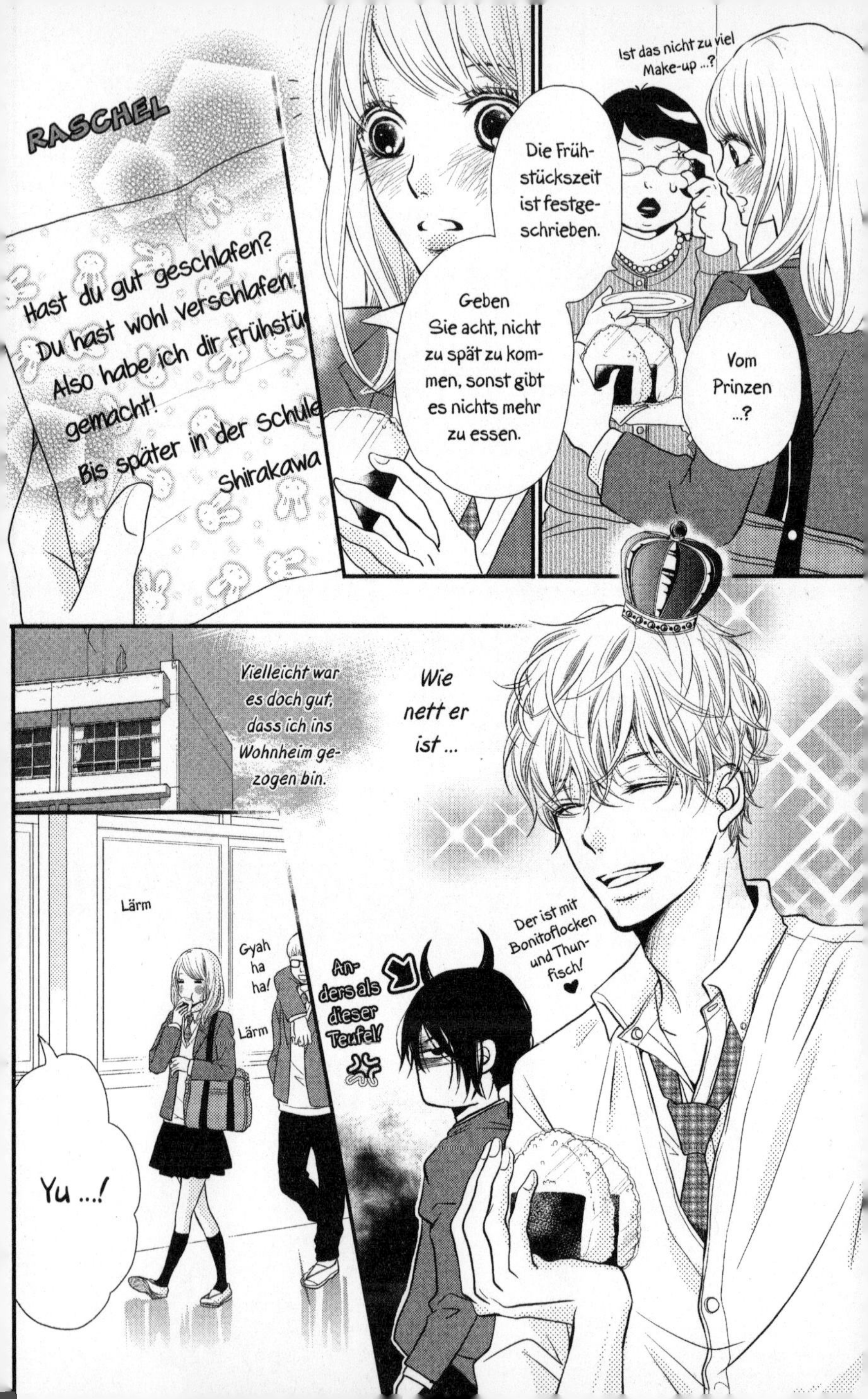
Ist das nicht zu viel Make-up ...?
Vom Prinzen ...?
Die Früh-stückszeit ist festge-schrieben.
Geben Sie acht, nicht zu spät zu kom-men, sonst gibt es nichts mehr zu essen.
RASCHEL
Hast du gut geschlafen?
Du hast wohl verschlafen.
Also habe ich dir Frühstü
gemacht!
Bis später in der Schule
Shirakawa
Wie nett er ist ...
Vielleicht war es doch gut, dass ich ins Wohnheim ge-zogen bin.
Der ist mit Bonitoflocken und Thun-fisch! ♥
An-ders als dieser Teufel!
Gyah ha ha!
Lärm
Lärm
Yu ...!

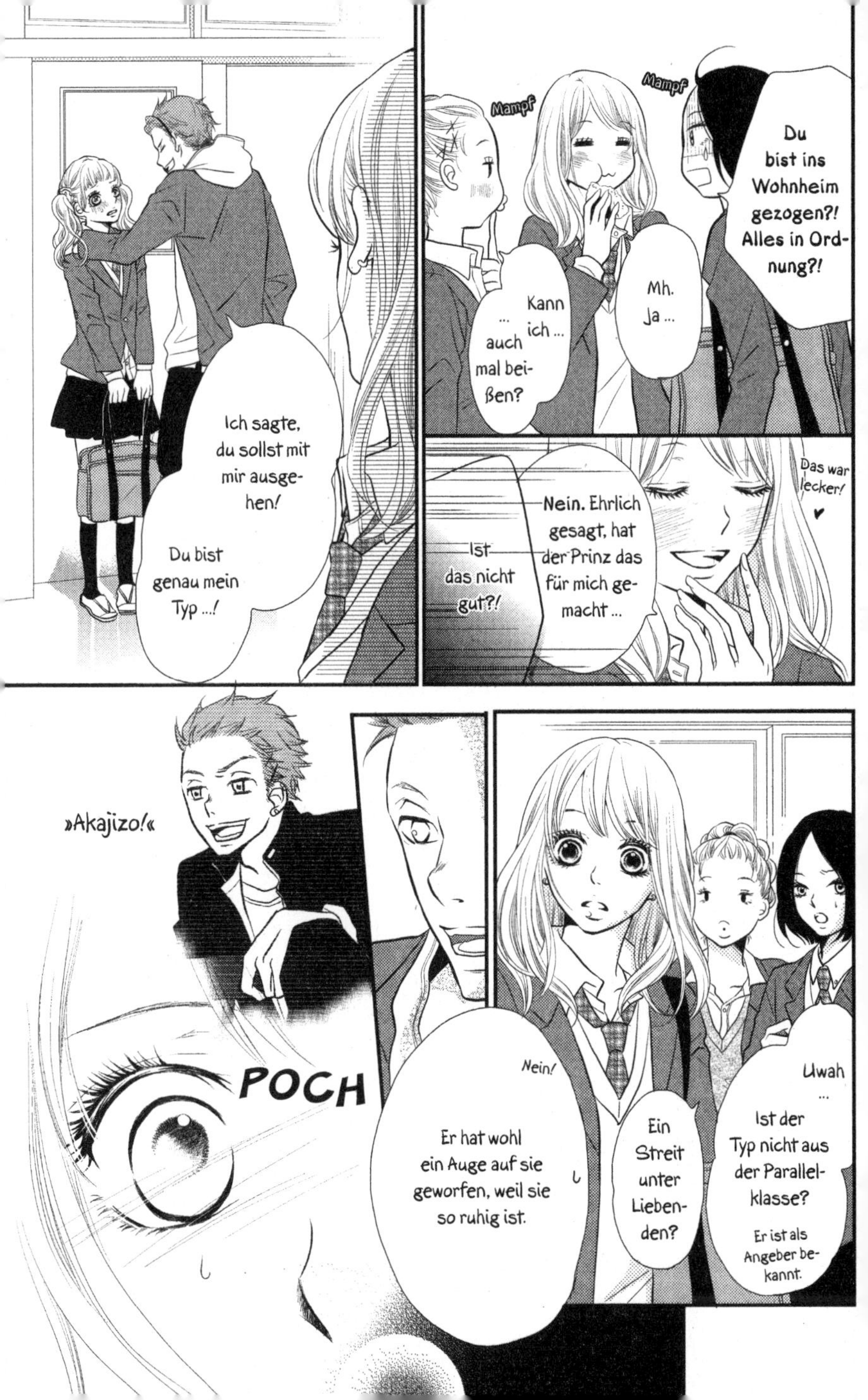

Mampf
Mampf
Du bist ins Wohnheim gezogen?! Alles in Ordnung?!
Mh. Ja ...
Kann ich ...
... auch mal bei-ßen?
Das war lecker! ♥
Nein. Ehrlich gesagt, hat der Prinz das für mich ge-macht ...
Ist das nicht gut?!
Ich sagte, du sollst mit mir ausge-hen!
Du bist genau mein Typ ...!
Uwah ...
Ist der Typ nicht aus der Parallel-klasse?
Er ist als Angeber be-kannt.
Ein Streit unter Lieben-den?
Nein!
Er hat wohl ein Auge auf sie geworfen, weil sie so ruhig ist.
»Akajizo!«
POCH

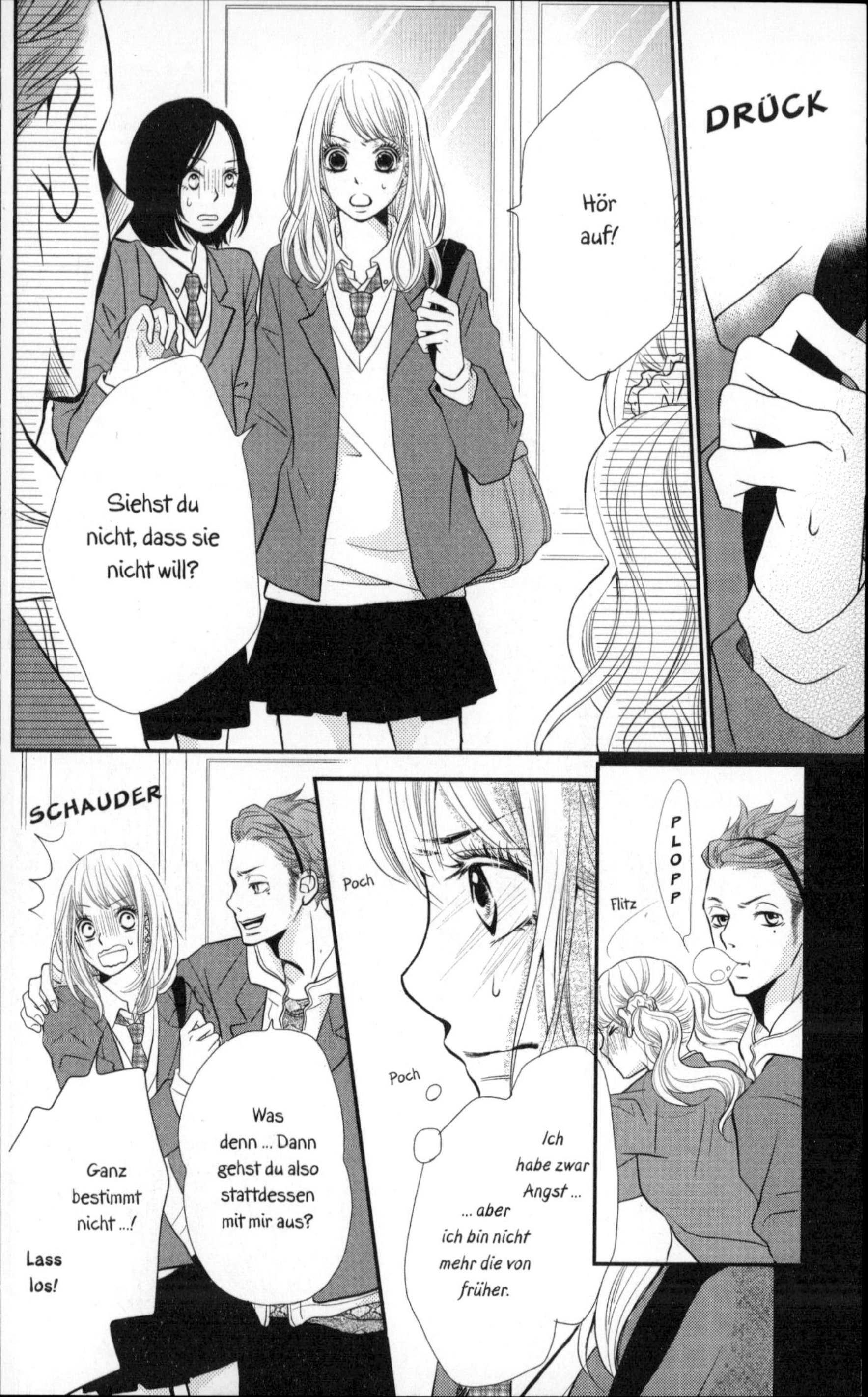
DRÜCK
Hör auf!
Siehst du nicht, dass sie nicht will?
PLOPP
Flitz
Poch
Poch
Ich habe zwar Angst ...
... aber ich bin nicht mehr die von früher.
SCHAUDER
Was denn ... Dann gehst du also stattdessen mit mir aus?
Ganz bestimmt nicht ...!
Lass los!

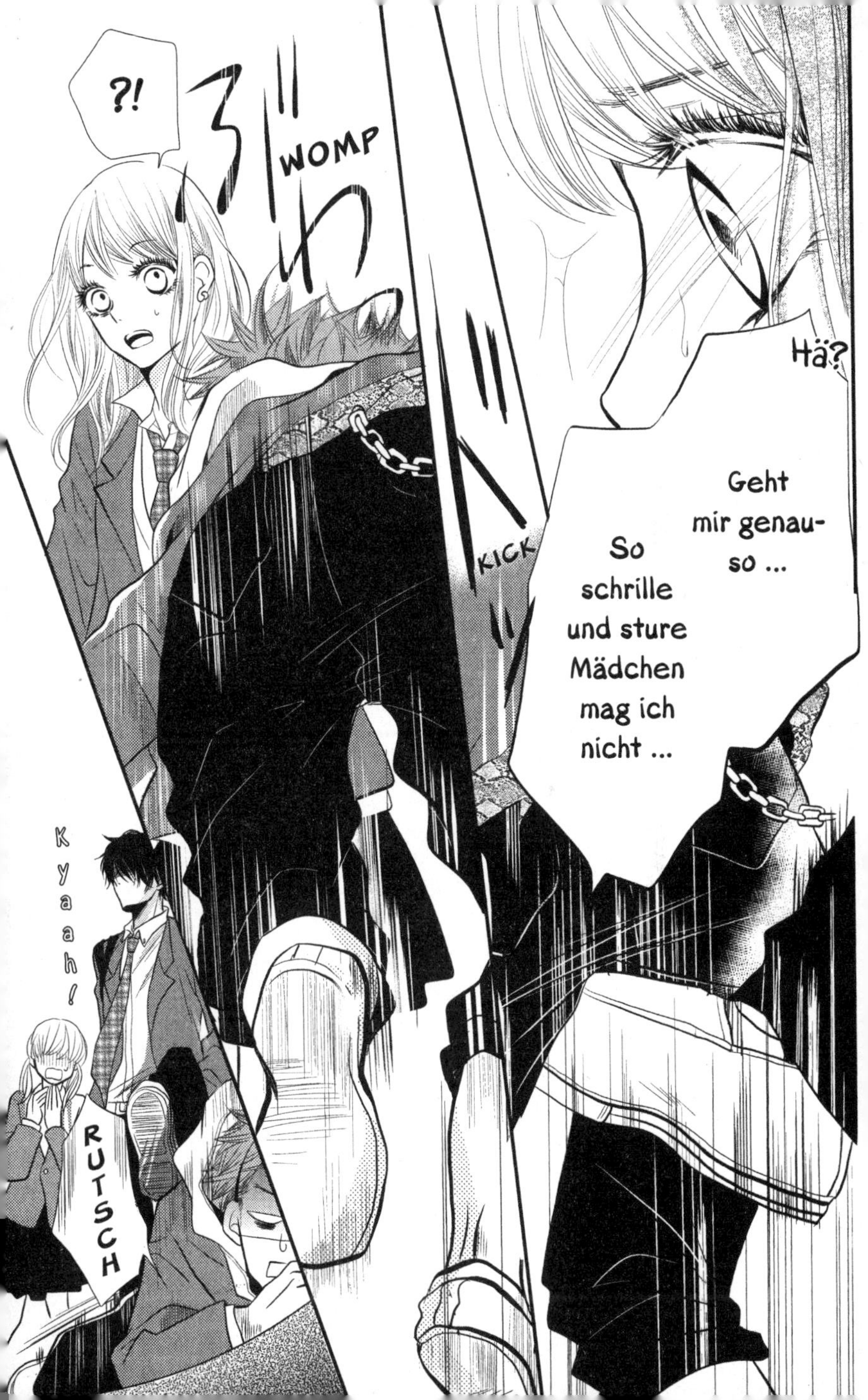
Hä?
Geht mir genau-so ...
So schrille und sture Mädchen mag ich nicht ...
KICK
WOMP
?!
Kyaah!
RUTSCH

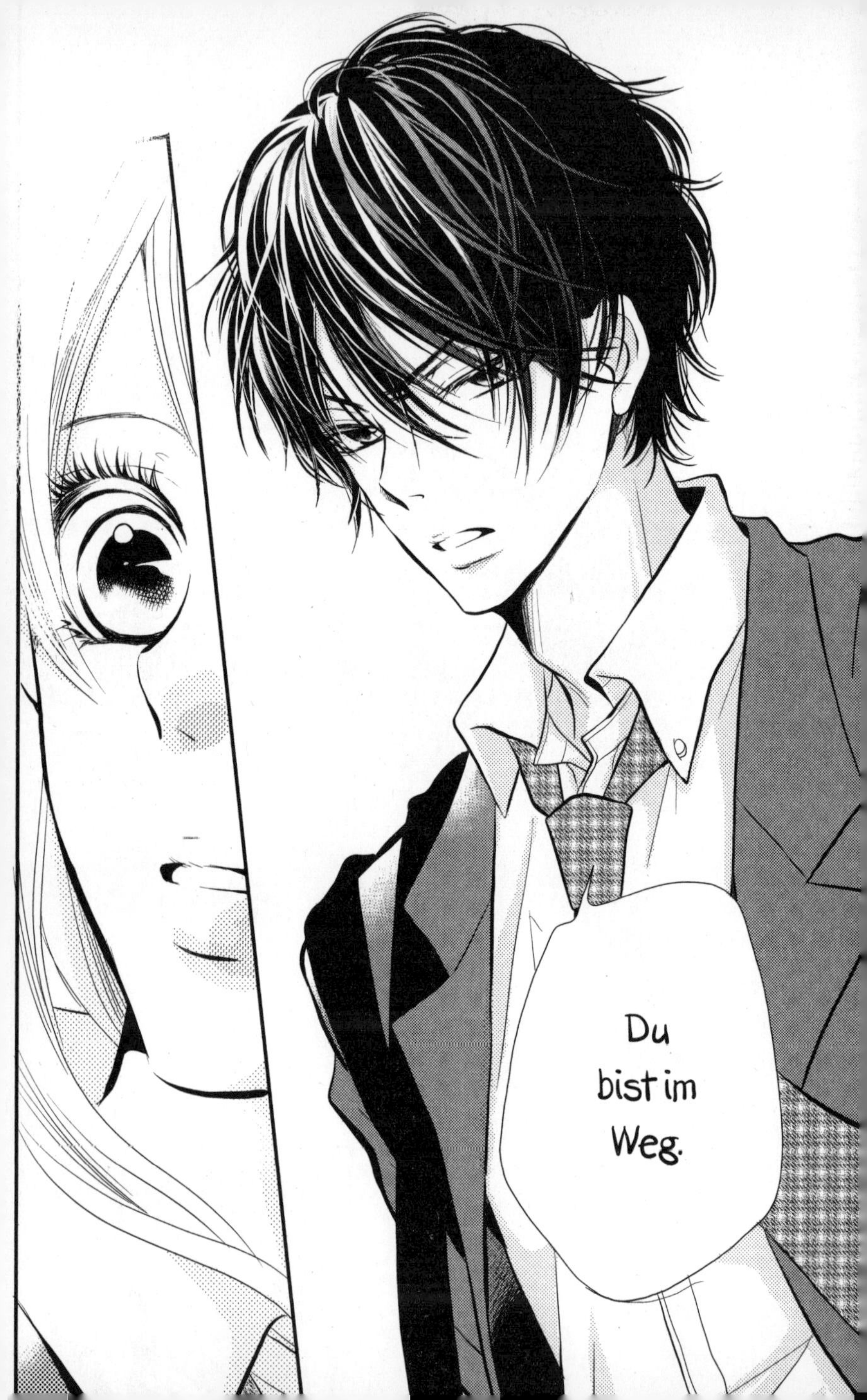
Du bist im Weg.

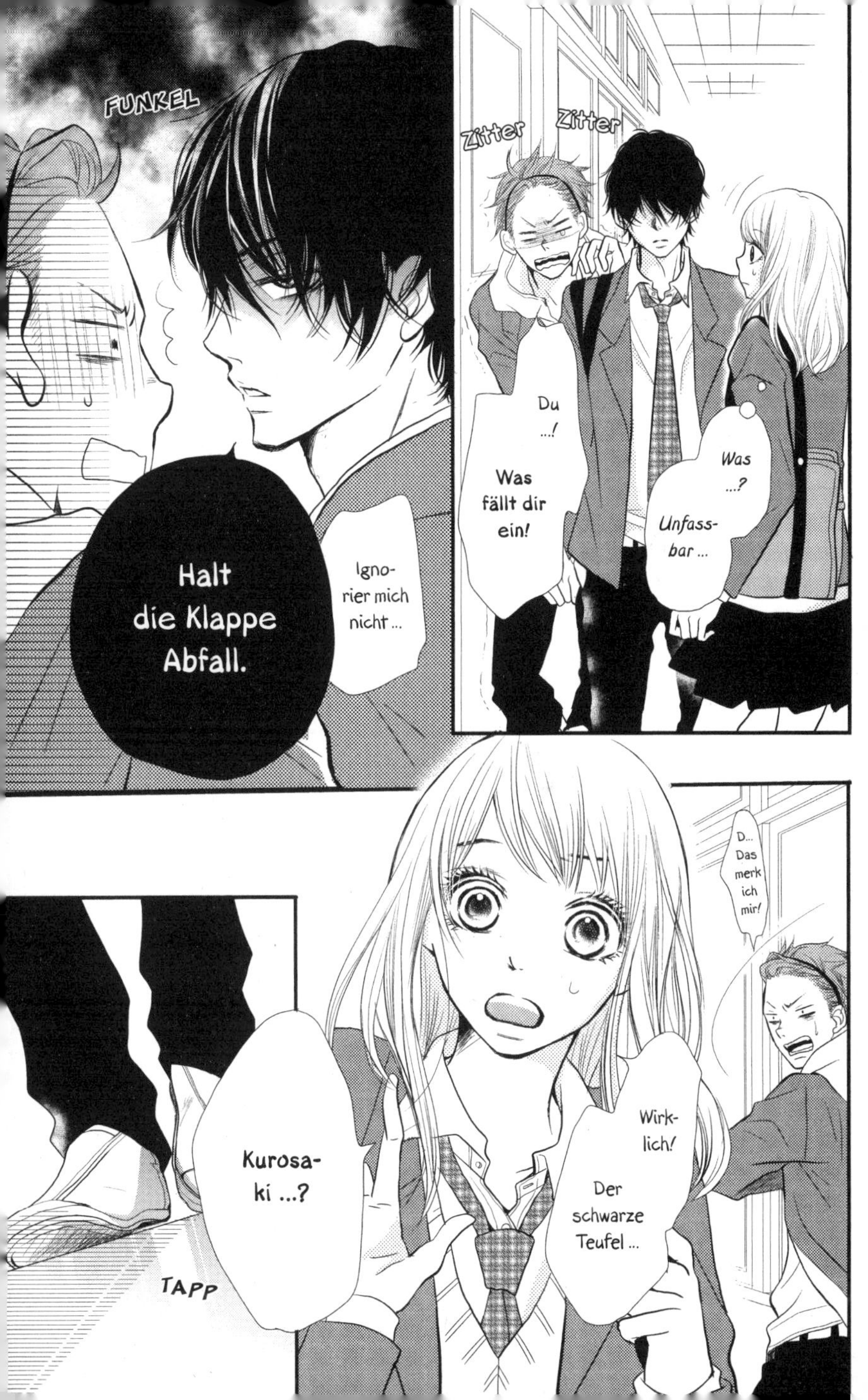
Zitter Zitter
Was ...? Unfassbar ...
Du ...! Was fällt dir ein!
FUNKEL
Ignorier mich nicht ...
Halt die Klappe Abfall.
D... Das merk ich mir!
Wirklich! Der schwarze Teufel ...
Kurosaki ...?
TAPP

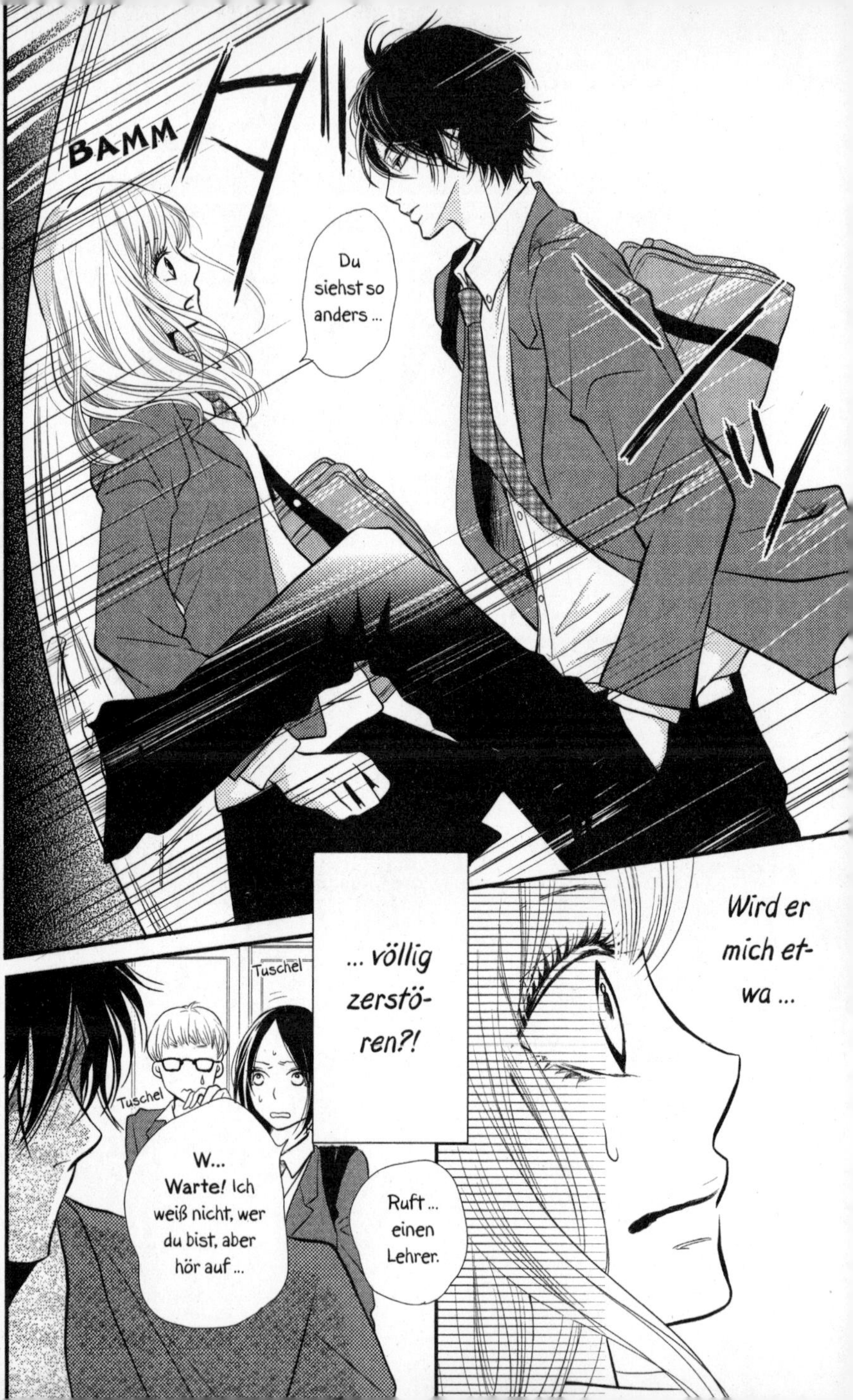
BAMM
Du siehst so anders ...
Wird er mich et-wa ...
... völlig zerstö-ren?!
Tuschel
Tuschel
Ruft ... einen Lehrer.
W... Warte! Ich weiß nicht, wer du bist, aber hör auf ...

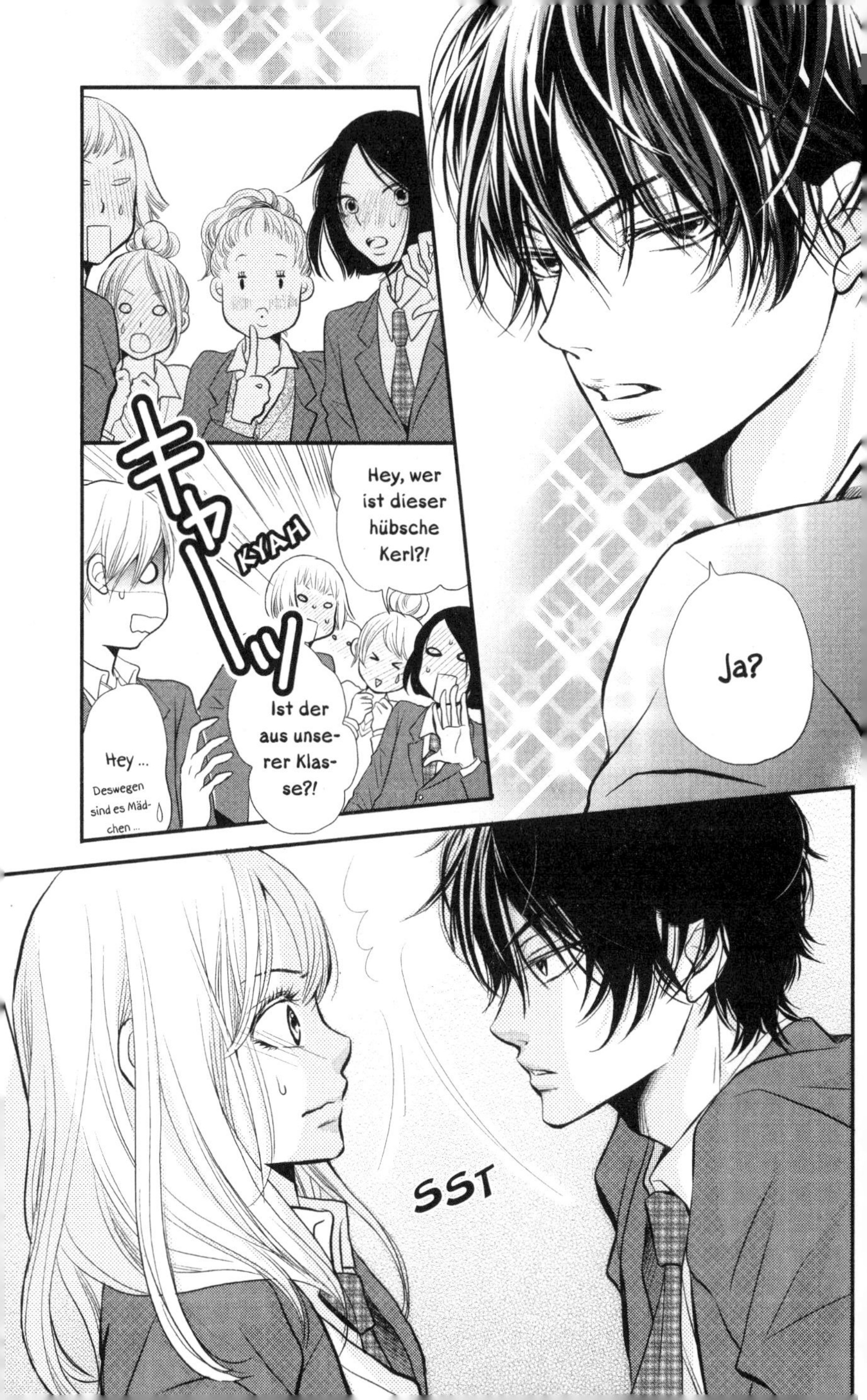
Ja?
KYAH
Hey, wer ist dieser hübsche Kerl?!
Ist der aus unserer Klasse?!
Hey ...
Deswegen sind es Mädchen ...
SST

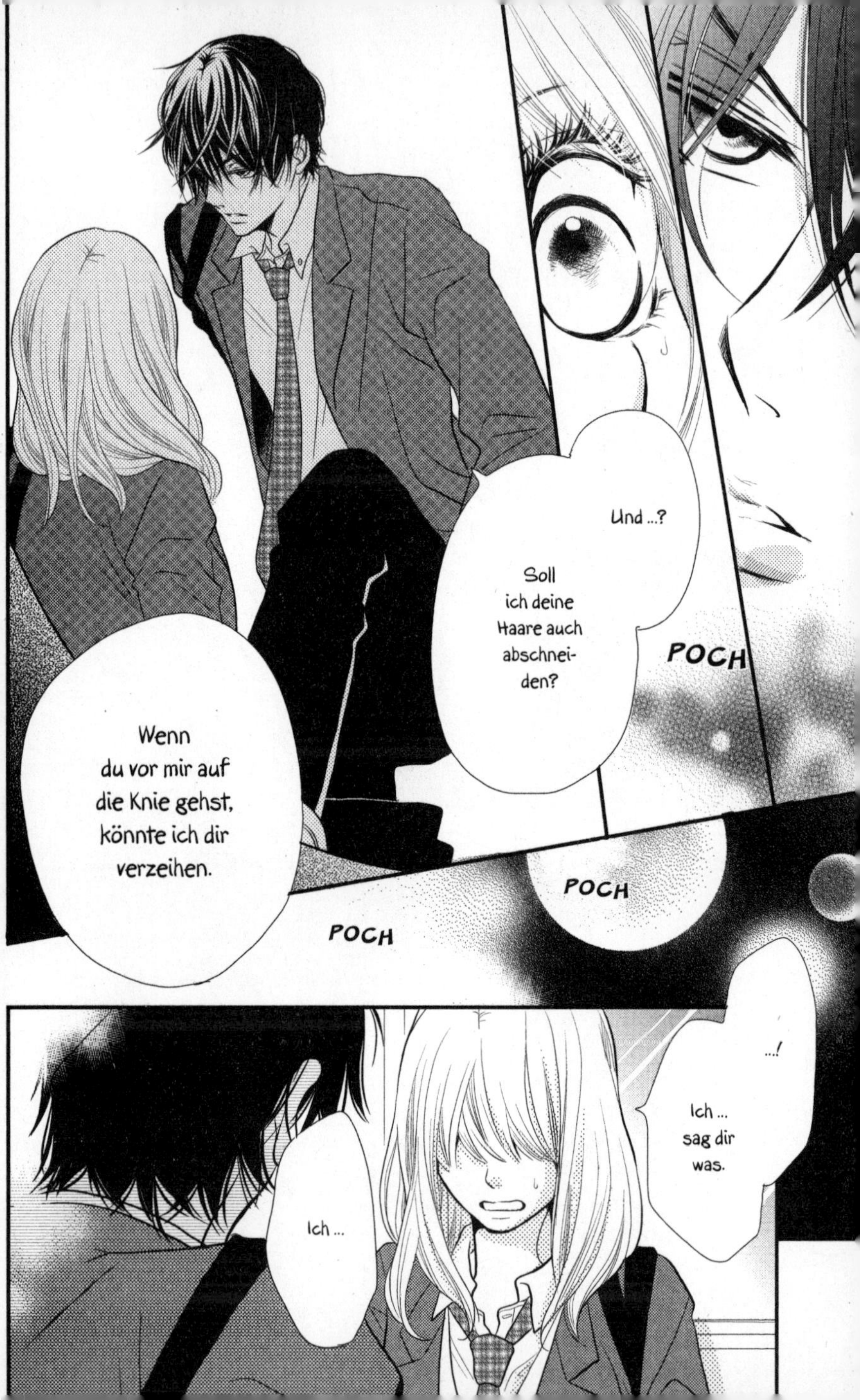
Und ...?
Soll ich deine Haare auch abschneiden?
POCH
Wenn du vor mir auf die Knie gehst, könnte ich dir verzeihen.
POCH
POCH
...!
Ich ... sag dir was.
Ich ...

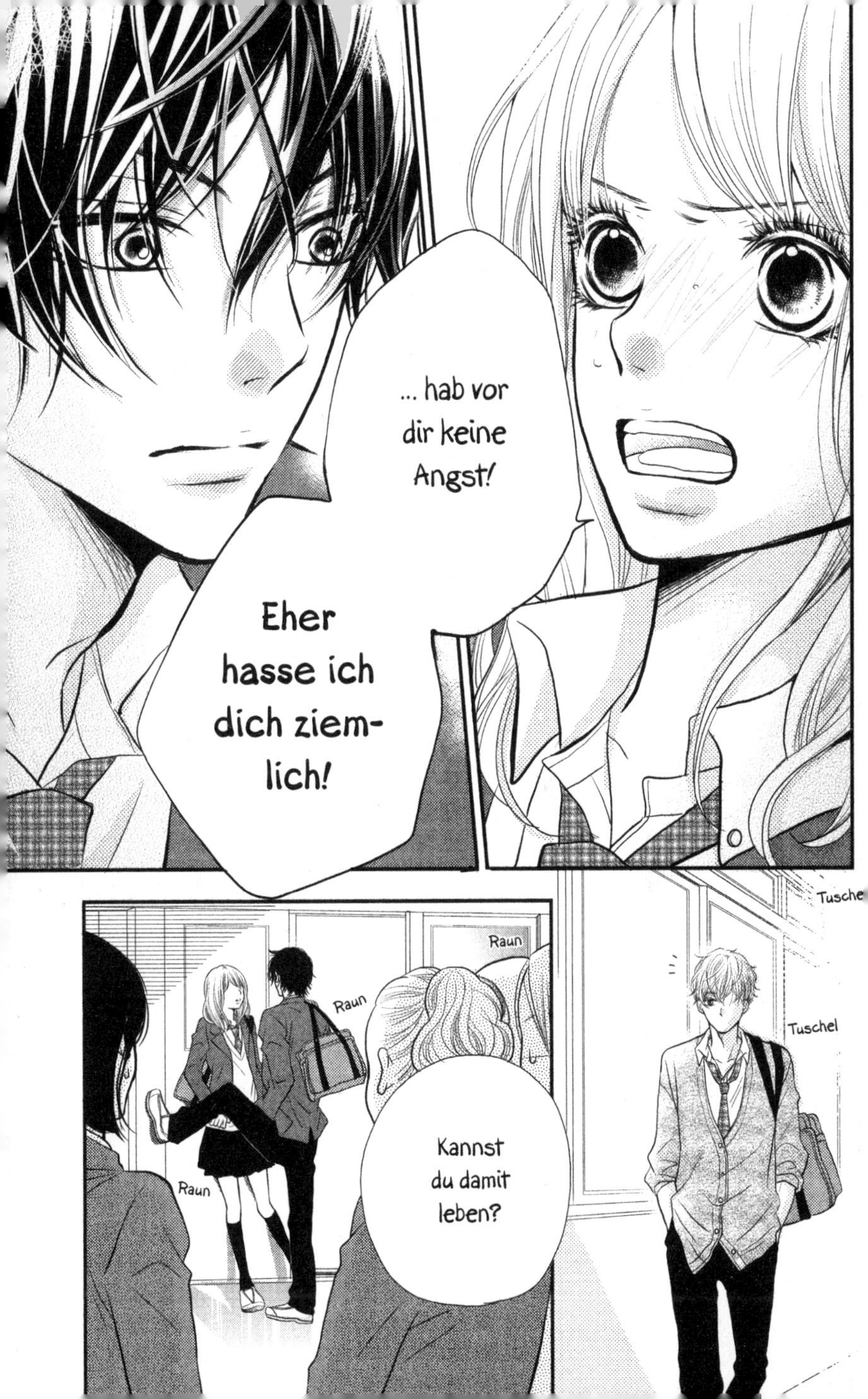
... hab vor dir keine Angst!
Eher hasse ich dich ziemlich!
Tuschel
Tuschel
Raun
Raun
Raun
Kannst du damit leben?

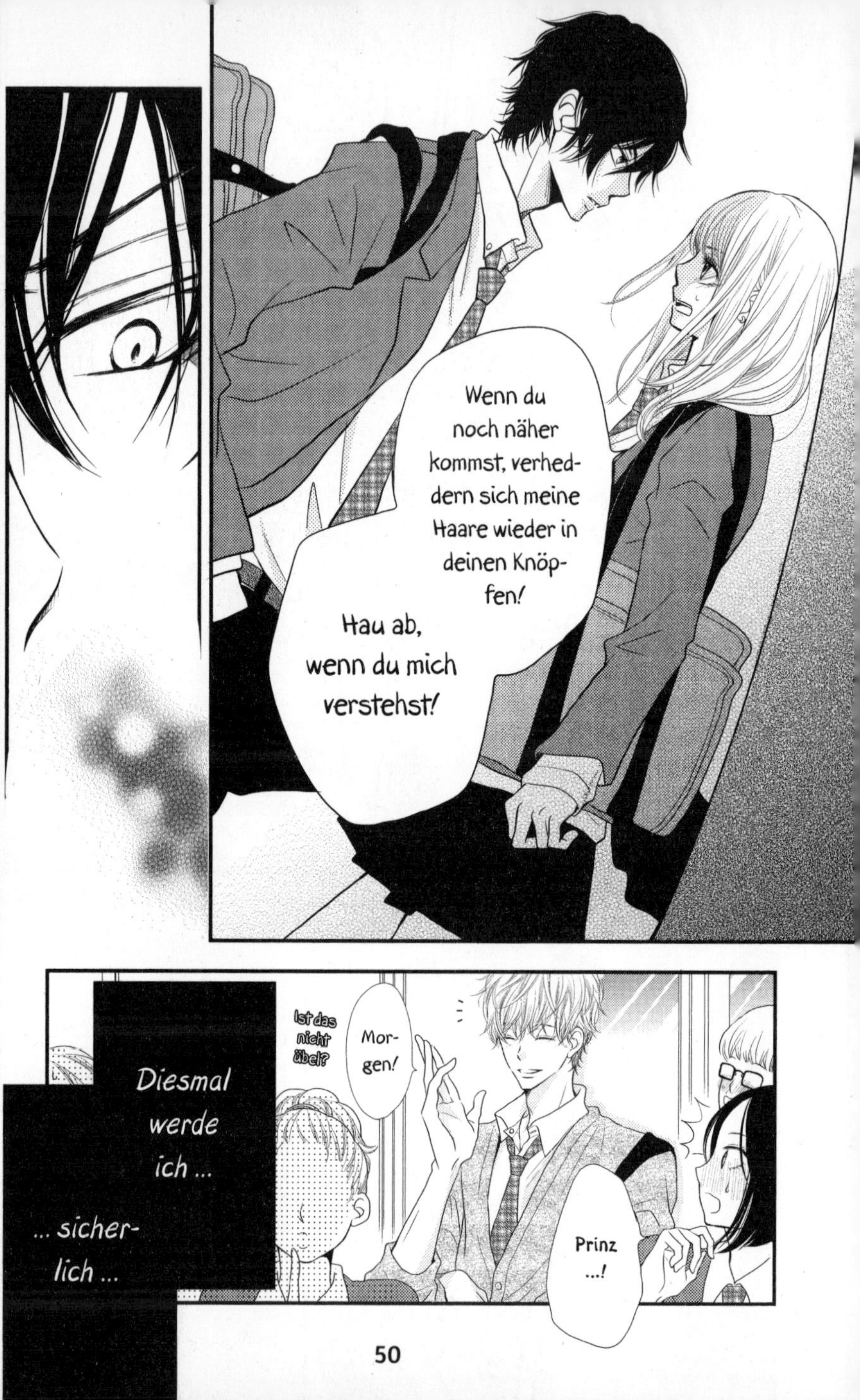

Wenn du noch näher kommst, verhed-dern sich meine Haare wieder in deinen Knöp-fen!
Hau ab, wenn du mich verstehst!
Prinz ...!
Morgen!
Ist das nicht übel?
Diesmal werde ich ...
... sicher-lich ...

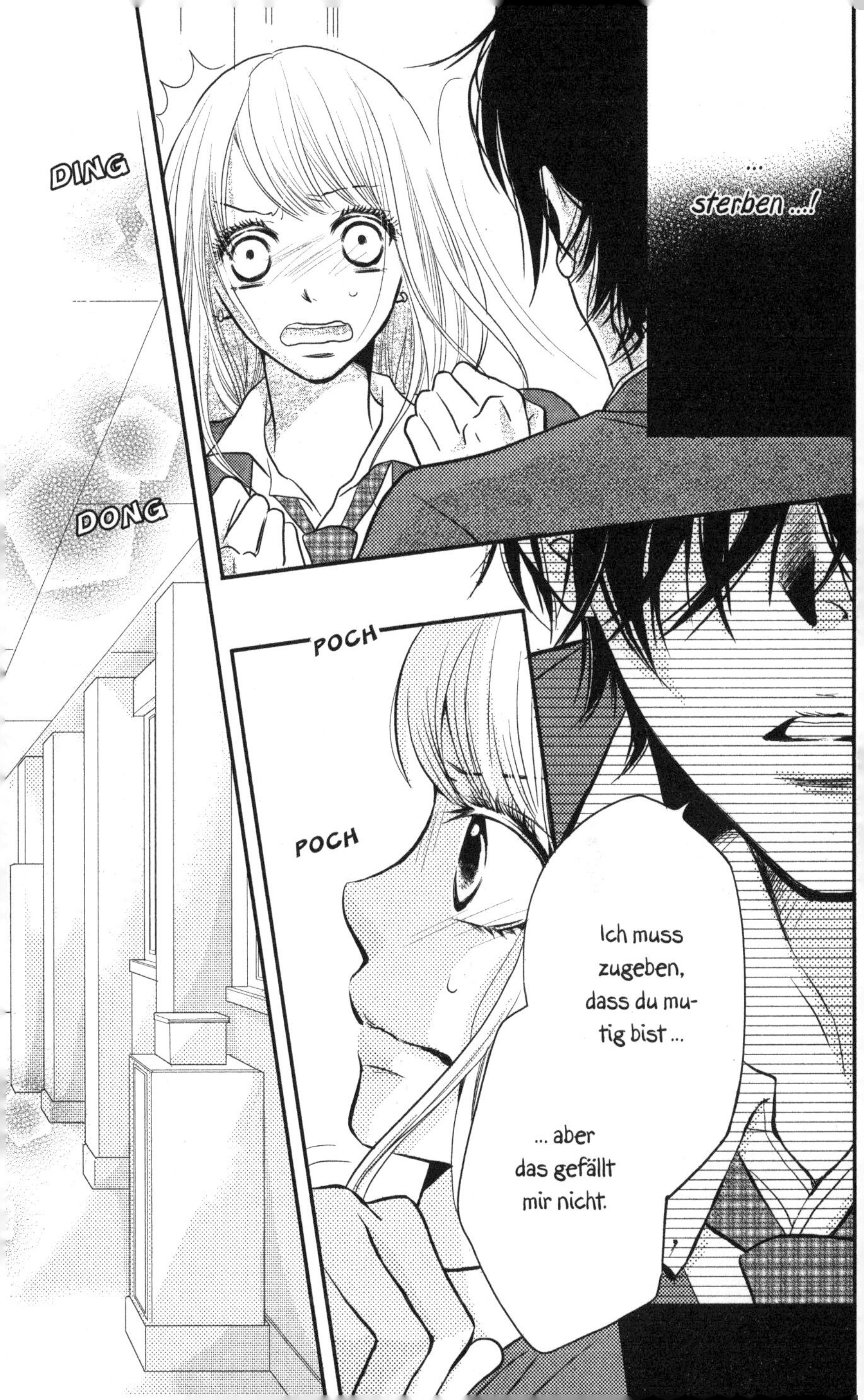
... sterben ...!
DING
DONG
POCH
POCH
Ich muss zugeben, dass du mu-tig bist ...
... aber das gefällt mir nicht.

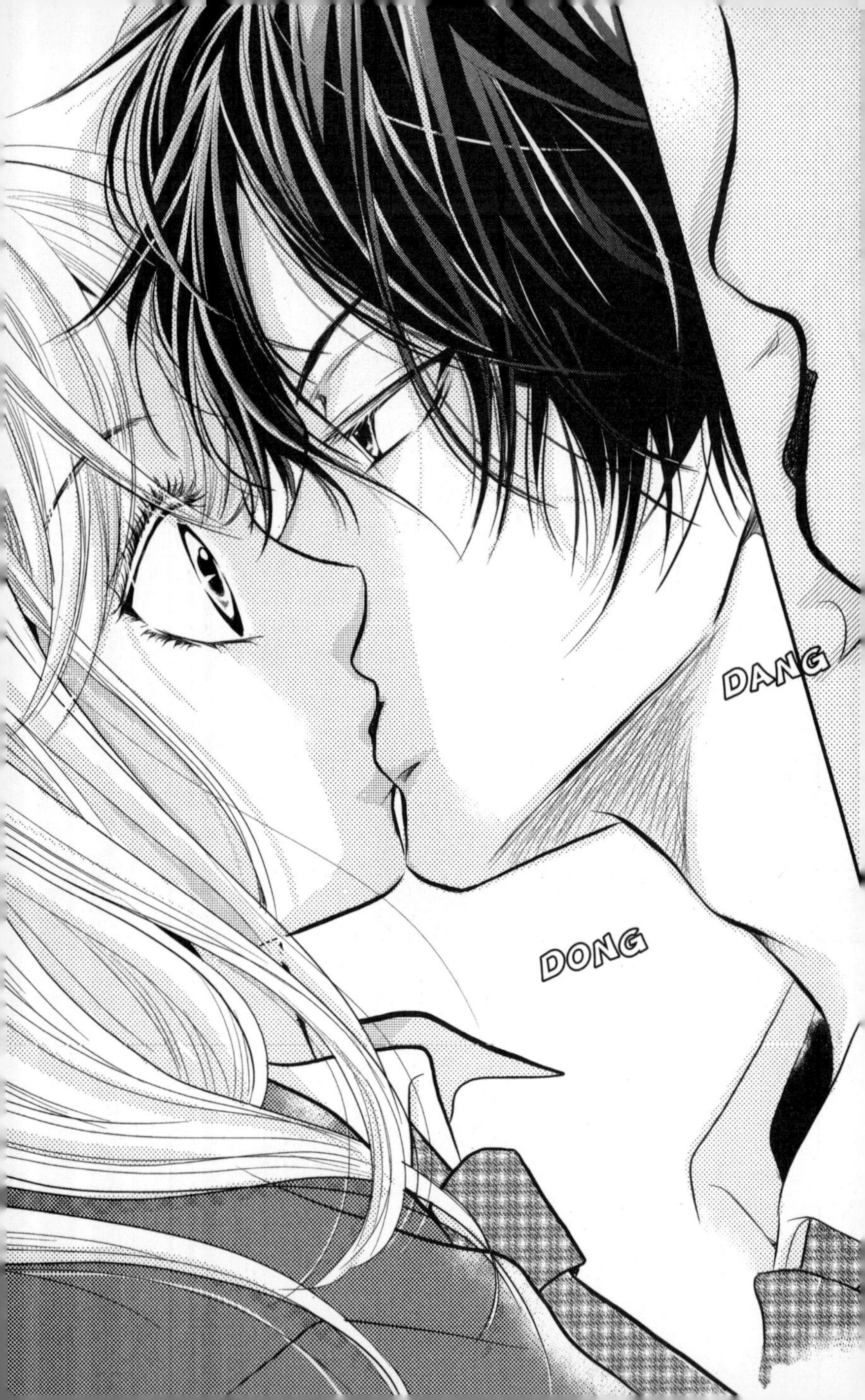
DANG
DONG

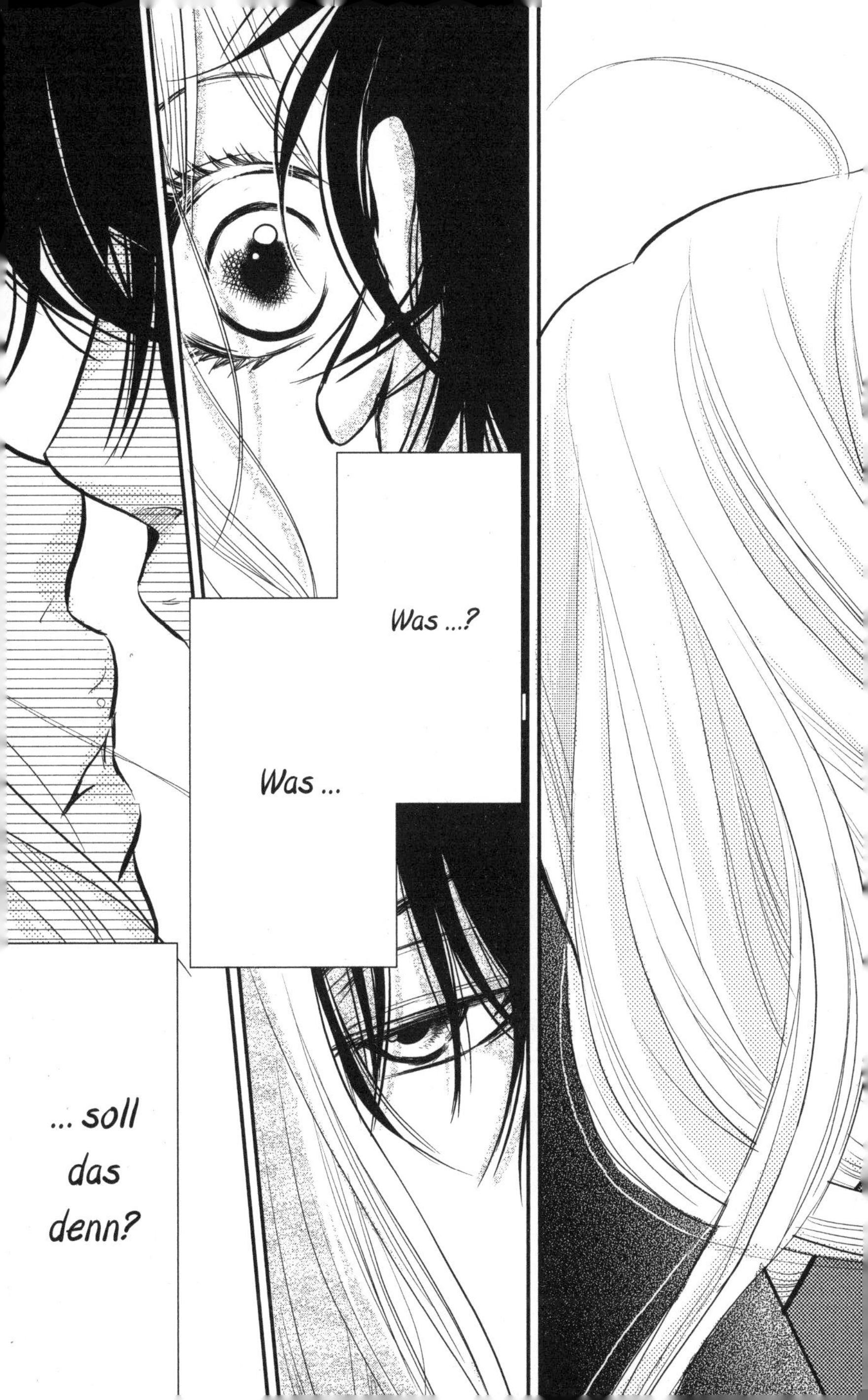
Was ...?
Was ...
... soll das denn?

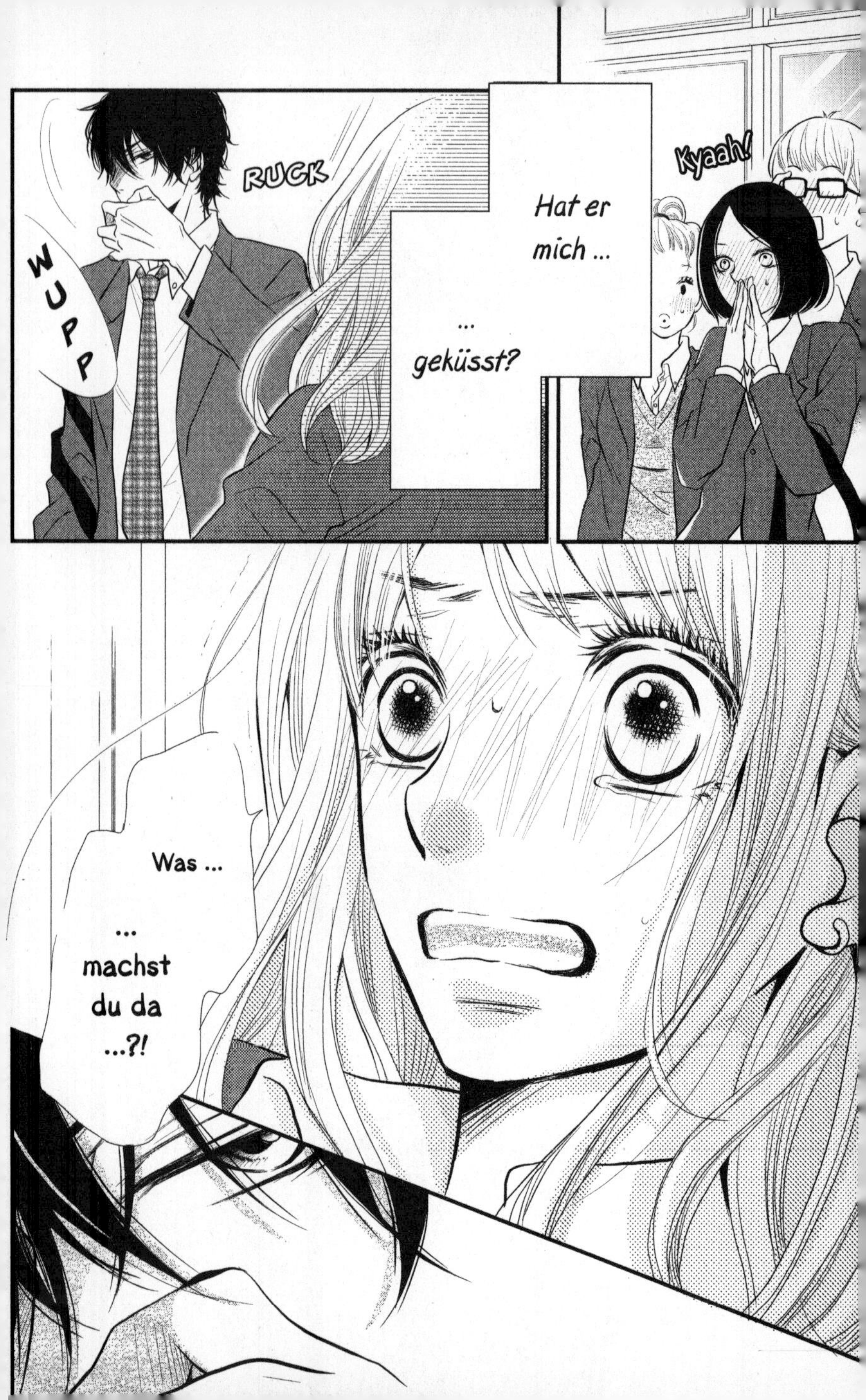
Kyaah!
Hat er mich ...
... geküsst?
RUCK
WUPP
Was ...
... machst du da ...?!

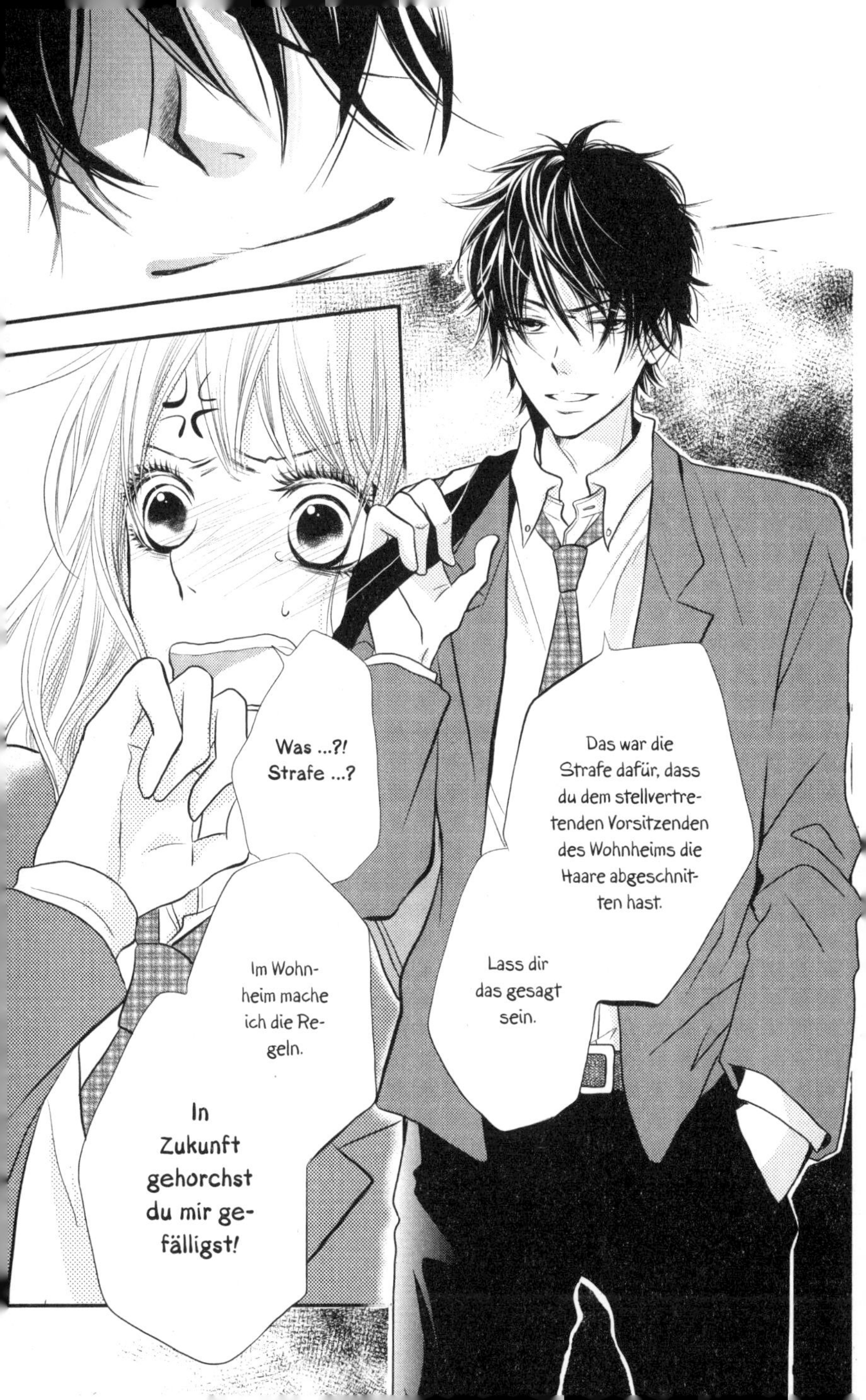
Das war die Strafe dafür, dass du dem stellvertretenden Vorsitzenden des Wohnheims die Haare abgeschnitten hast.
Was ...?! Strafe ...?
Lass dir das gesagt sein.
Im Wohnheim mache ich die Regeln.
In Zukunft gehorchst du mir gefälligst!

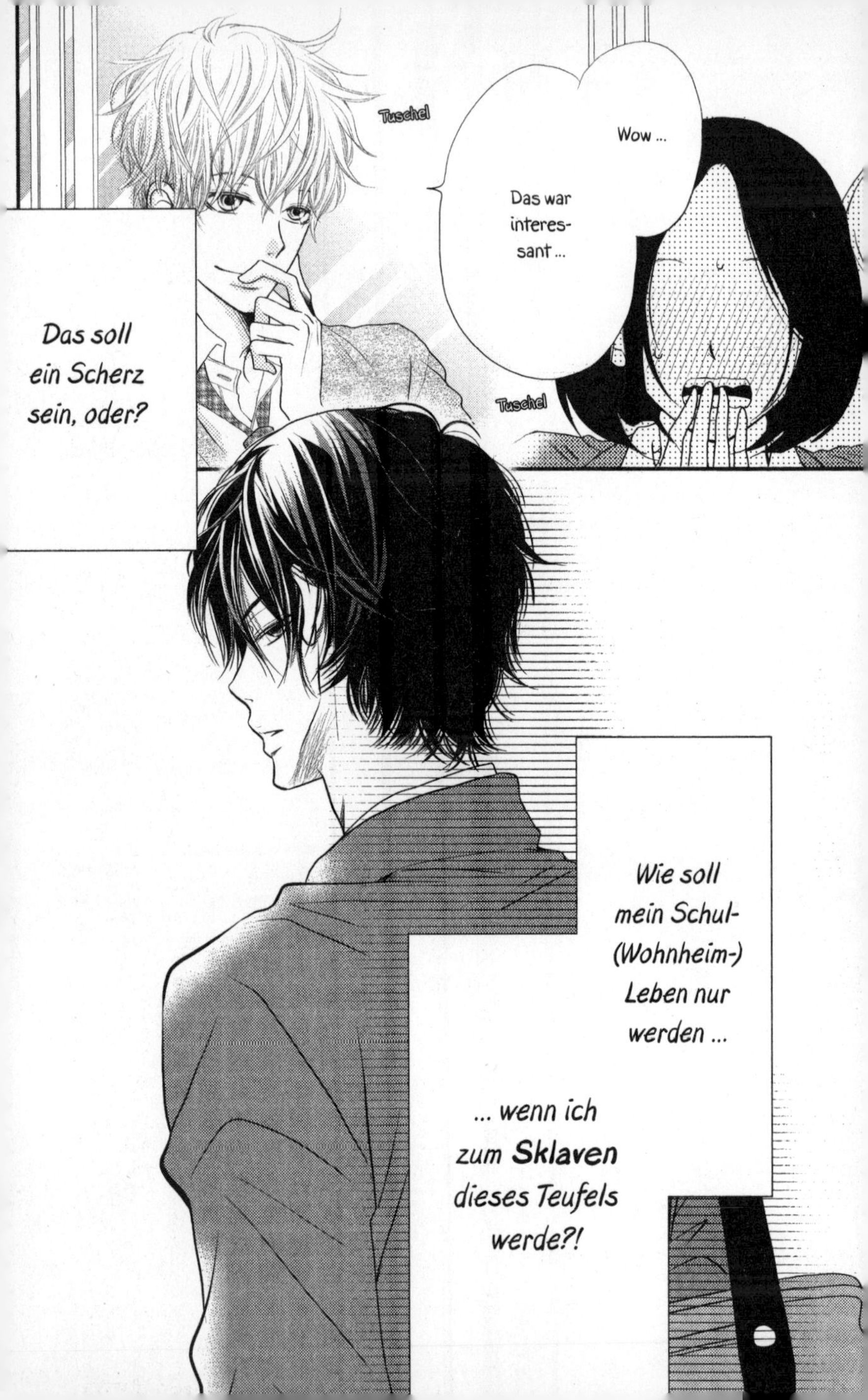
Tuschel
Wow ...
Das war interes-sant ...
Tuschel
Das soll ein Scherz sein, oder?
Wie soll mein Schul- (Wohnheim-) Leben nur werden ...
... wenn ich zum **Sklaven** dieses Teufels werde?!

Verliebt in
Prinz und Teufel?

Verliebt in
Prinz und Teufel?

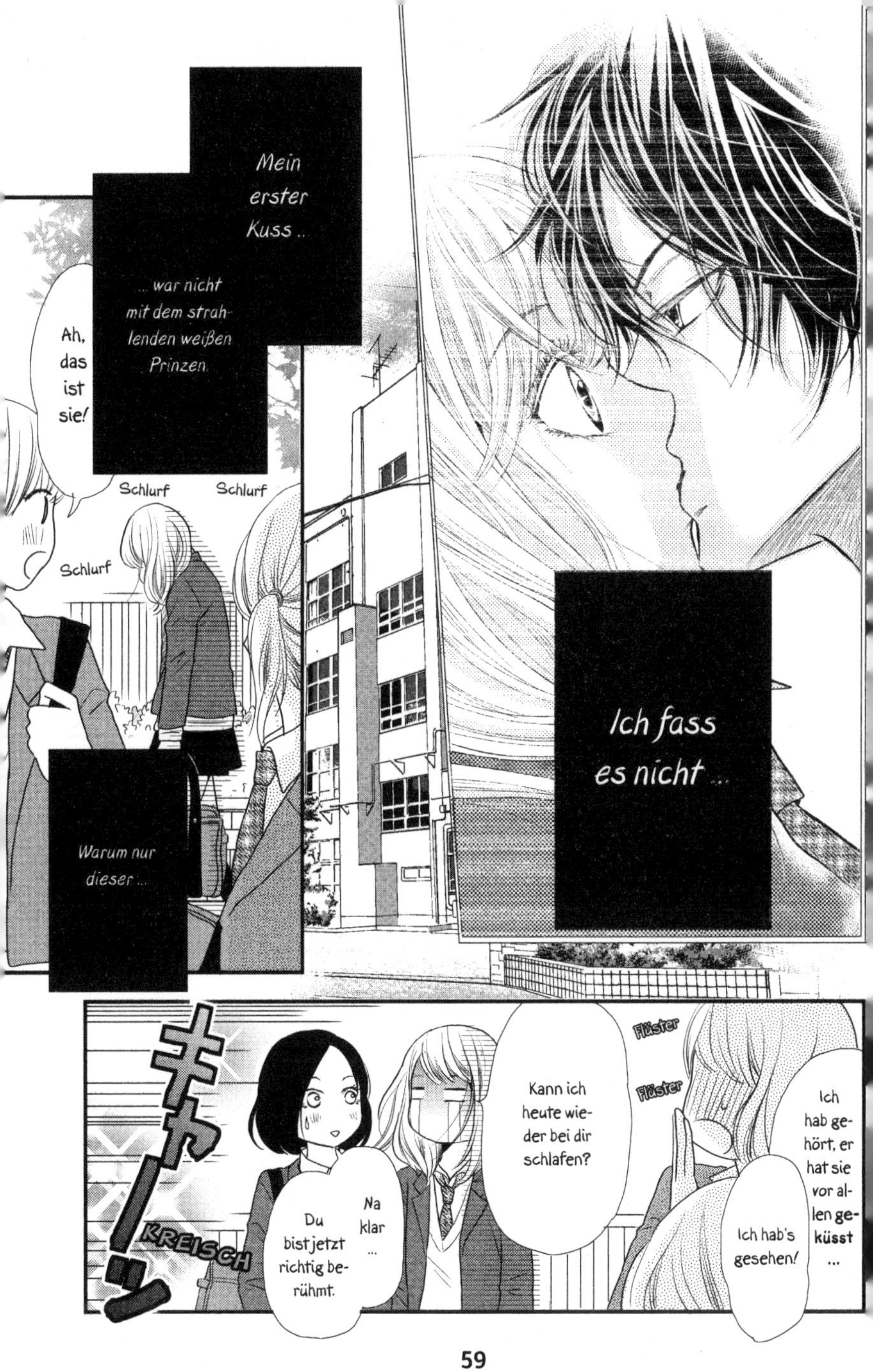

Mein erster Kuss ...
... war nicht mit dem strahlenden weißen Prinzen.
Ich fass es nicht ...
Ah, das ist sie!
Schlurf
Schlurf
Schlurf
Warum nur dieser ...
Ich hab gehört, er hat sie vor allen geküsst ...
Ich hab's gesehen!
Flüster
Flüster
Kann ich heute wieder bei dir schlafen?
Na klar ...
Du bist jetzt richtig berühmt.
KREISCH

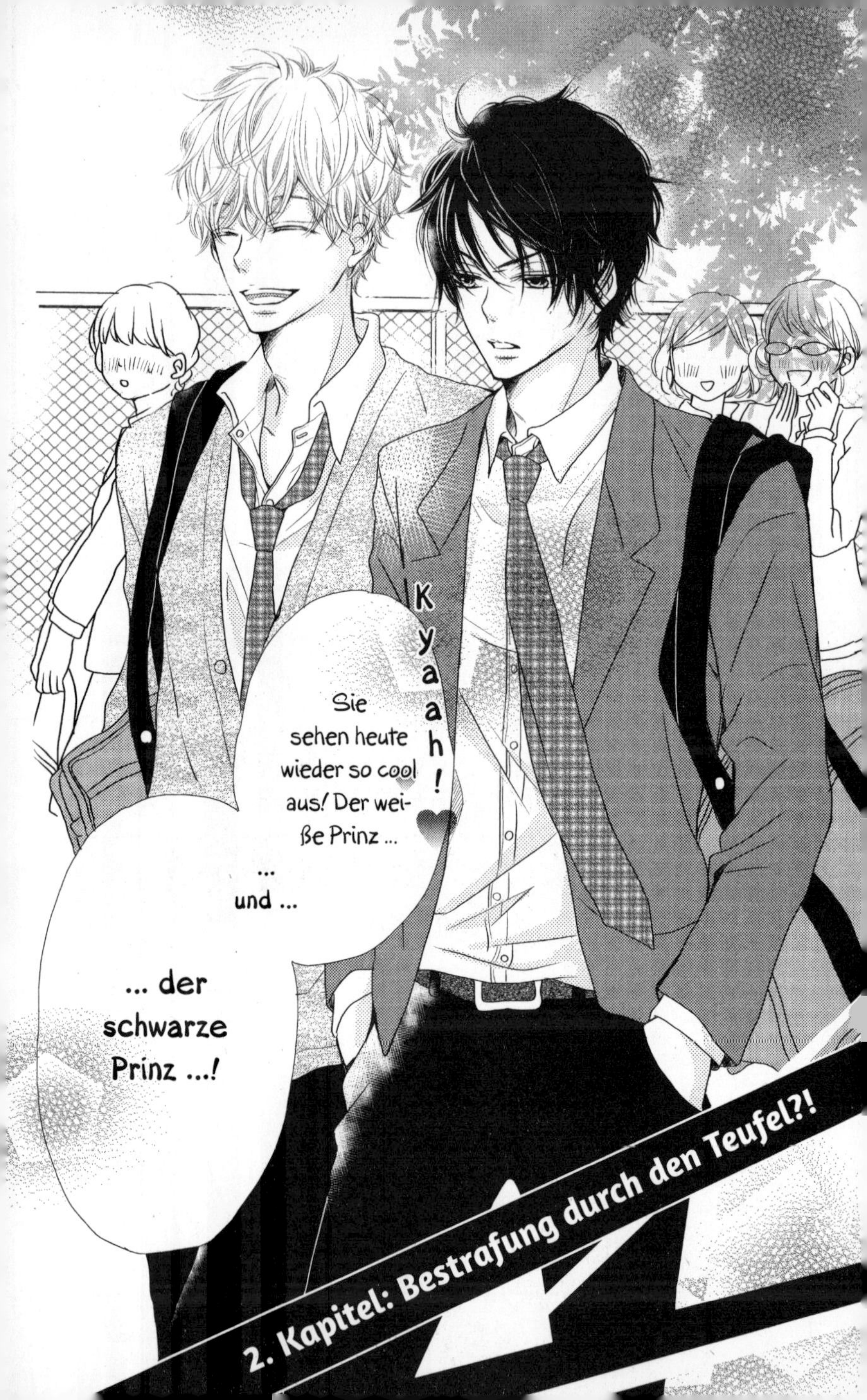
Kyaah!
Sie sehen heute wieder so cool aus! Der weiße Prinz ...
... und ...
... der schwarze Prinz ...!
2. Kapitel: Bestrafung durch den Teufel?!

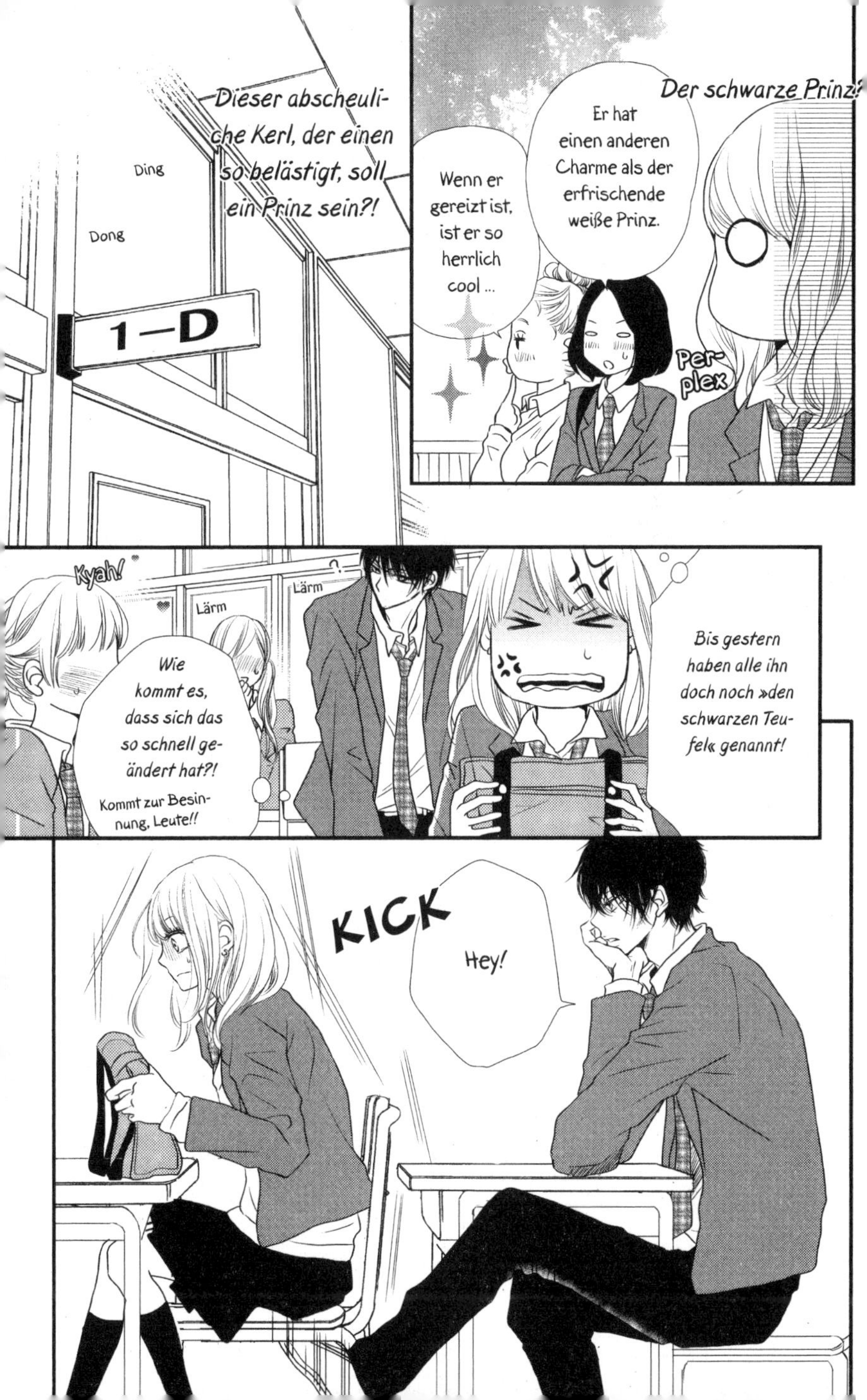

Der schwarze Prinz?!
Er hat einen anderen Charme als der erfrischende weiße Prinz.
Wenn er gereizt ist, ist er so herrlich cool ...
Perplex
Dieser abscheuliche Kerl, der einen so belästigt, soll ein Prinz sein?!
Ding
Dong
1—D
Bis gestern haben alle ihn doch noch »den schwarzen Teufel« genannt!
Lärm
Wie kommt es, dass sich das so schnell geändert hat?!
Kommt zur Besinnung, Leute!!
Lärm
Kyah!
KICK
Hey!

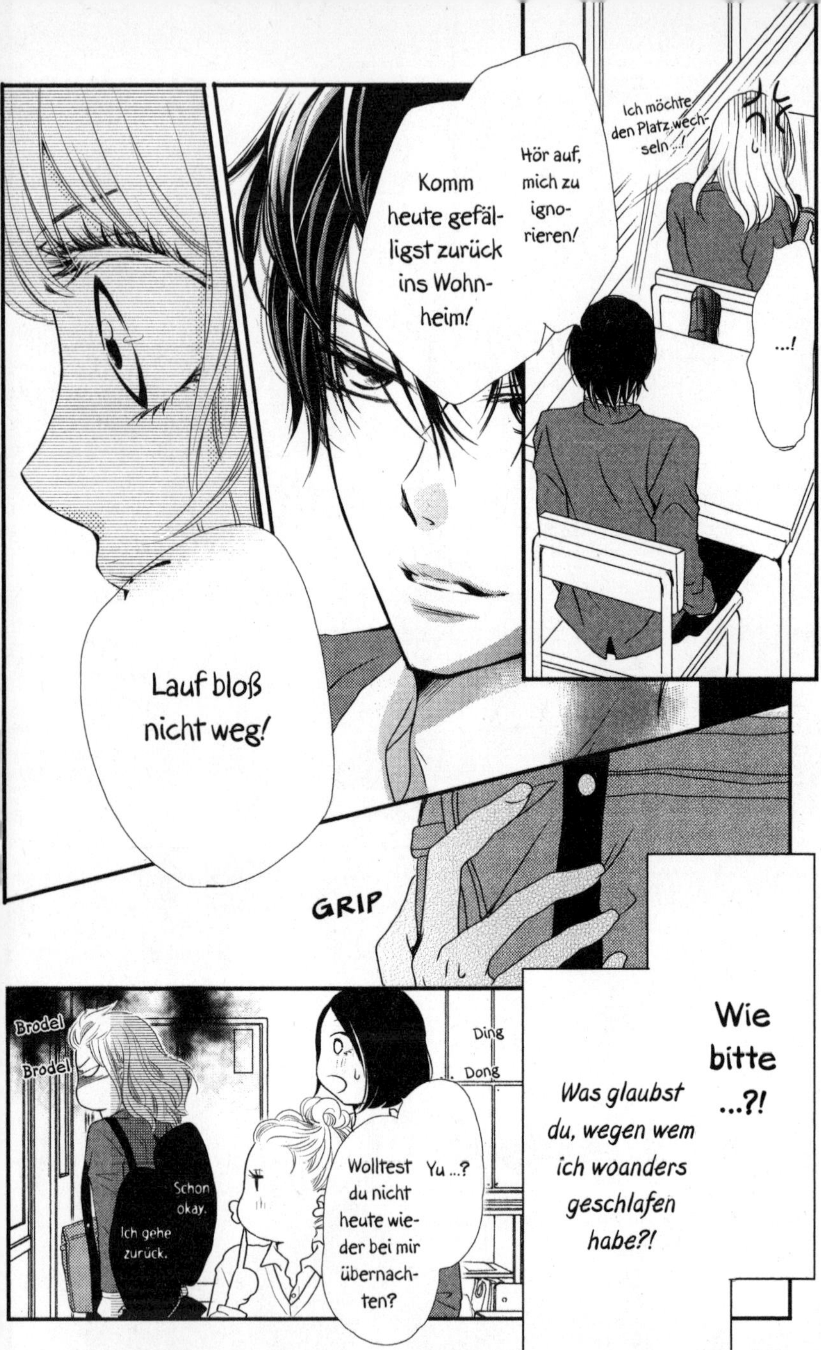
Ich möchte den Platz wechseln ...!
...!
Hör auf, mich zu ignorieren!
Komm heute gefälligst zurück ins Wohnheim!
Lauf bloß nicht weg!
GRIP
Wie bitte ...?!
Was glaubst du, wegen wem ich woanders geschlafen habe?!
Ding
Dong
Yu ...?
Wolltest du nicht heute wieder bei mir übernachten?
Brodel
Brodel
Schon okay.
Ich gehe zurück.

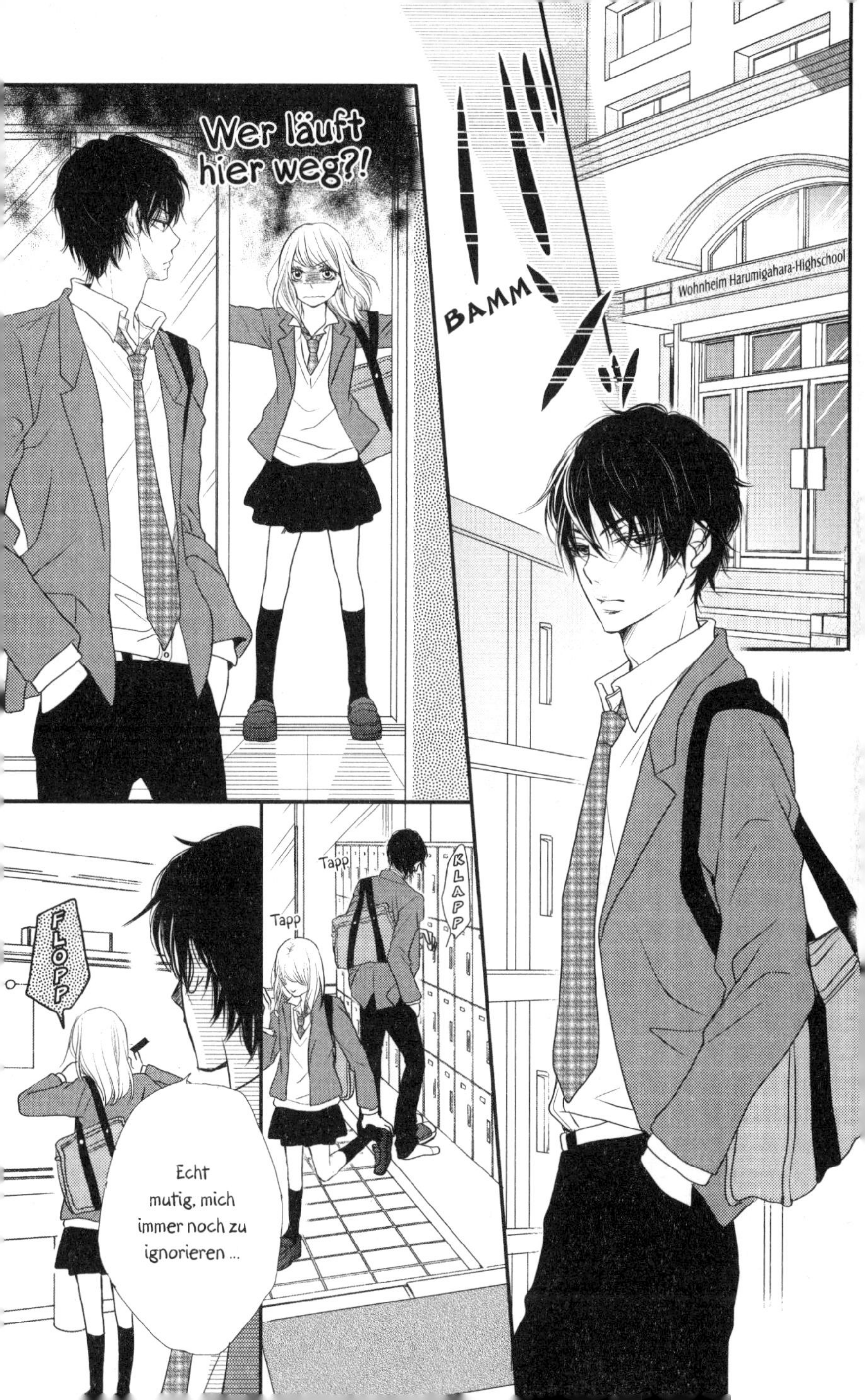
BAMM
Wohnheim Harumigahara-Highschool
Wer läuft hier weg?!
Tapp
Tapp
KLAPP
FLOPP
Echt mutig, mich immer noch zu ignorieren ...

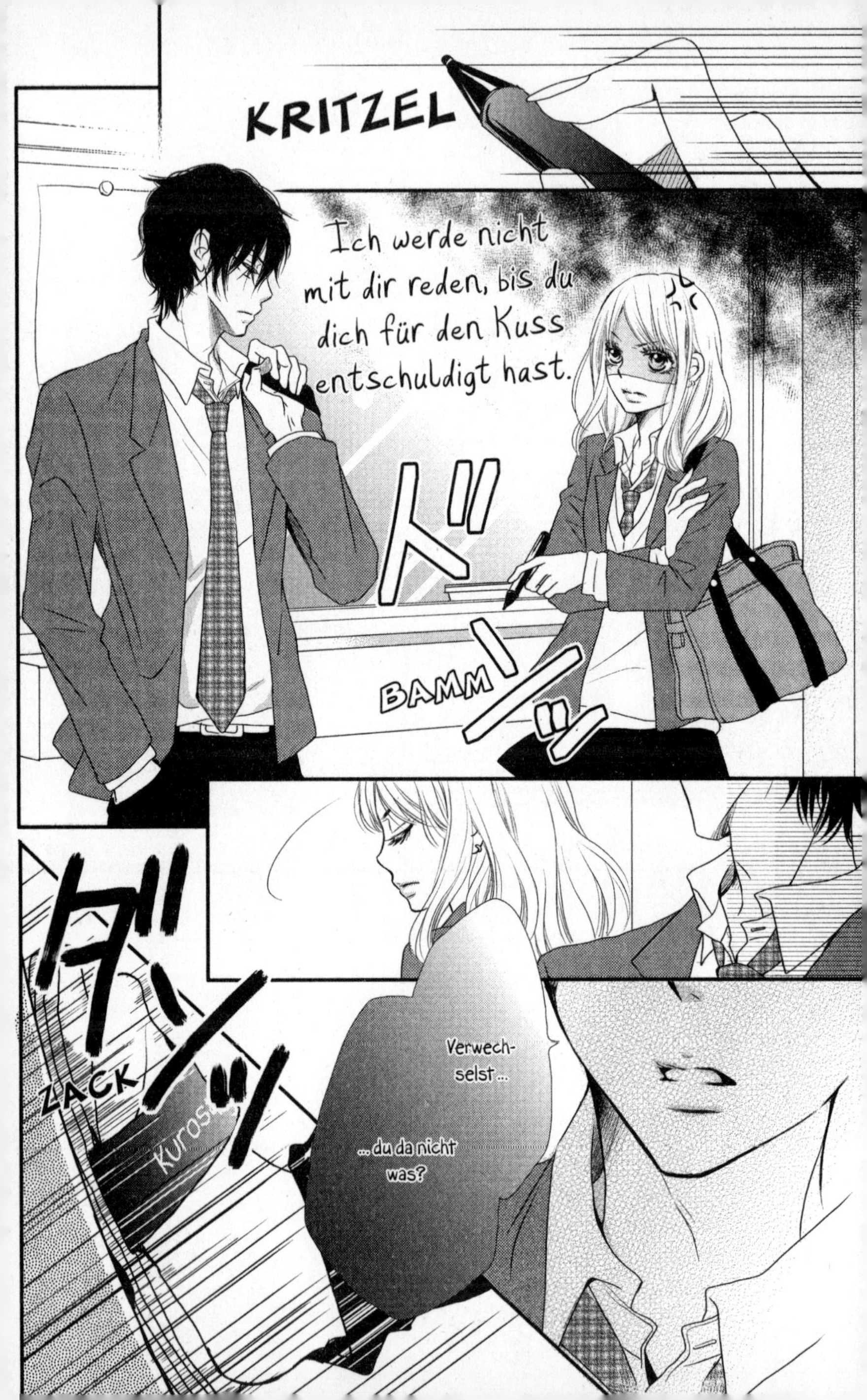
KRITZEL
Ich werde nicht mit dir reden, bis du dich für den Kuss entschuldigt hast.
BAMM
ZACK
Kurosa
Verwechselst ...
... du da nicht was?

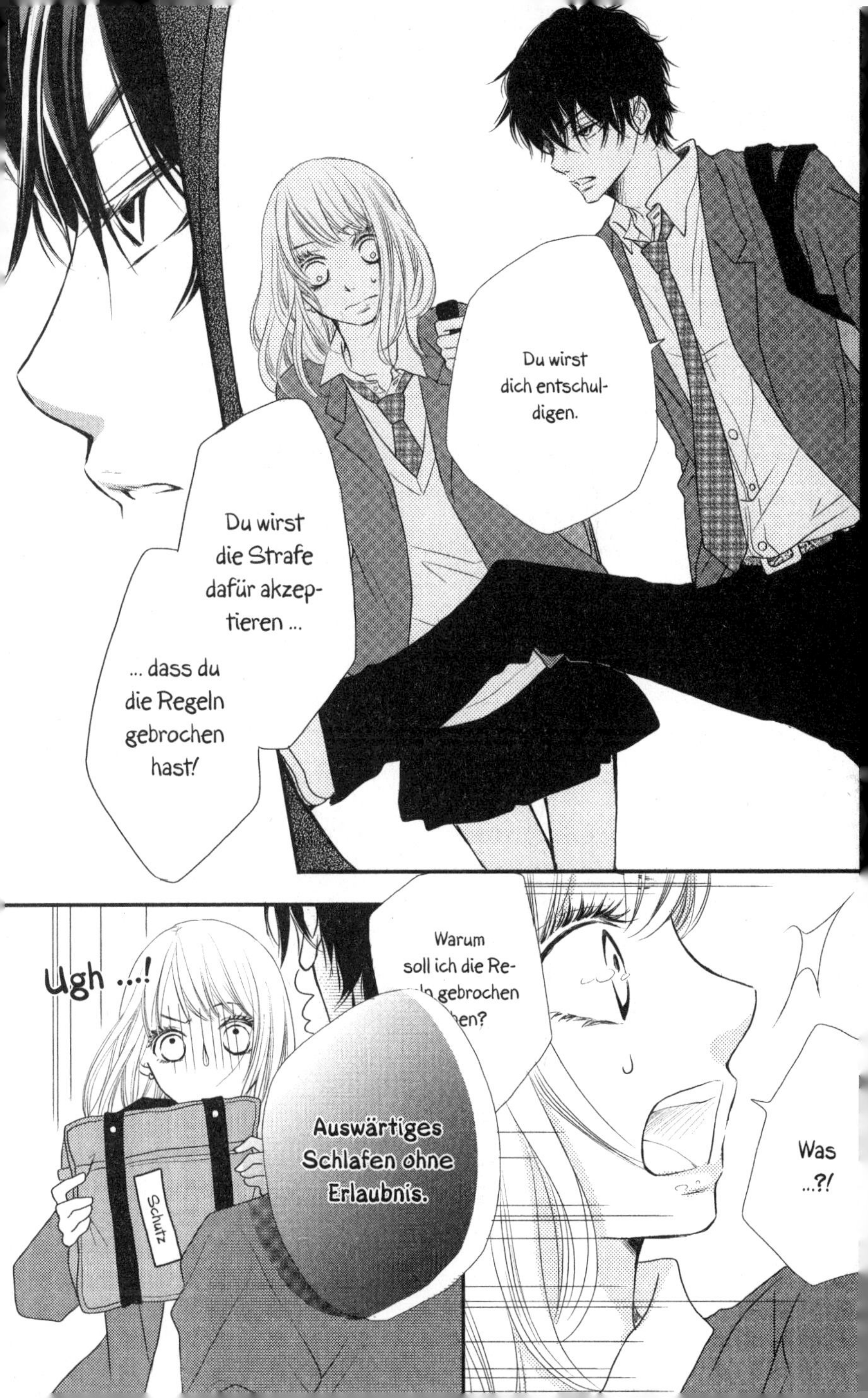
Du wirst dich entschuldigen.
Du wirst die Strafe dafür akzeptieren ...
... dass du die Regeln gebrochen hast!
Was ...?!
Warum soll ich die Re- ln gebrochen hen?
Auswärtiges Schlafen ohne Erlaubnis.
Ugh ...!
Schutz

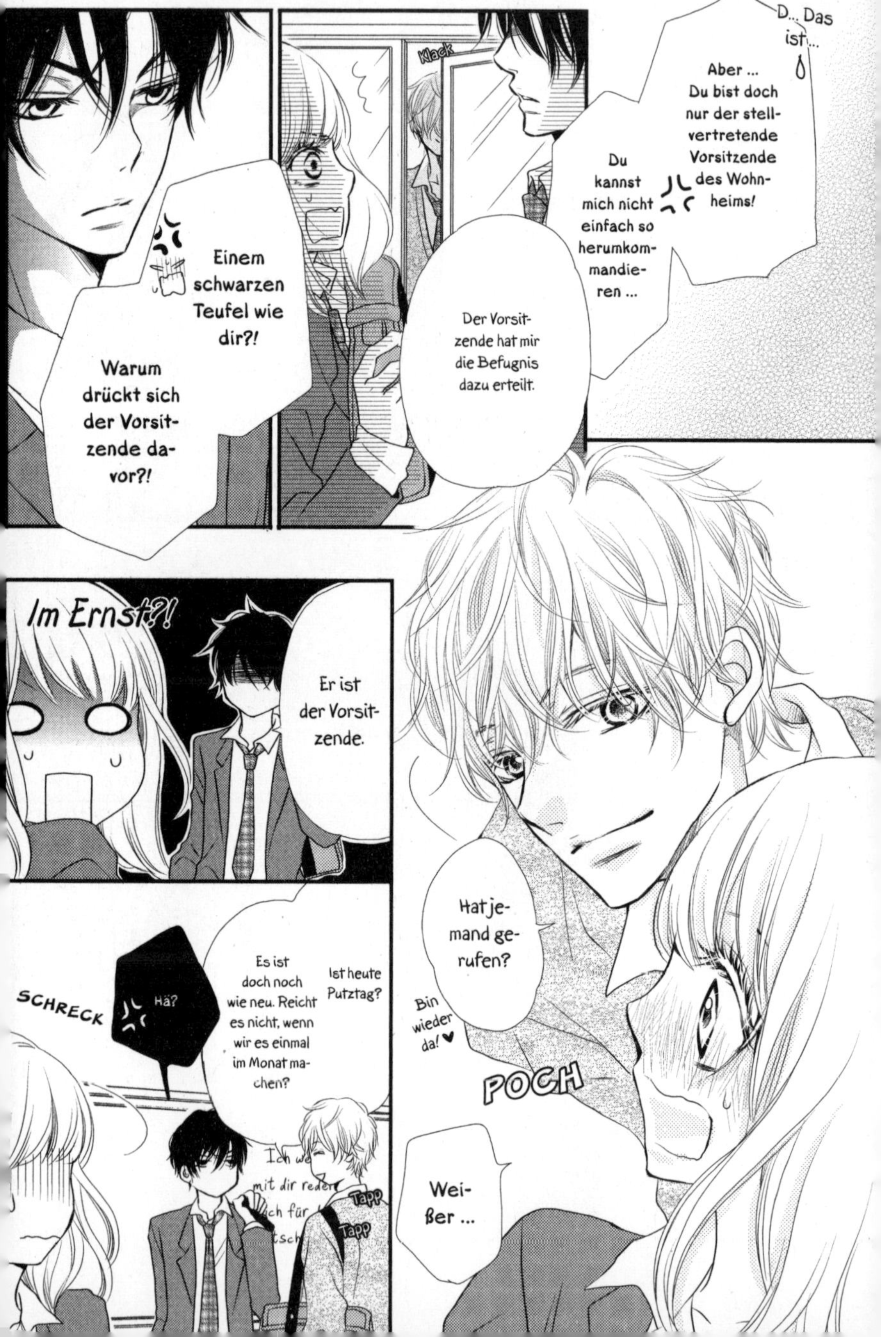
D... Das ist ...
Aber ... Du bist doch nur der stellvertretende Vorsitzende des Wohnheims!
Du kannst mich nicht einfach so herumkommandieren ...
Klack
Der Vorsitzende hat mir die Befugnis dazu erteilt.
Einem schwarzen Teufel wie dir?!
Warum drückt sich der Vorsitzende davor?!
Weißer ...
POCH
Hat jemand gerufen?
Bin wieder da! ♥
Im Ernst?!
Er ist der Vorsitzende.
Ist heute Putztag?
Es ist doch noch wie neu. Reicht es nicht, wenn wir es einmal im Monat machen?
Hä?
SCHRECK
Tapp
Tapp

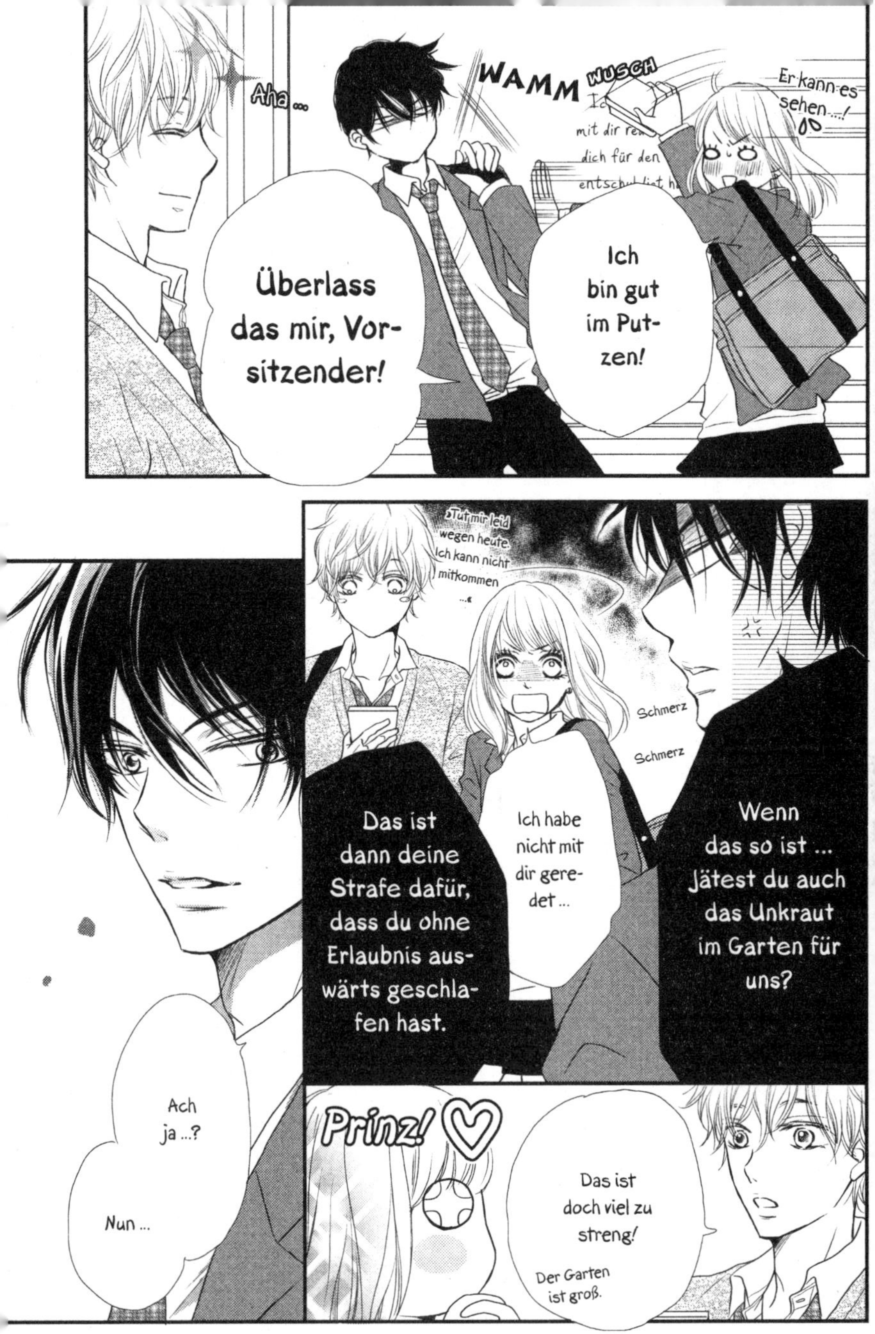
Er kann es sehen ...!
Ich bin gut im Putzen!
WUSCH
WAMM
Überlass das mir, Vorsitzender!
Aha ...
Wenn das so ist ... Jätest du auch das Unkraut im Garten für uns?
Schmerz
Schmerz
Ich habe nicht mit dir geredet ...
›Tut mir leid wegen heute. Ich kann nicht mitkommen ...‹
Das ist dann deine Strafe dafür, dass du ohne Erlaubnis auswärts geschlafen hast.
Das ist doch viel zu streng!
Der Garten ist groß.
Prinz! ♡
Ach ja ...?
Nun ...

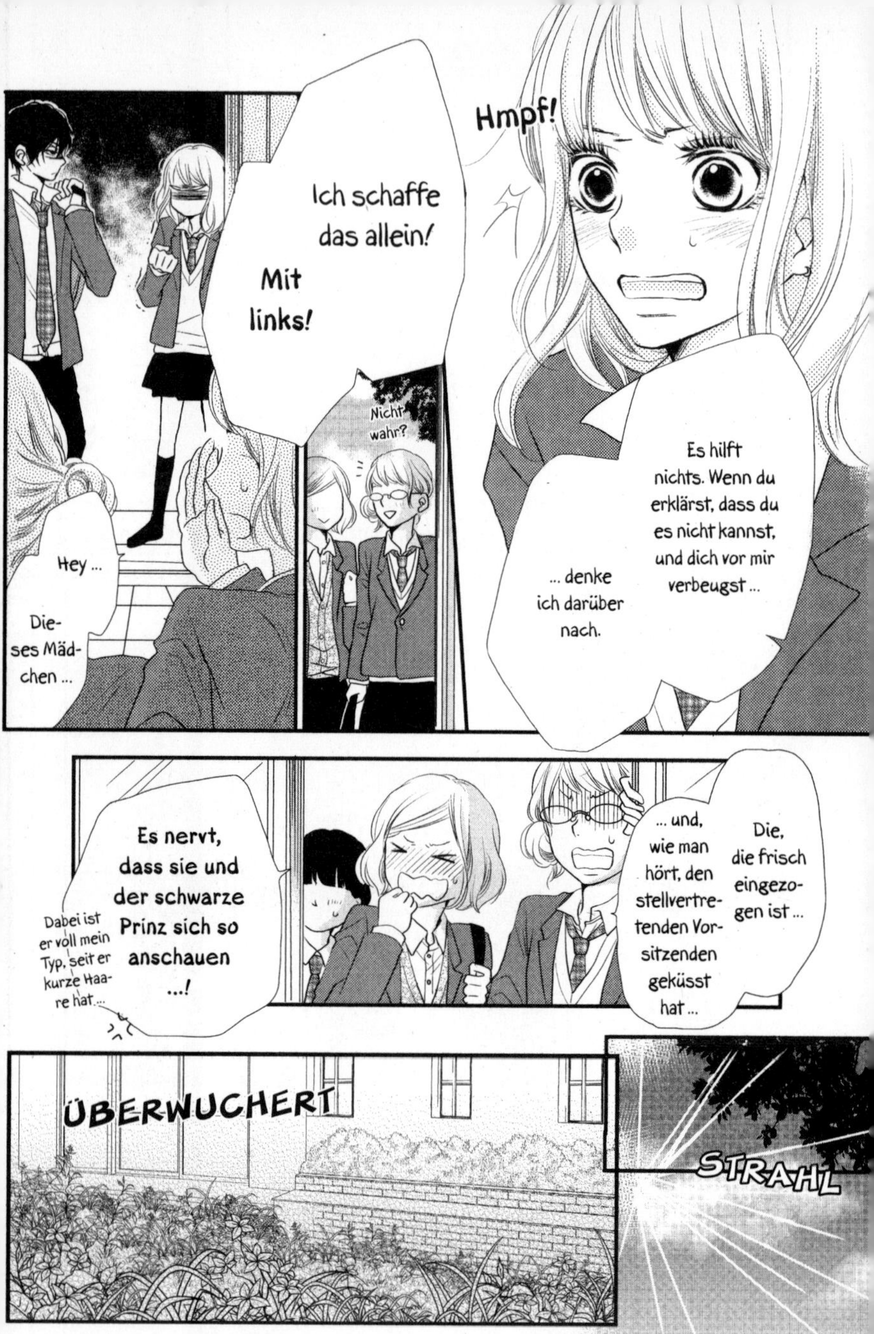
Hmpf!
Ich schaffe das allein!
Mit links!
Es hilft nichts. Wenn du erklärst, dass du es nicht kannst, und dich vor mir verbeugst ...
... denke ich darüber nach.
Nicht wahr?
Hey ...
Dieses Mädchen ...
Die, die frisch eingezogen ist ...
... und, wie man hört, den stellvertretenden Vorsitzenden geküsst hat ...
Es nervt, dass sie und der schwarze Prinz sich so anschauen ...!
Dabei ist er voll mein Typ, seit er kurze Haare hat ...
STRAHL
ÜBERWUCHERT

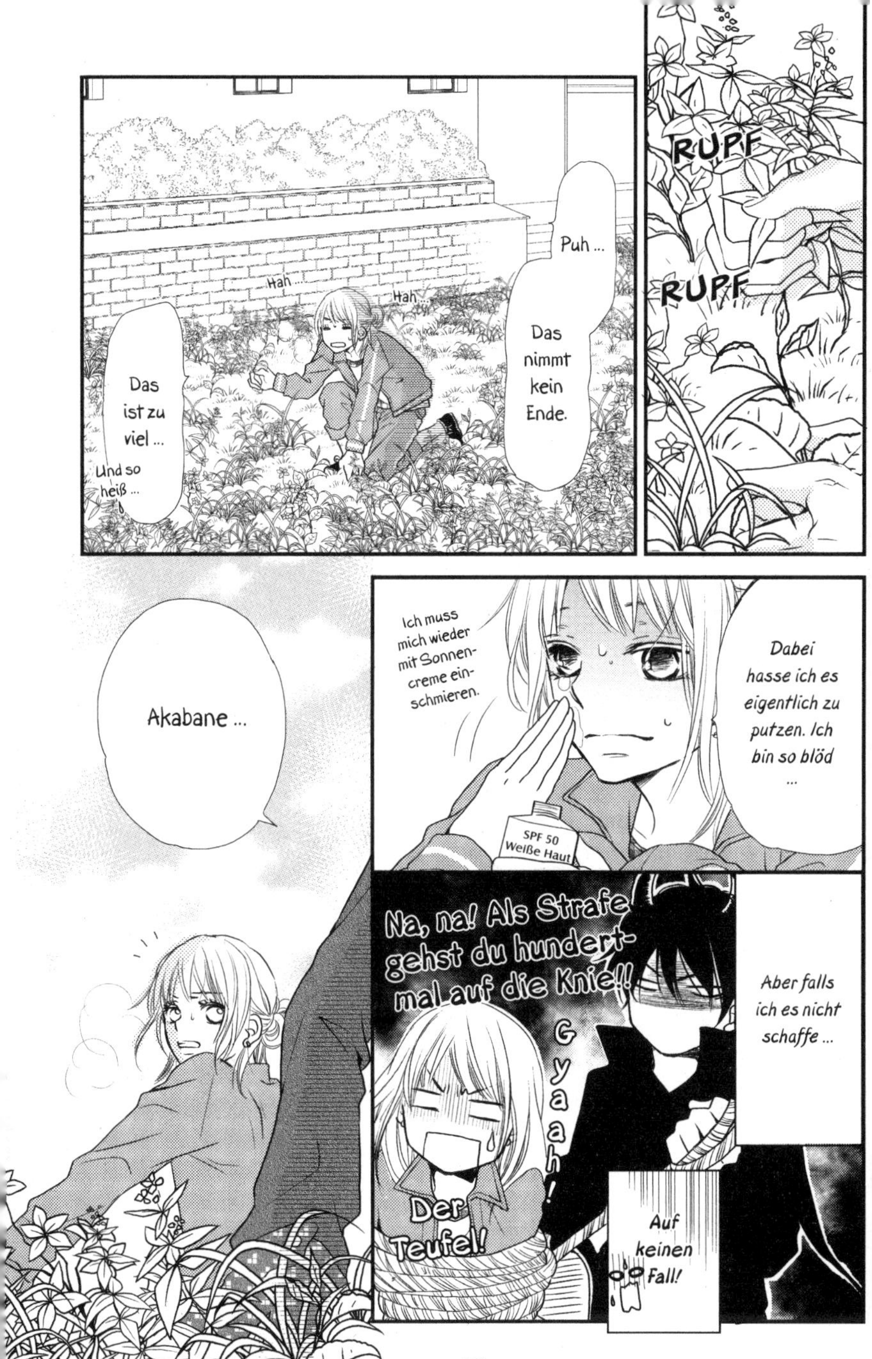
RUPF
RUPF
Puh ...
Das nimmt kein Ende.
Hah ...
Hah ...
Das ist zu viel ...
Und so heiß ...
Dabei hasse ich es eigentlich zu putzen. Ich bin so blöd ...
Ich muss mich wieder mit Sonnencreme einschmieren.
SPF 50 Weiße Haut
Akabane ...
Aber falls ich es nicht schaffe ...
Na, na! Als Strafe gehst du hundertmal auf die Knie!!
Gyaaah!
Der Teufel!
Auf keinen Fall!

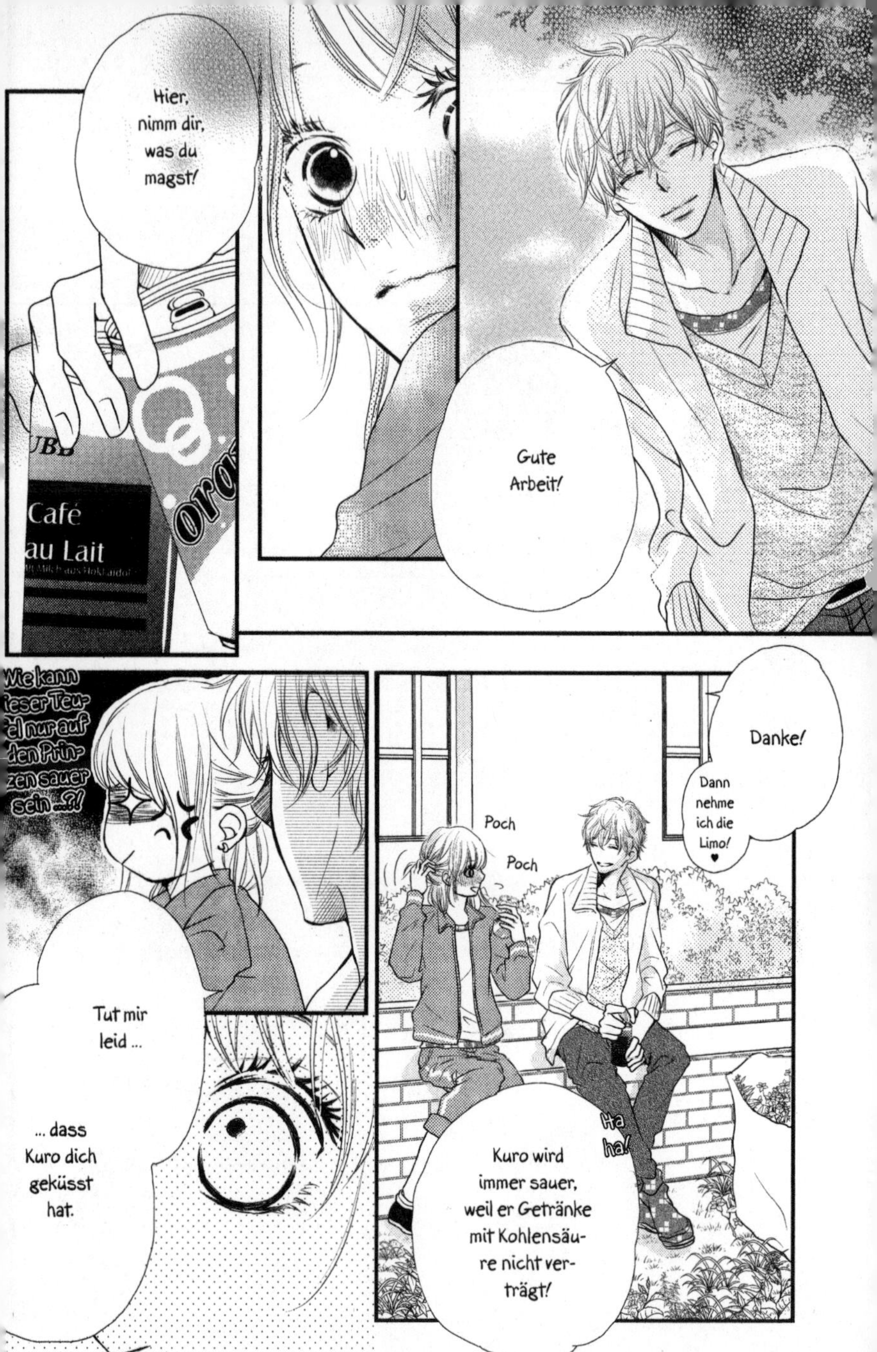

Gute Arbeit!
Hier, nimm dir, was du magst!
Café au Lait
Danke!
Dann nehme ich die Limo! ♥
Poch Poch
Ha ha!
Kuro wird immer sauer, weil er Getränke mit Kohlensäure nicht verträgt!
Wie kann ieser Teu- el nur auf den Prinzen sauer sein ...?!
Tut mir leid ...
... dass Kuro dich geküsst hat.

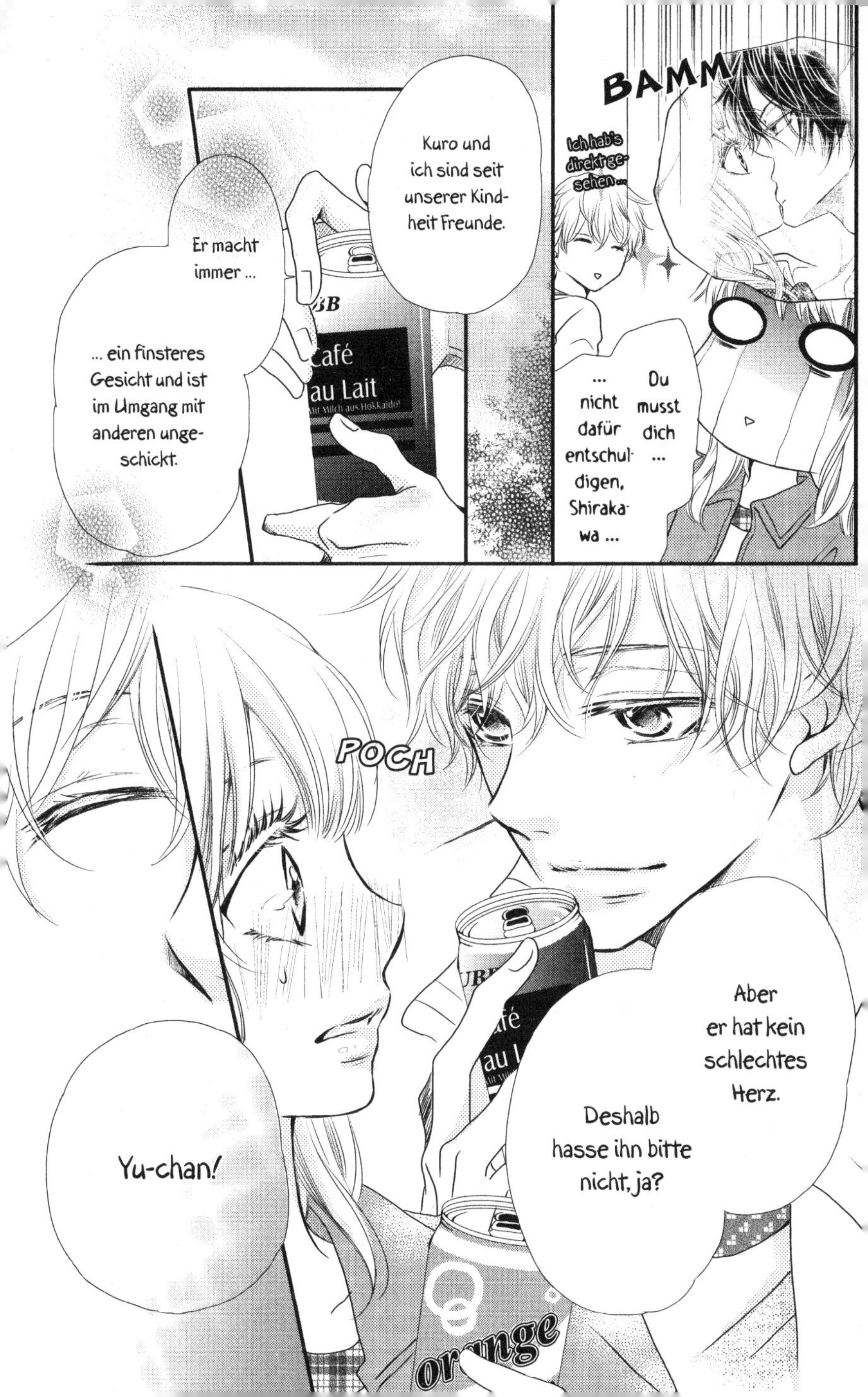
BAMM
Ich hab's direkt gesehen ...
Du musst dich ...
... nicht dafür entschuldigen, Shirakawa ...
Kuro und ich sind seit unserer Kindheit Freunde.
Er macht immer ...
... ein finsteres Gesicht und ist im Umgang mit anderen ungeschickt.
POCH
Aber er hat kein schlechtes Herz.
Deshalb hasse ihn bitte nicht, ja?
Yu-chan!

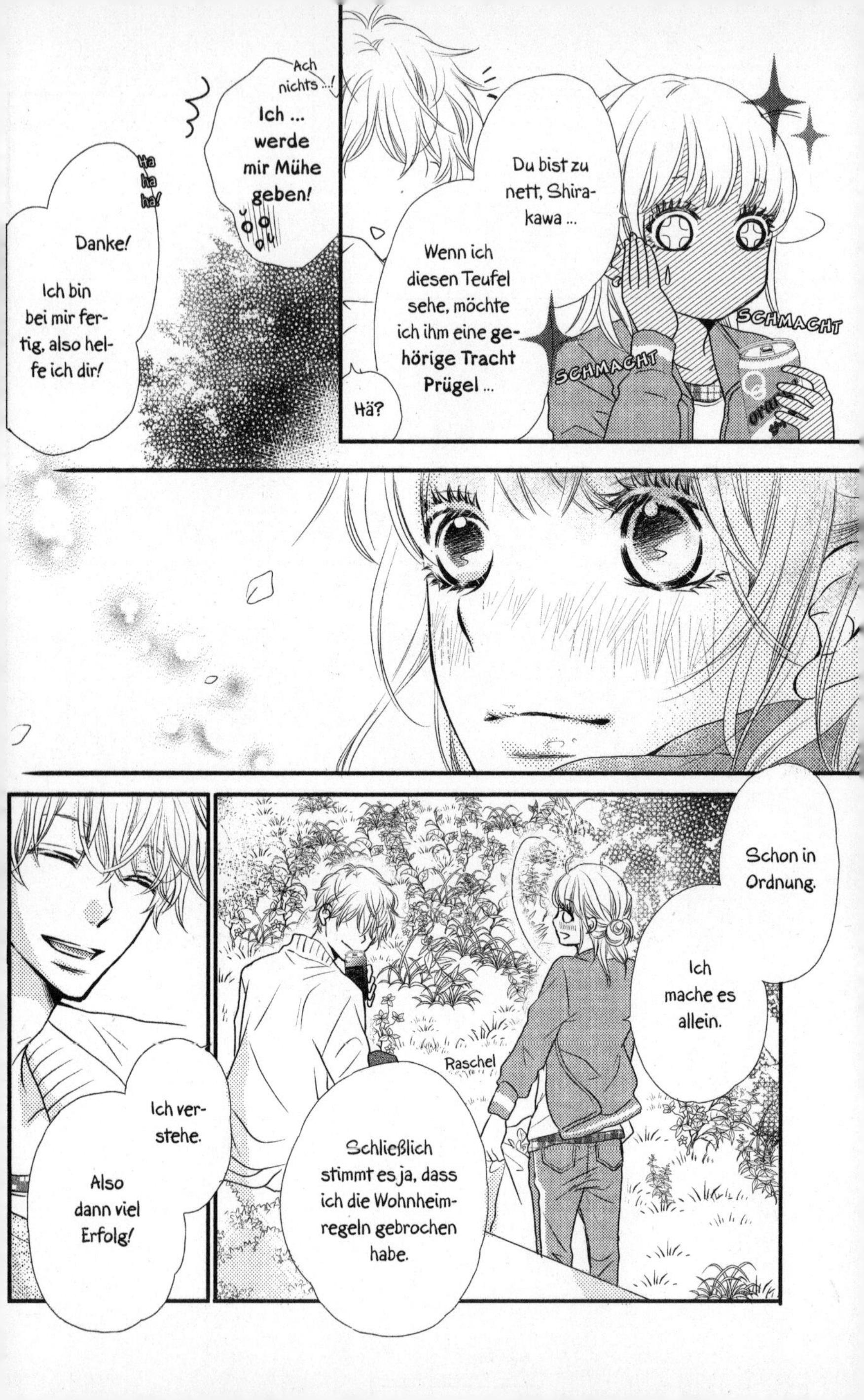

Du bist zu nett, Shirakawa ...
Wenn ich diesen Teufel sehe, möchte ich ihm eine gehörige Tracht Prügel ...
Hä?
SCHMACHT
SCHMACHT
Ach nichts ...!
Ich ... werde mir Mühe geben!
Ha ha ha!
Danke!
Ich bin bei mir fertig, also helfe ich dir!
Schon in Ordnung.
Ich mache es allein.
Schließlich stimmt es ja, dass ich die Wohnheimregeln gebrochen habe.
Raschel
Ich verstehe.
Also dann viel Erfolg!

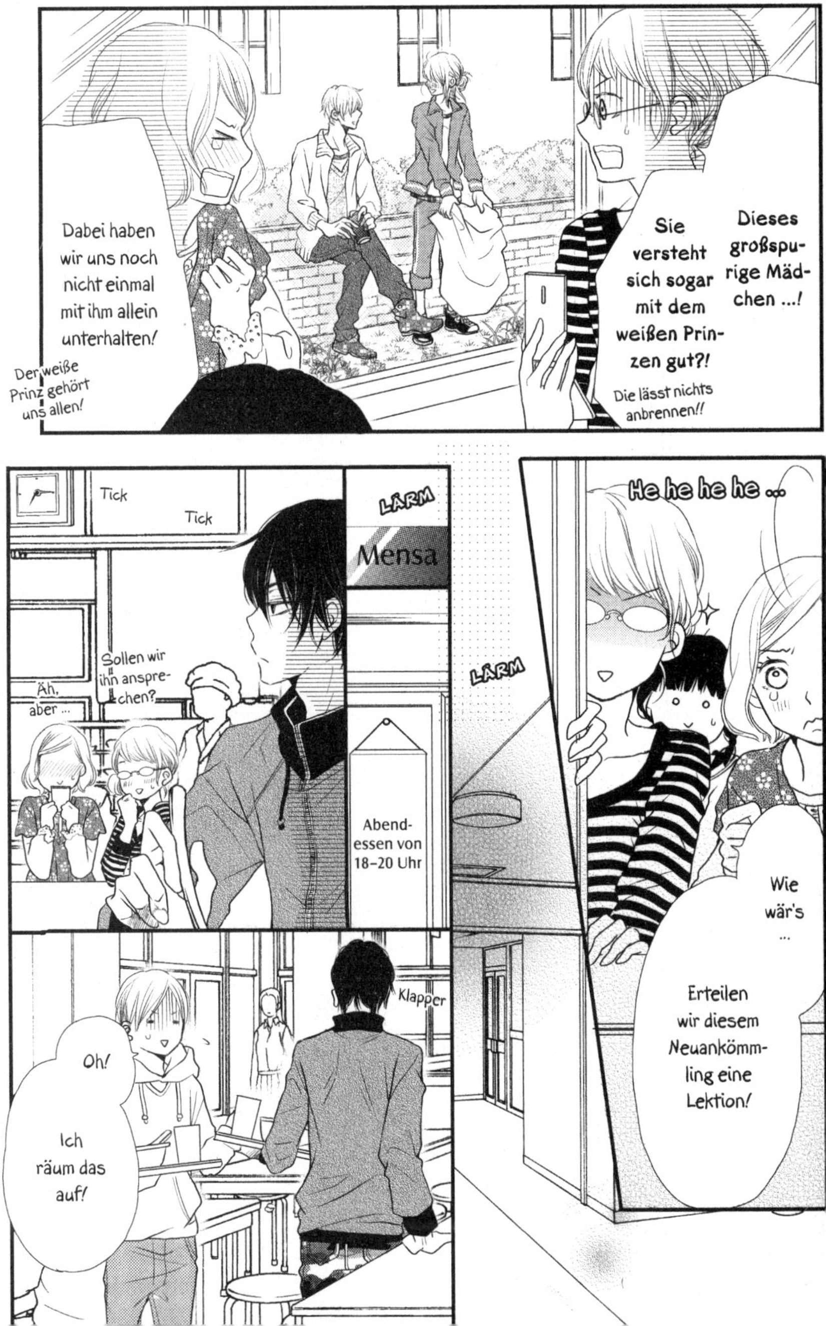
Dieses großspurige Mädchen ...!
Sie versteht sich sogar mit dem weißen Prinzen gut?!
Die lässt nichts anbrennen!!
Dabei haben wir uns noch nicht einmal mit ihm allein unterhalten!
Der weiße Prinz gehört uns allen!
He he he he ...
LÄRM
Wie wär's ...
Erteilen wir diesem Neuankömmling eine Lektion!
LÄRM
Mensa
Tick
Tick
Sollen wir ihn ansprechen?
Äh, aber ...
Abendessen von 18–20 Uhr
Klapper
Oh!
Ich räum das auf!

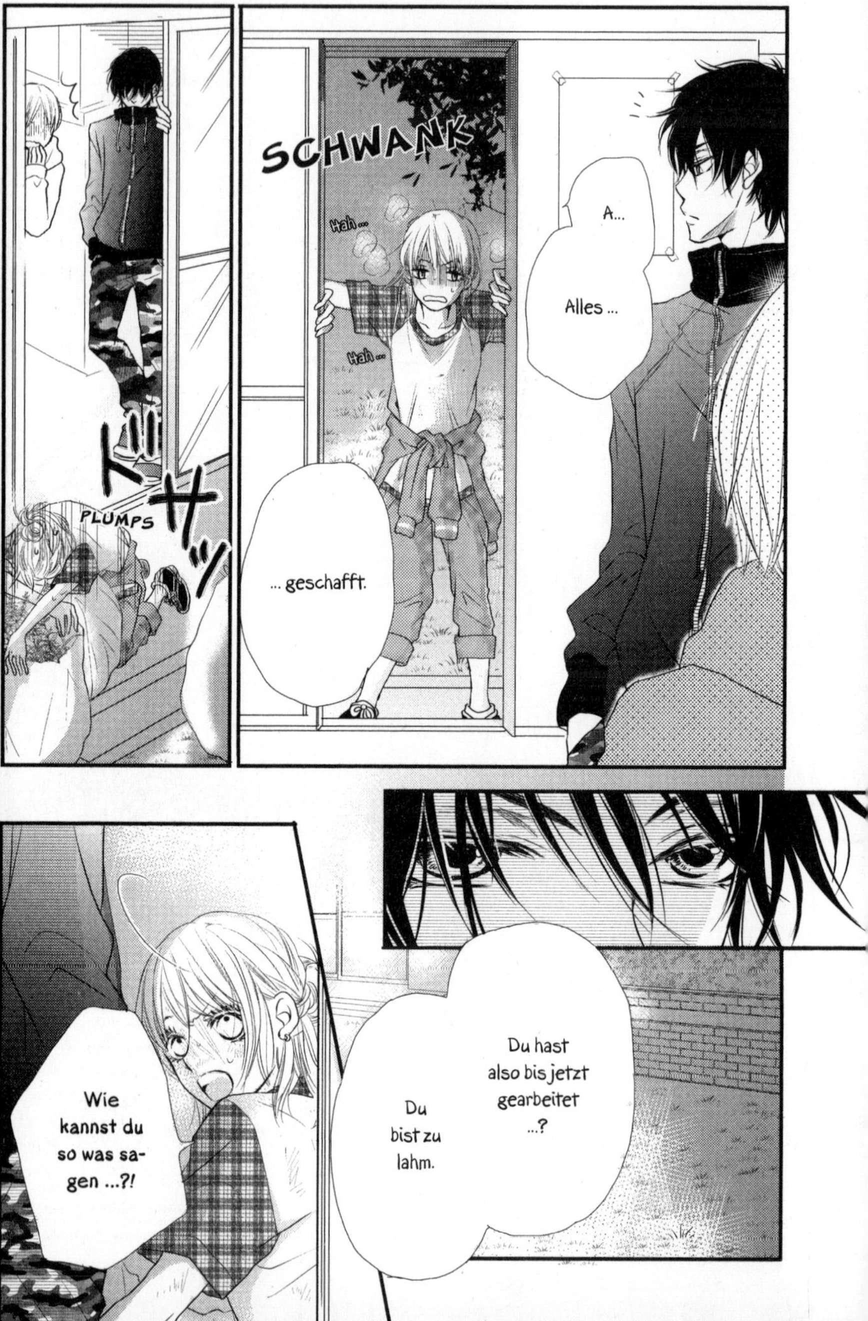
A...
Alles ...
SCHWANK
Hah ...
Hah ...
... geschafft.
PLUMPS
Du hast also bis jetzt gearbeitet ...?
Du bist zu lahm.
Wie kannst du so was sagen ...?!

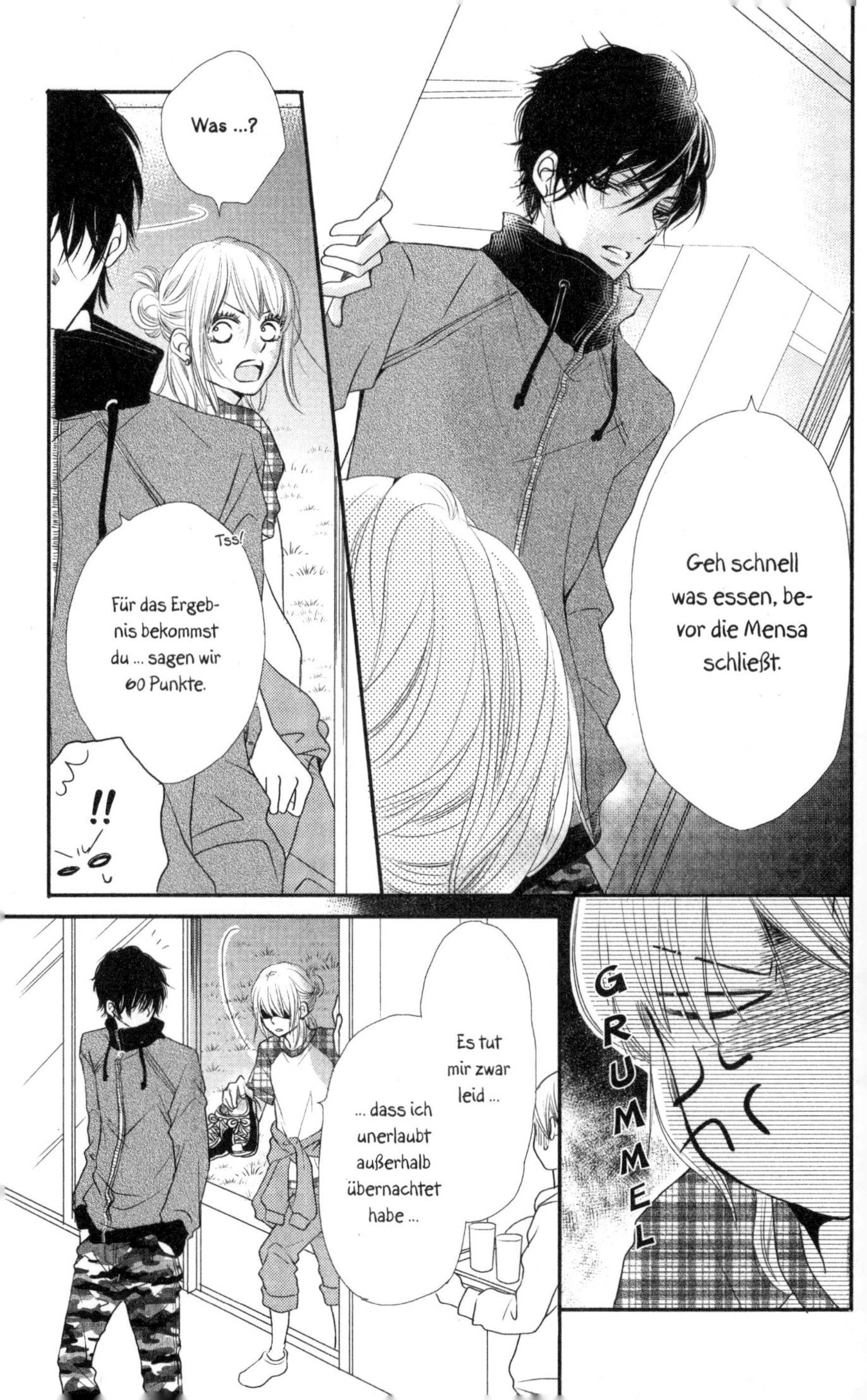
Was ...?
Geh schnell was essen, bevor die Mensa schließt.
Tss!
Für das Ergebnis bekommst du ... sagen wir 60 Punkte.
!!
GRUMMEL
Es tut mir zwar leid ...
... dass ich unerlaubt außerhalb übernachtet habe ...

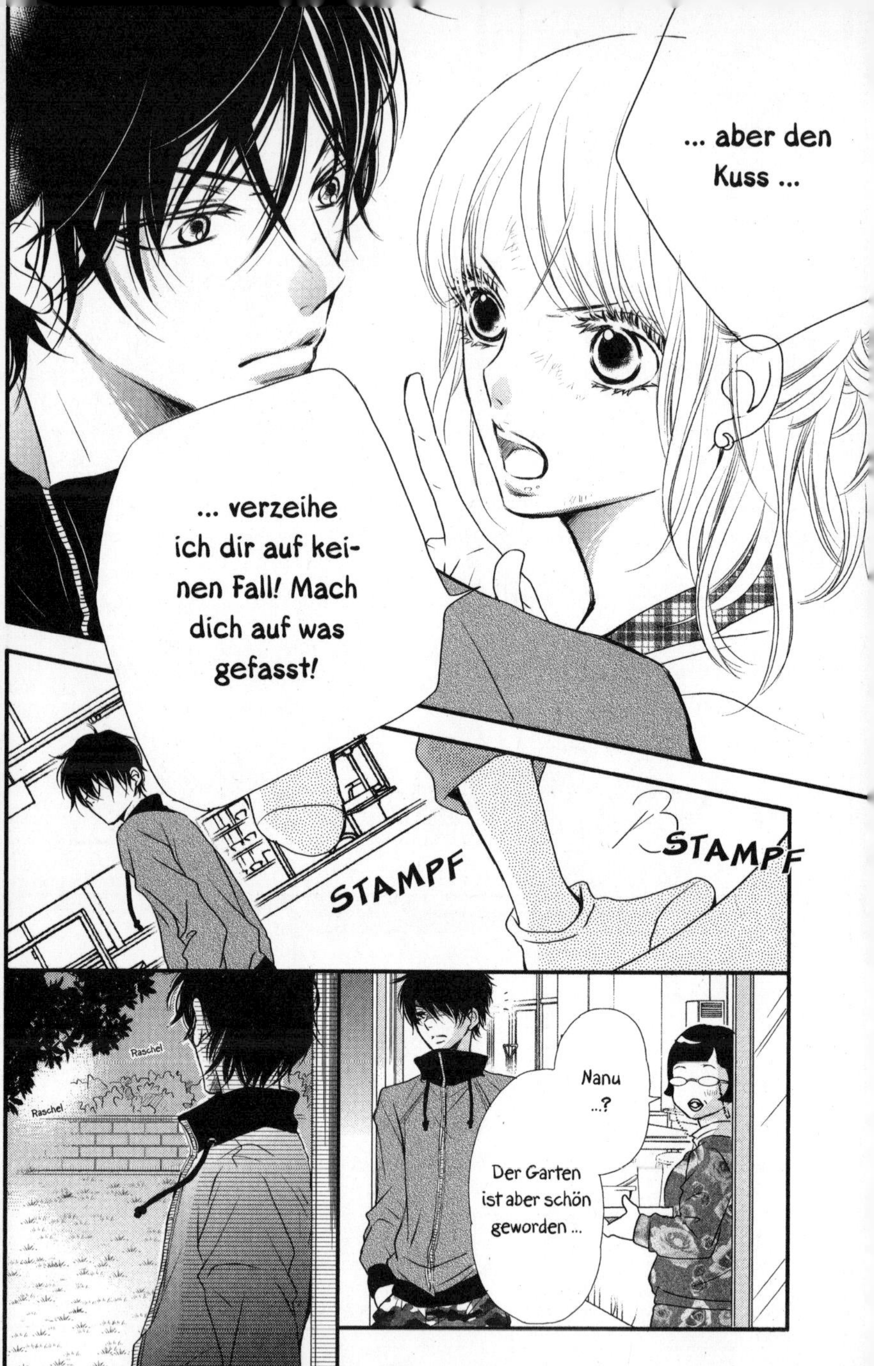
... aber den Kuss ...
... verzeihe ich dir auf keinen Fall! Mach dich auf was gefasst!
STAMPF
STAMPF
Nanu ...?
Der Garten ist aber schön geworden ...
Raschel
Raschel

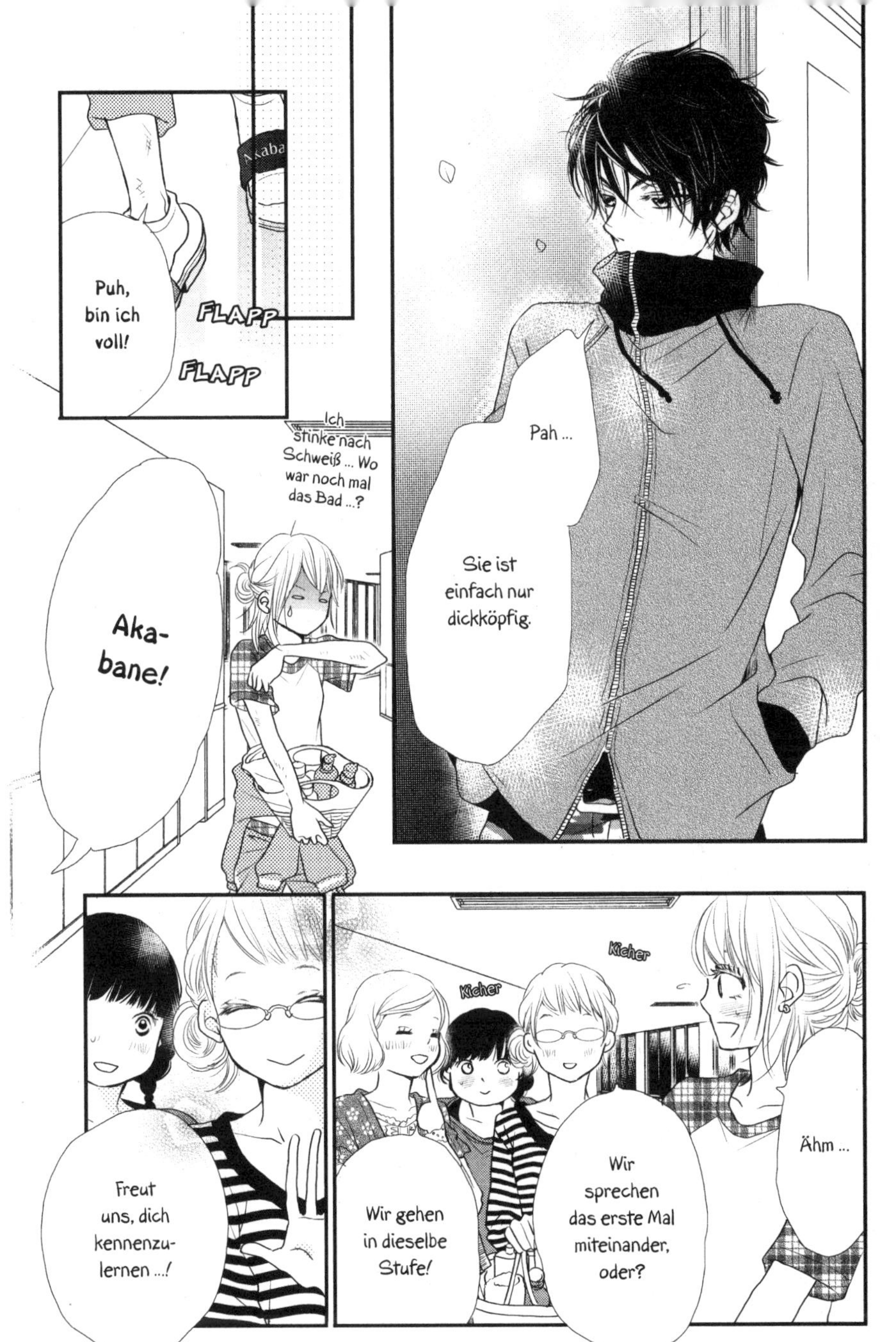
Pah ...
Sie ist einfach nur dickköpfig.
Puh, bin ich voll!
FLAPP
FLAPP
Ich stinke nach Schweiß ... Wo war noch mal das Bad ...?
Aka-bane!
Ähm ...
Kicher
Wir sprechen das erste Mal miteinander, oder?
Kicher
Wir gehen in dieselbe Stufe!
Freut uns, dich kennenzulernen ...!

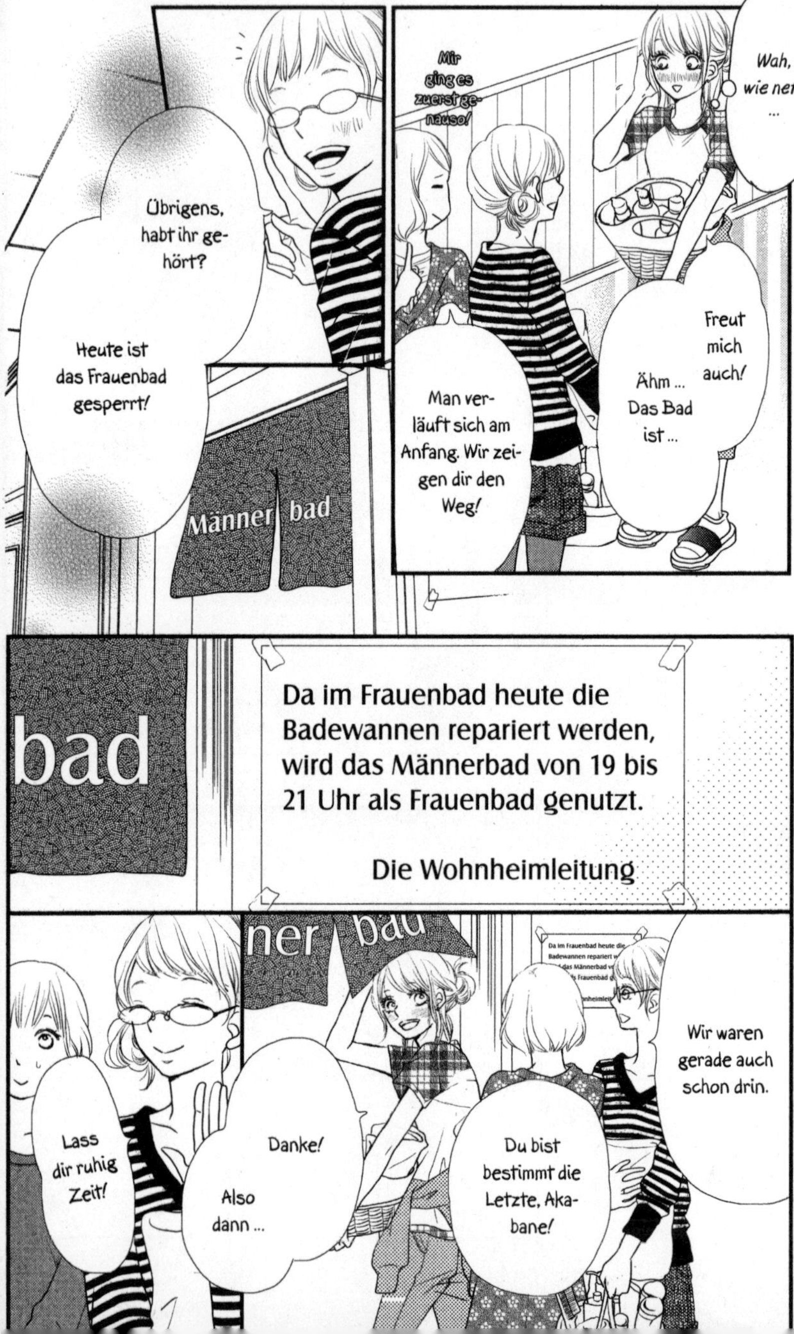
Wah, wie nett ...
Mir ging es zuerst genauso!
Man verläuft sich am Anfang. Wir zeigen dir den Weg!
Freut mich auch!
Ähm ... Das Bad ist ...
Übrigens, habt ihr gehört?
Heute ist das Frauenbad gesperrt!
Männer bad
bad
Da im Frauenbad heute die Badewannen repariert werden, wird das Männerbad von 19 bis 21 Uhr als Frauenbad genutzt.
Die Wohnheimleitung
ner bad
Wir waren gerade auch schon drin.
Du bist bestimmt die Letzte, Akabane!
Danke!
Also dann ...
Lass dir ruhig Zeit!

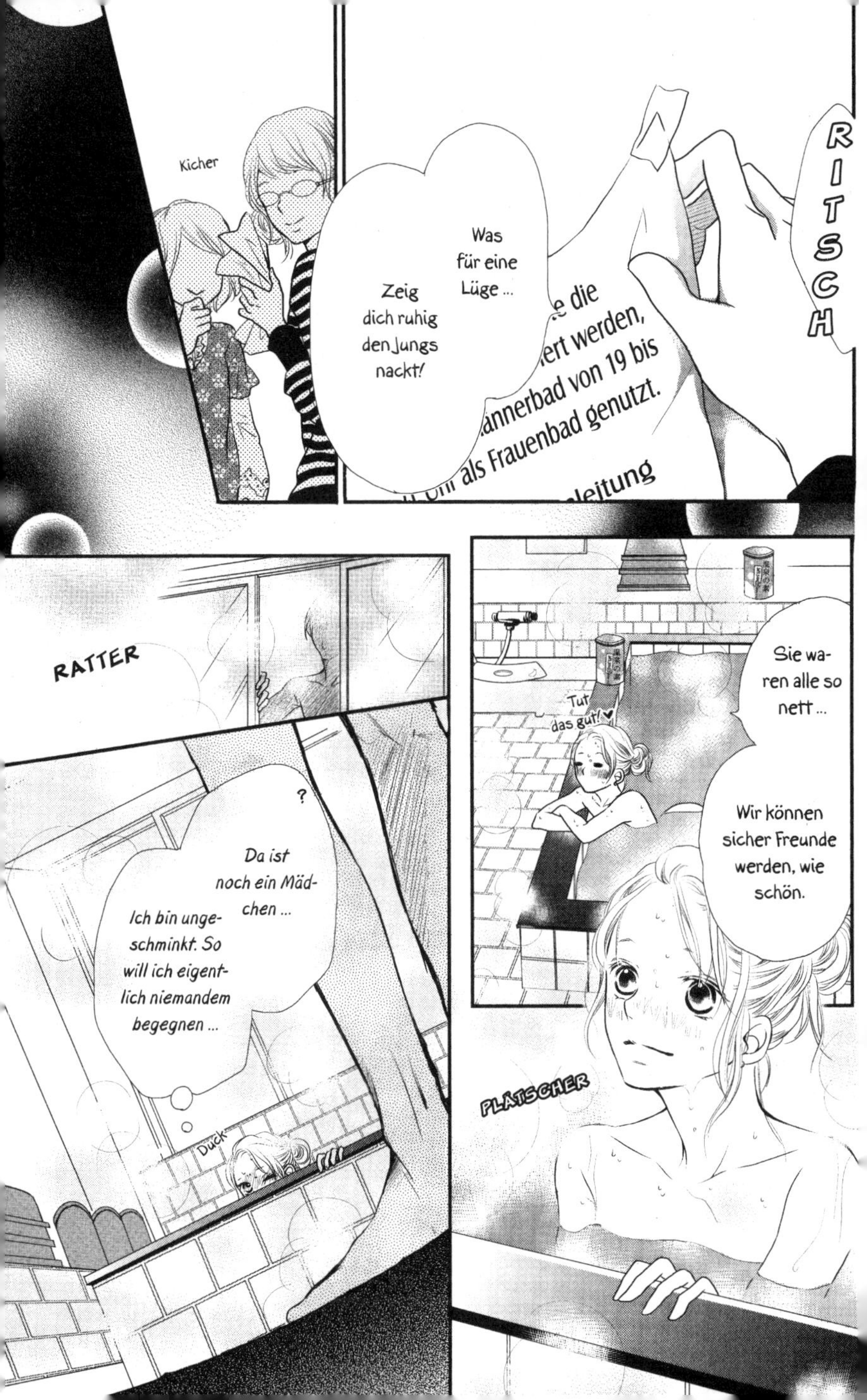
RITSCH
...e die
...iert werden,
...ännerbad von 19 bis
... Uhr als Frauenbad genutzt.
...leitung
Was für eine Lüge ...
Zeig dich ruhig den Jungs nackt!
Kicher
RATTER
Sie waren alle so nett ...
Tut das gut! ♥
Wir können sicher Freunde werden, wie schön.
?
Da ist noch ein Mädchen ...
Ich bin ungeschminkt. So will ich eigentlich niemandem begegnen ...
Duck
PLÄTSCHER

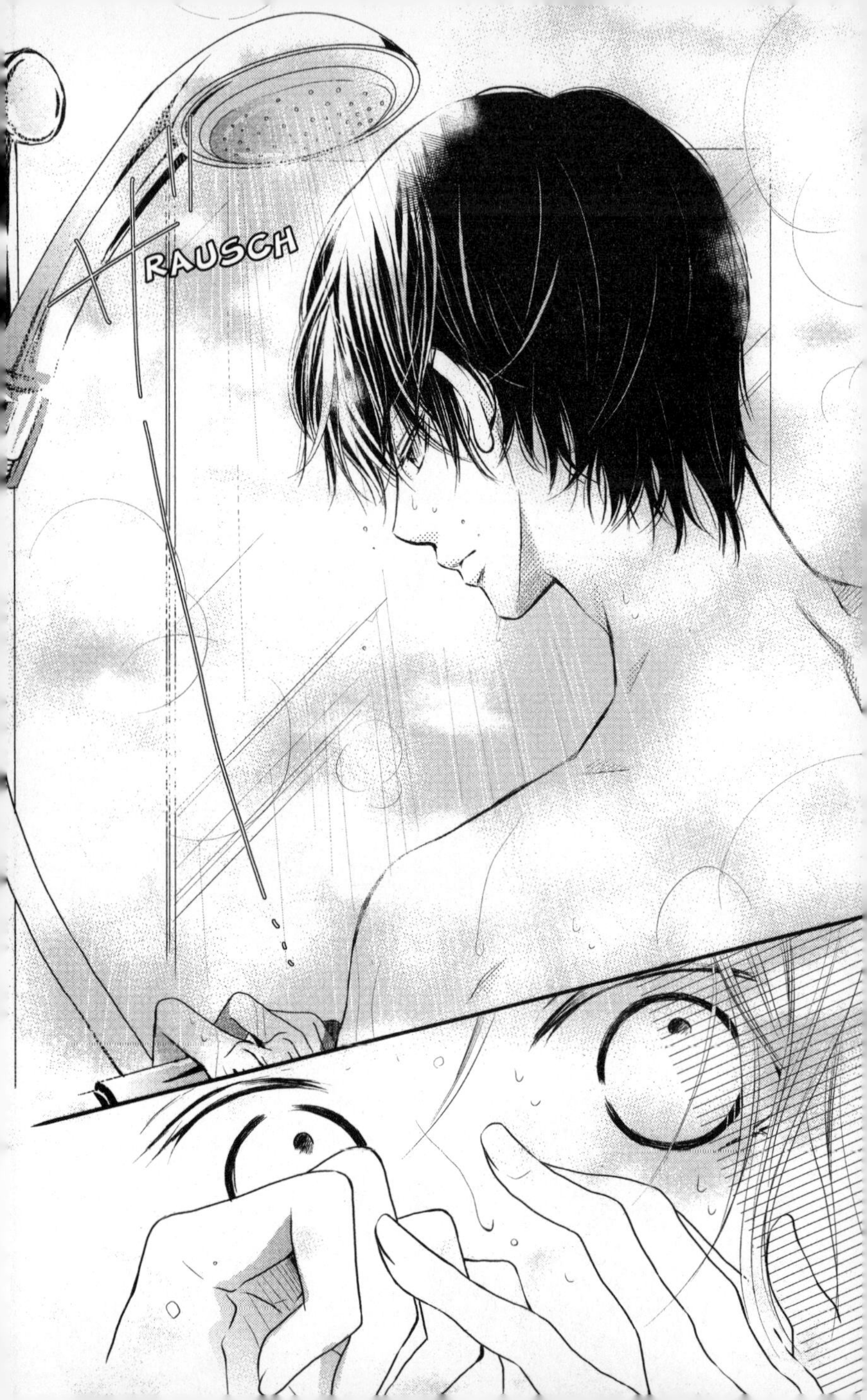
RAUSCH

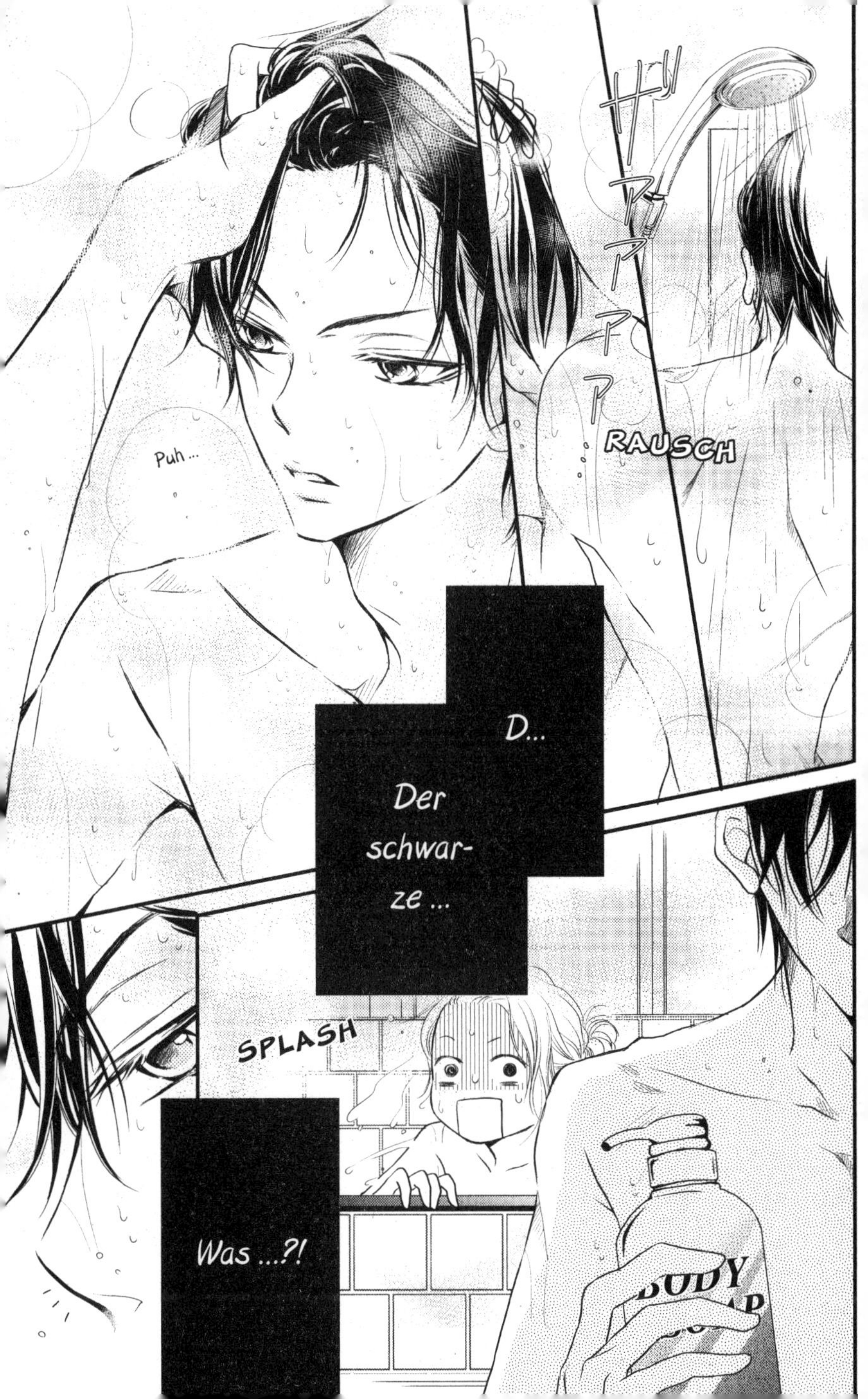

ザアアアア
RAUSCH
Puh ...
D...
Der schwarze ...
SPLASH
Was ...?!
BODY SOAP

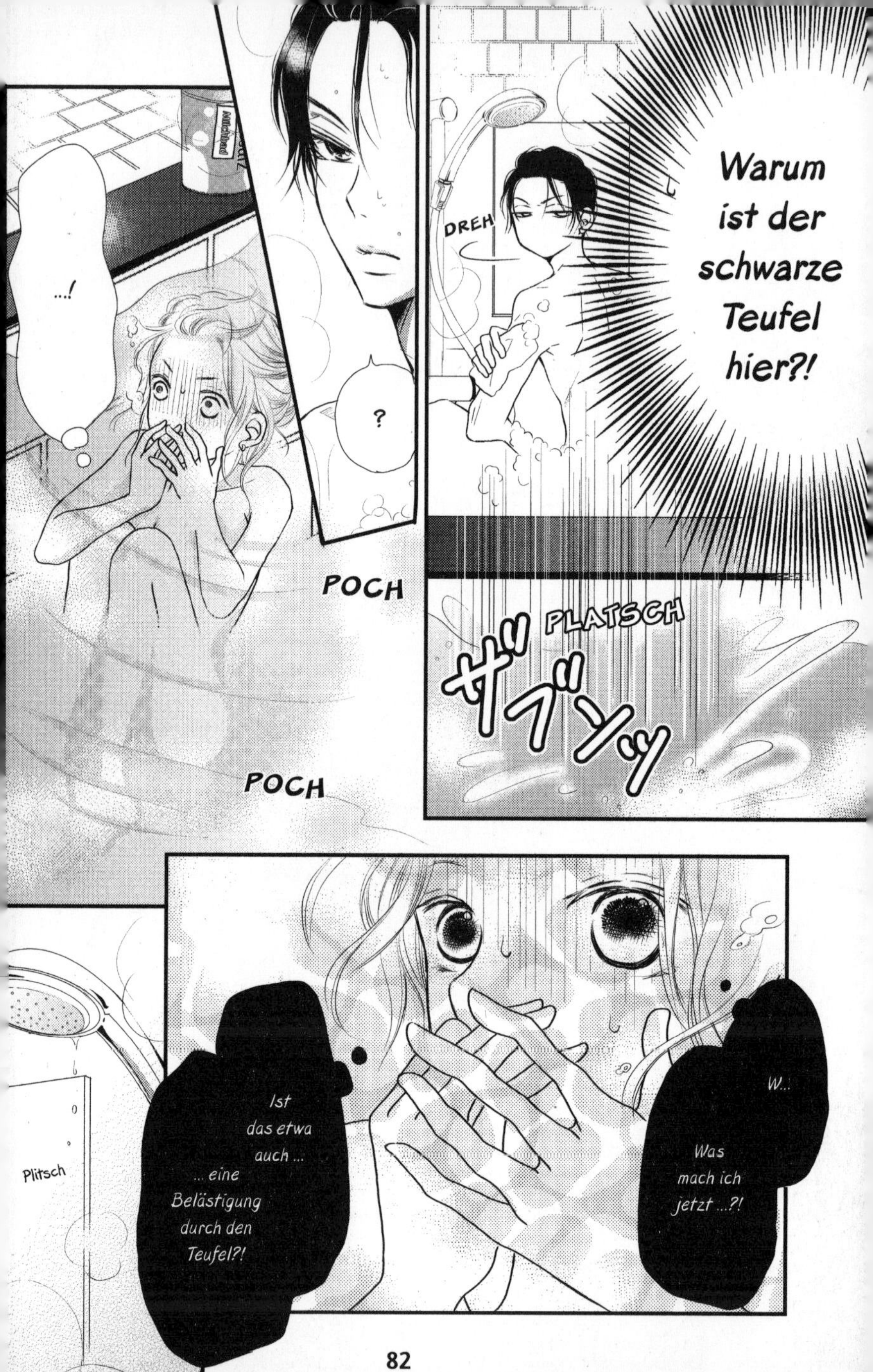
Warum ist der schwarze Teufel hier?!
DREH
?
...!
POCH
PLATSCH
ザブンッ
POCH
W...
Was mach ich jetzt ...?!
Ist das etwa auch ...
... eine Belästigung durch den Teufel?!
Plitsch

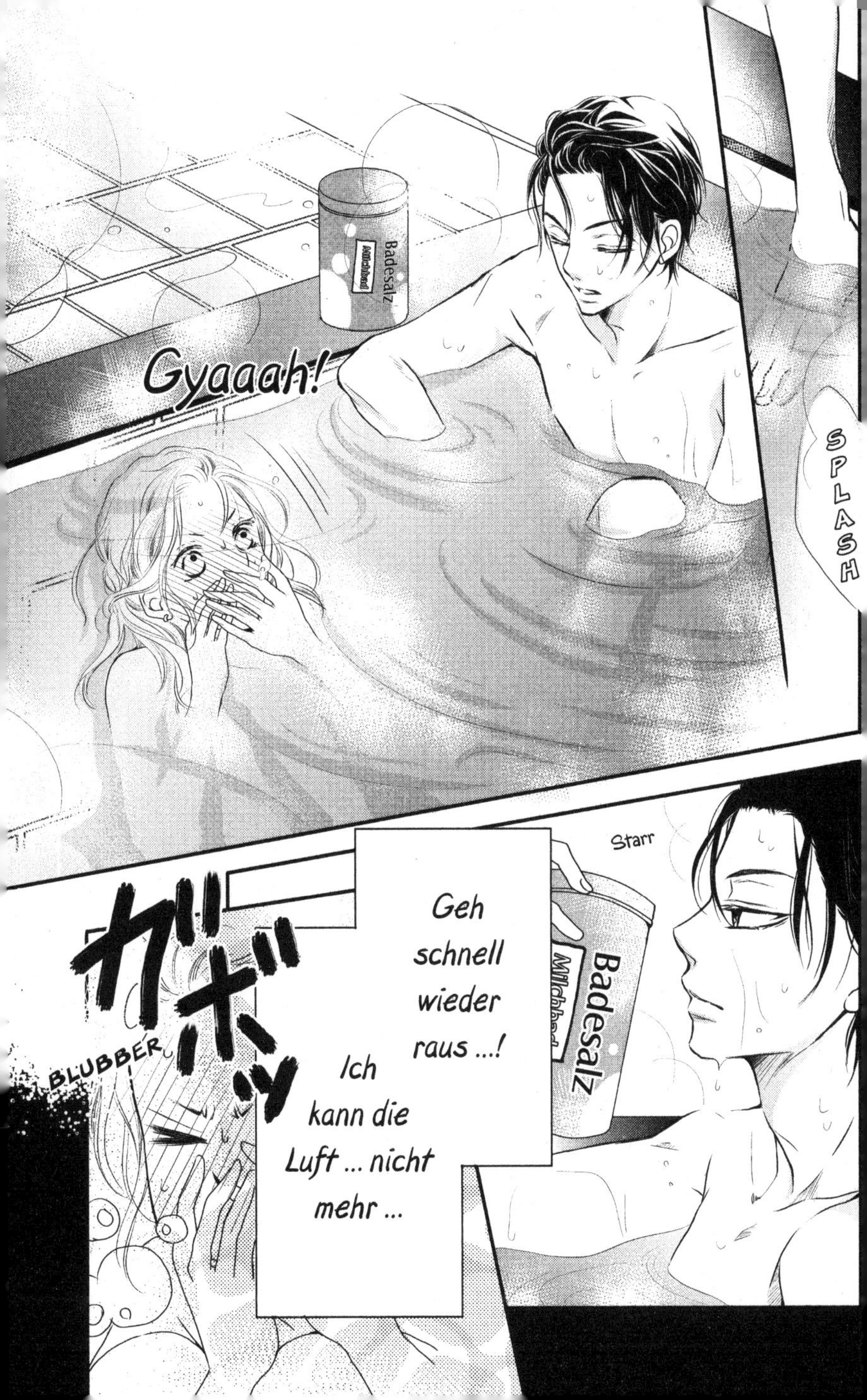
SPLASH
Gyaaah!
Badesalz
Milchbad
Starr
Badesalz
Milchbad
Geh schnell wieder raus ...!
Ich kann die Luft ... nicht mehr ...
ガボッ
BLUBBER

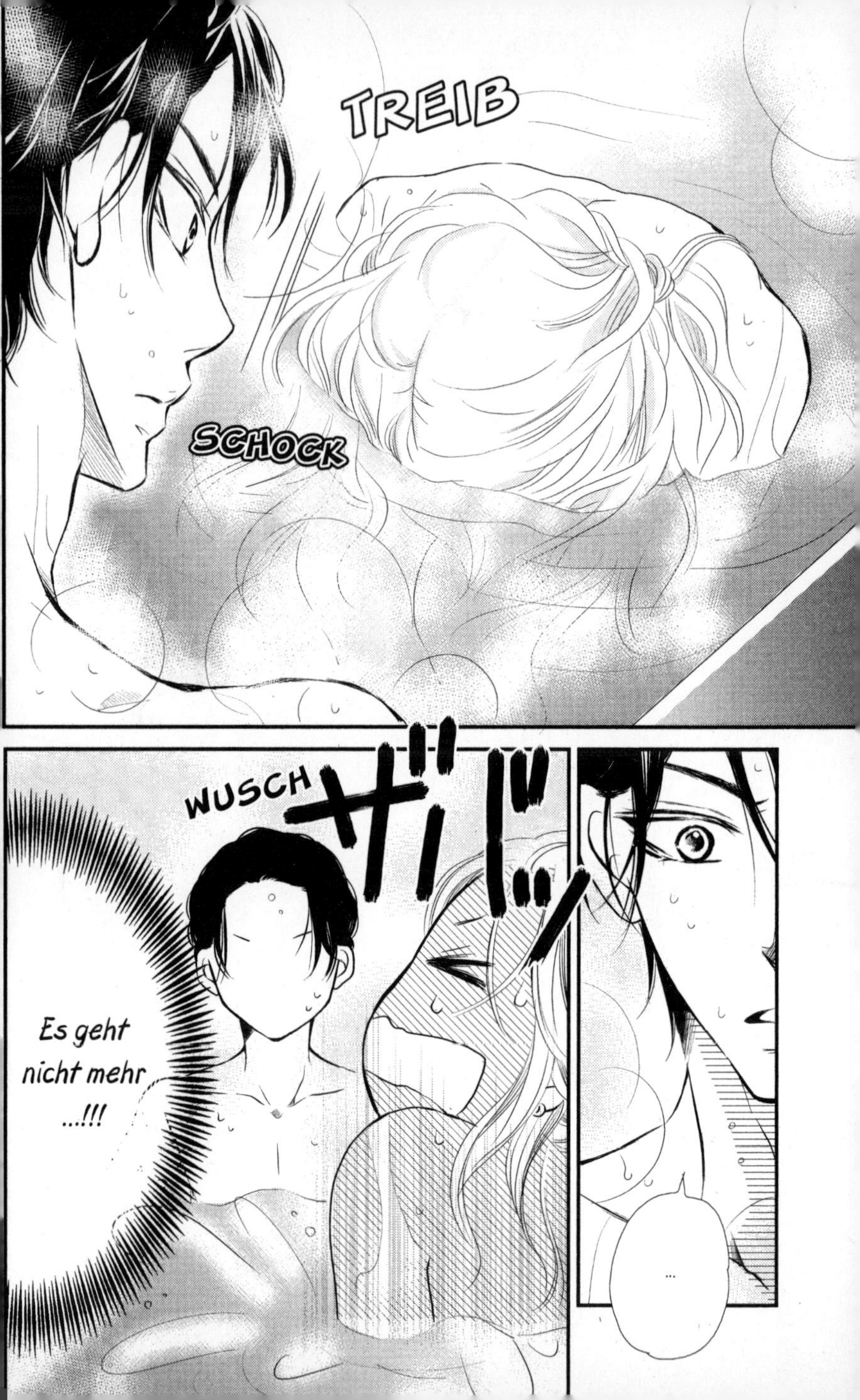
TREIB
SCHOCK
...
WUSCH
ザバッ
Es geht nicht mehr ...!!!

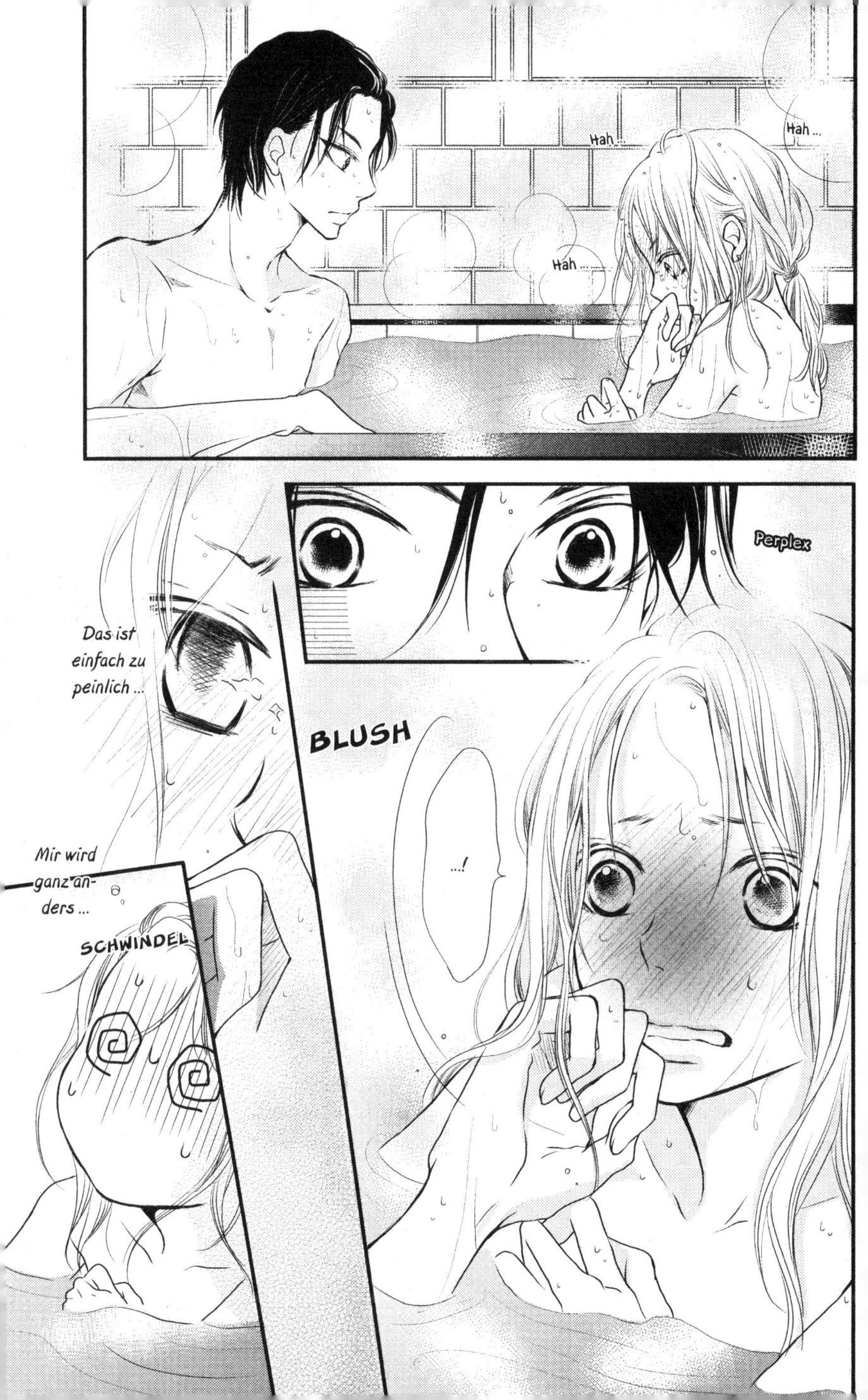
Hah ...
Hah ...
Hah ...
Perplex
BLUSH
...!
Das ist einfach zu peinlich ...
Mir wird ganz an-ders ...
SCHWINDEL

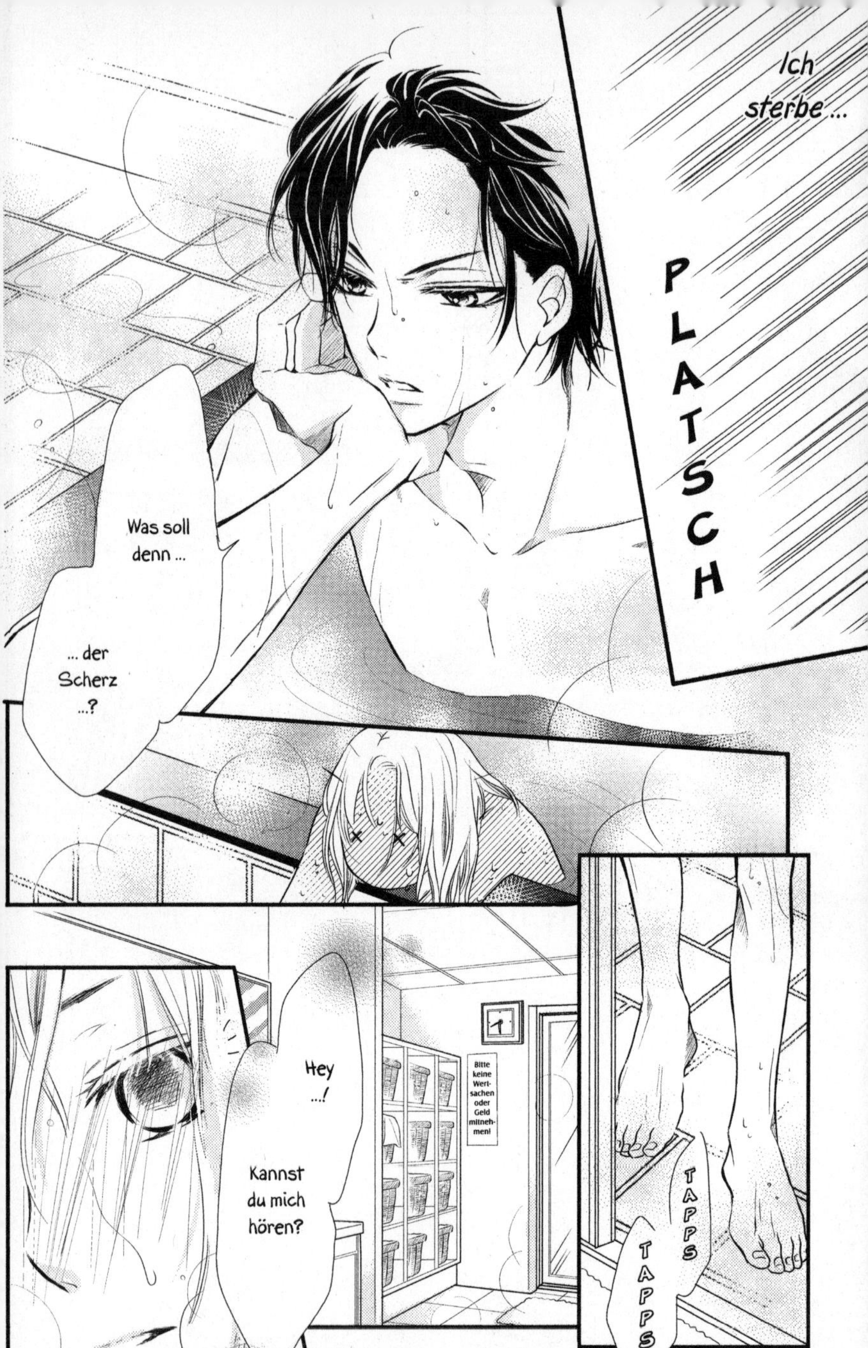
Ich sterbe ...
PLATSCH
Was soll denn ...
... der Scherz ...?
TAPPS
TAPPS
Hey ...!
Kannst du mich hören?
Bitte keine Wert-sachen oder Geld mitneh-men!

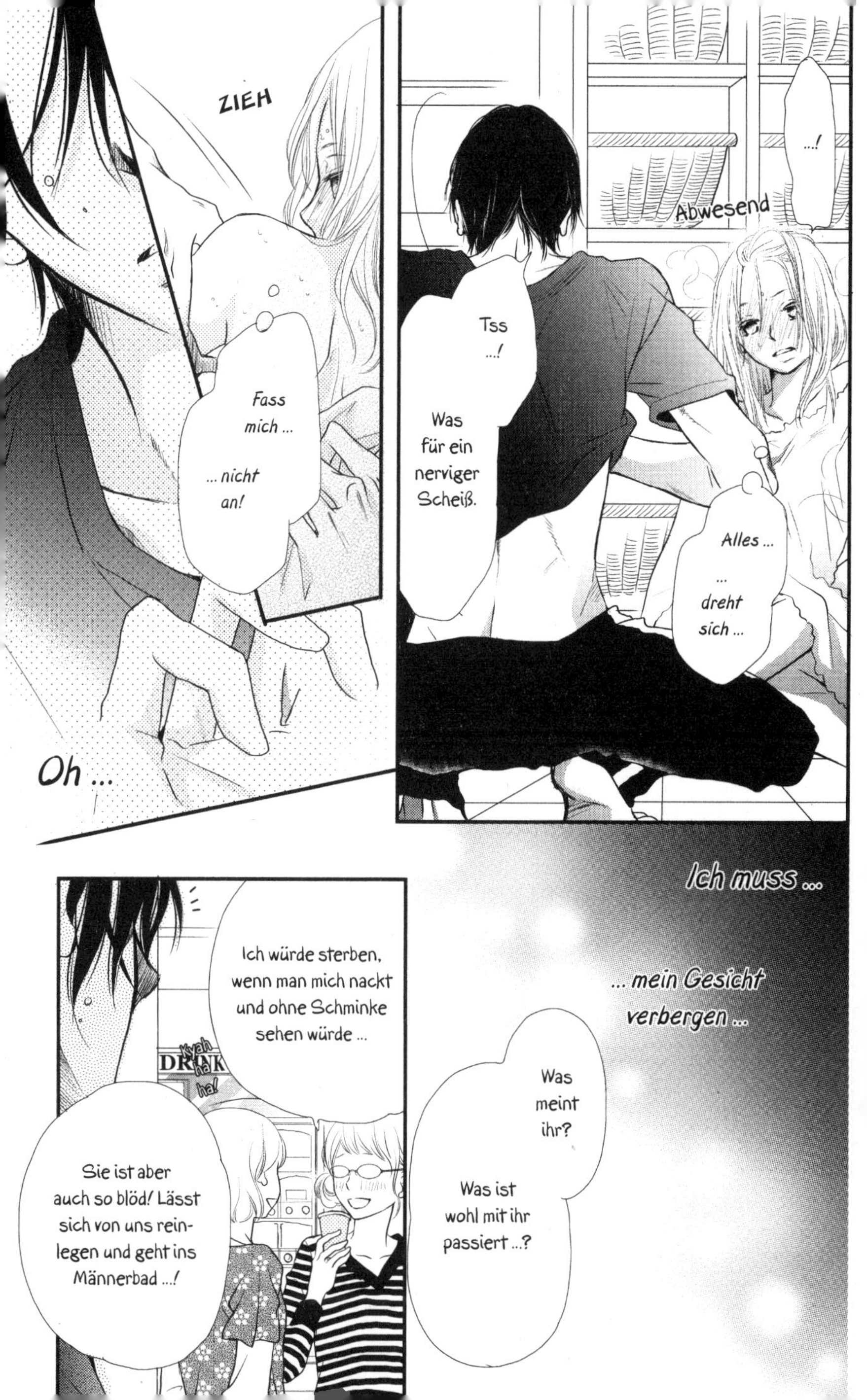
...!
Abwesend
Alles ...
... dreht sich ...
Tss ...!
Was für ein nerviger Scheiß.
ZIEH
Fass mich ...
... nicht an!
Oh ...
Ich muss ...
... mein Gesicht verbergen ...
Ich würde sterben, wenn man mich nackt und ohne Schminke sehen würde ...
Was meint ihr?
Was ist wohl mit ihr passiert ...?
Kyah ha ha!
DRINK
Sie ist aber auch so blöd! Lässt sich von uns reinlegen und geht ins Männerbad ...!

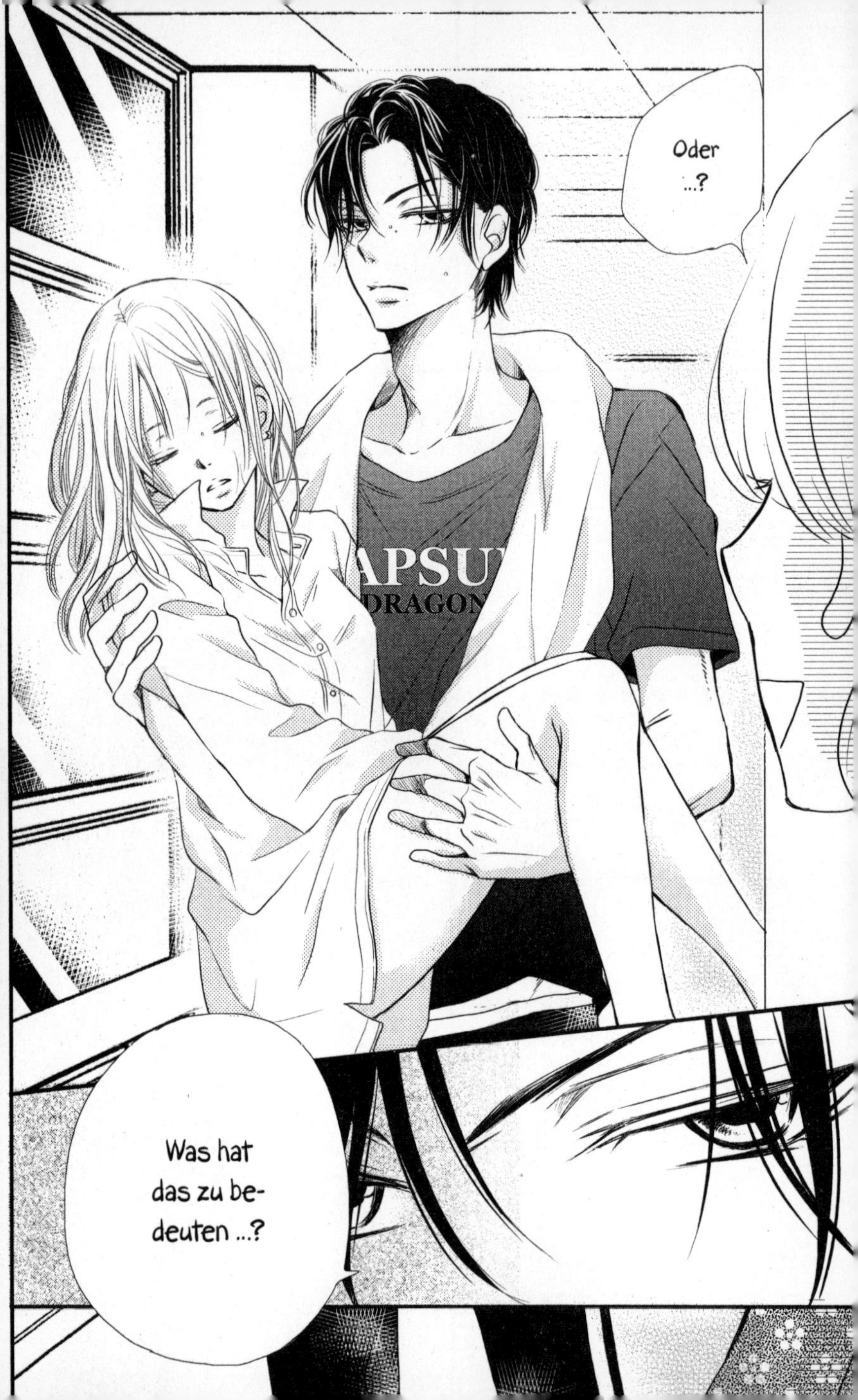
Oder ...?
APSU
DRAGON
Was hat das zu bedeuten ...?

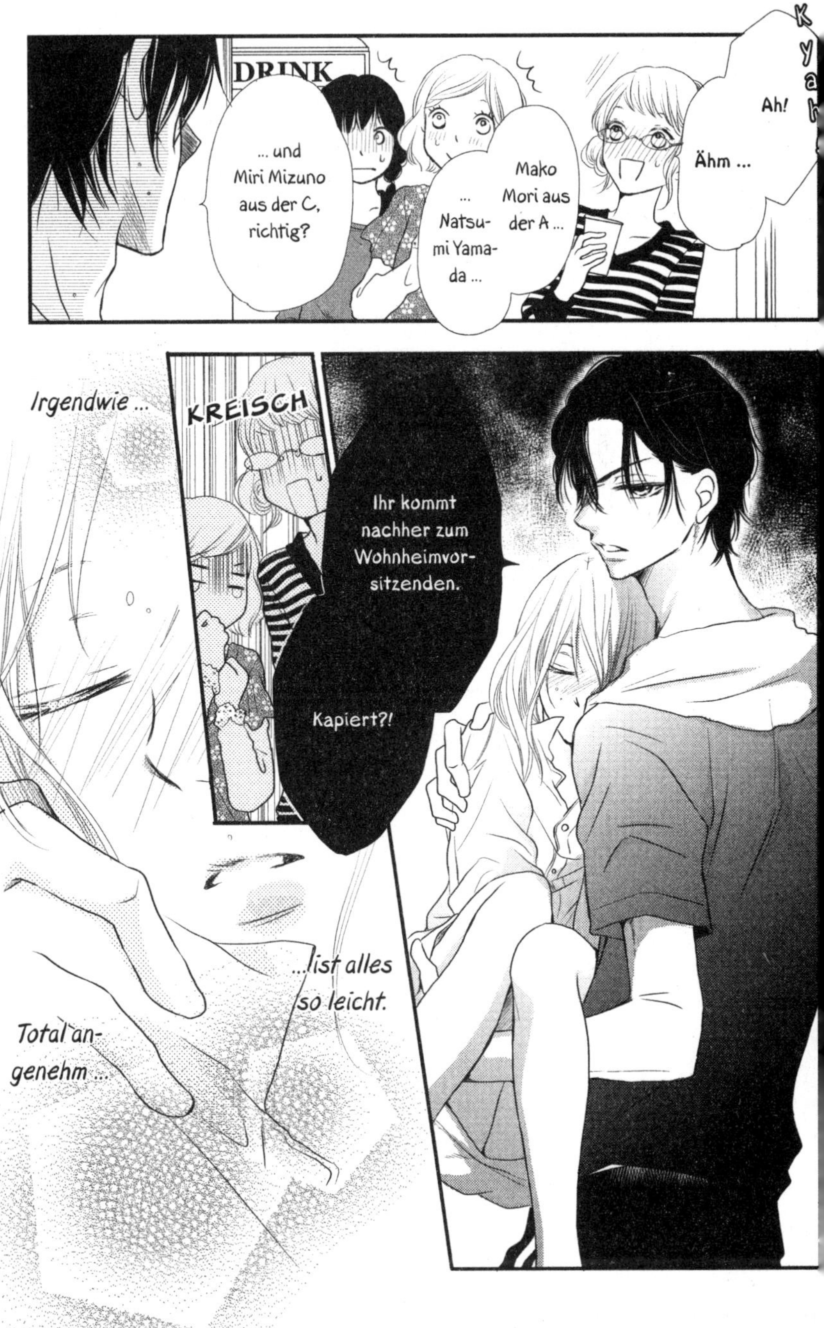
Kyah
Ah!
Ähm ...
Mako Mori aus der A ...
... Natsumi Yamada ...
... und Miri Mizuno aus der C, richtig?
Ihr kommt nachher zum Wohnheimvorsitzenden.
Kapiert?!
KREISCH
Irgendwie ...
... ist alles so leicht.
Total angenehm ...

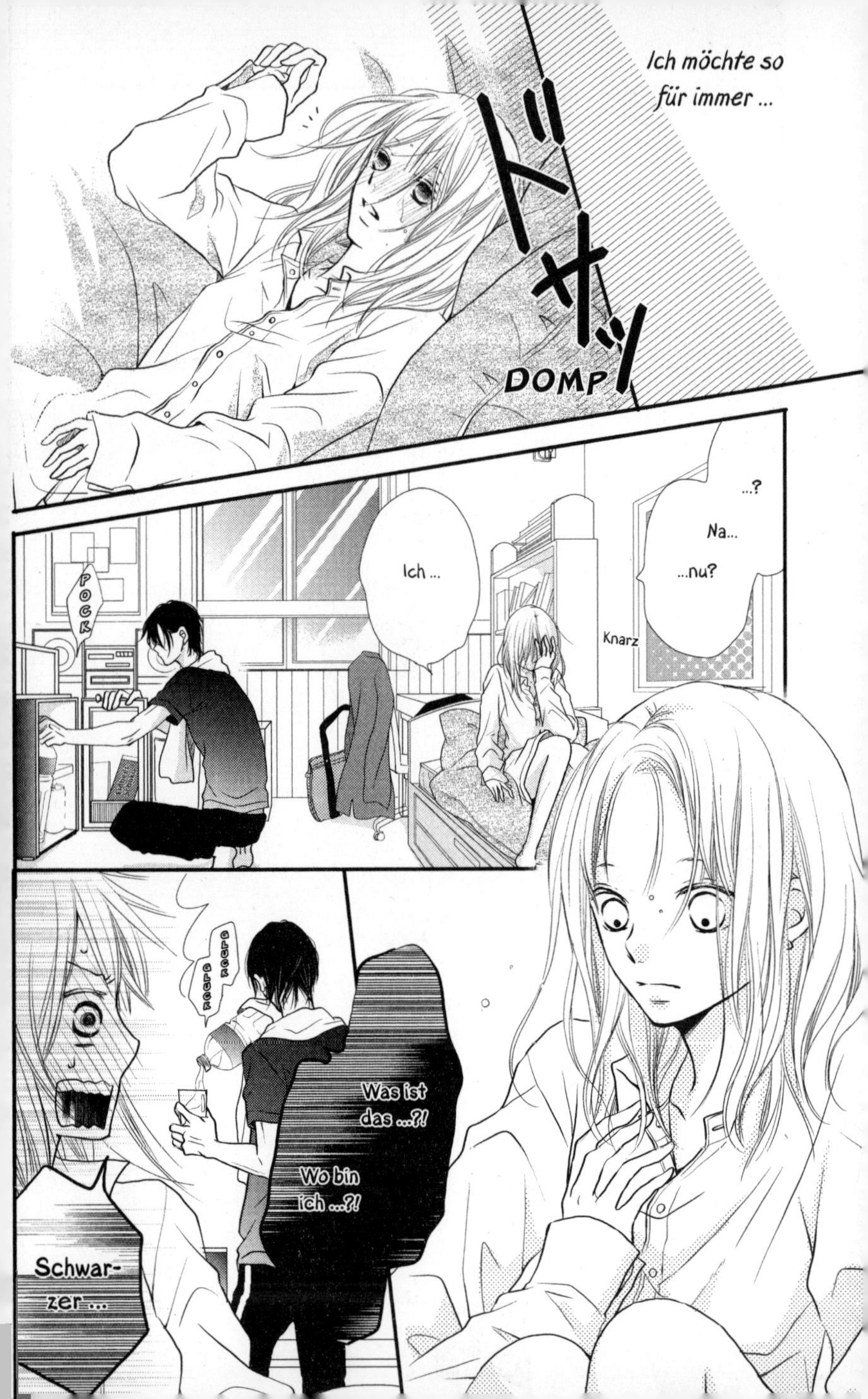
Ich möchte so für immer ...
DOMP
...?
Na...
...nu?
Knarz
Ich ...
POCK
Was ist das ...?!
Wo bin ich ...?!
GLUCK GLUCK
Schwar-zer ...

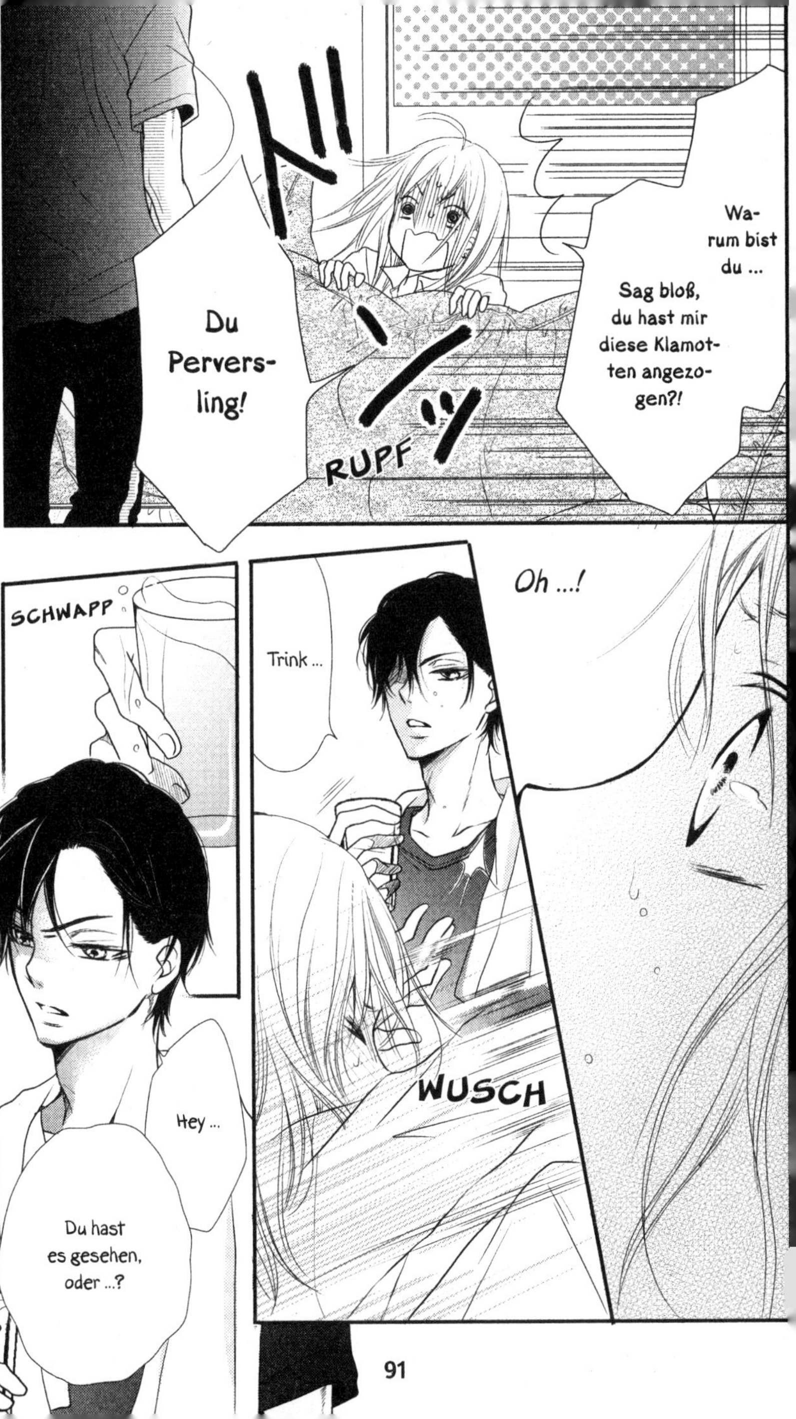

Wa-
rum bist
du ...
Sag bloß,
du hast mir
diese Klamot-
ten angezo-
gen?!
RUPF
Du
Pervers-
ling!
Oh ...!
Trink ...
WUSCH
SCHWAPP
Hey ...
Du hast
es gesehen,
oder ...?

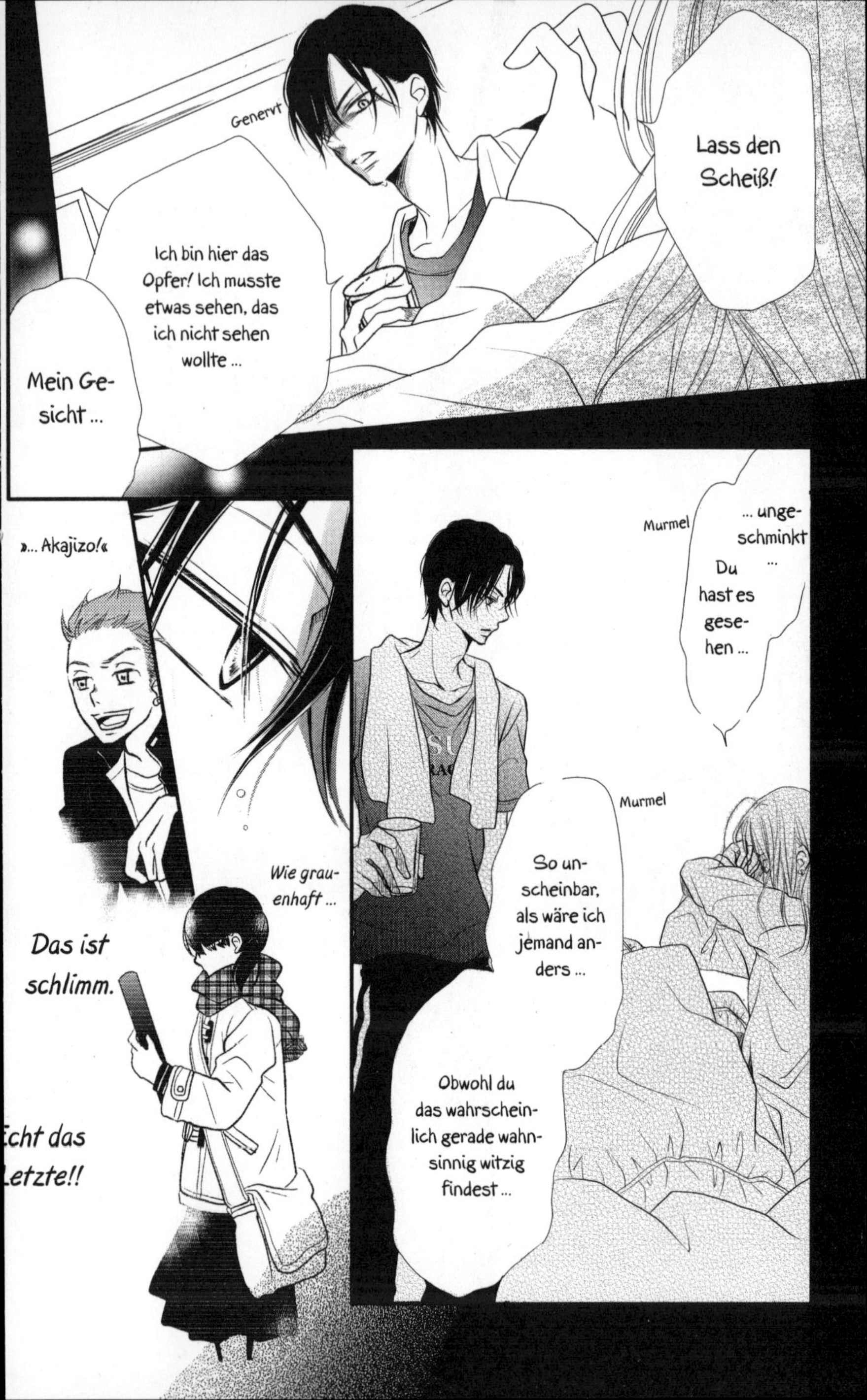

Lass den Scheiß!
Genervt
Ich bin hier das Opfer! Ich musste etwas sehen, das ich nicht sehen wollte ...
Mein Gesicht ...
Murmel
... ungeschminkt ...
Du hast es gesehen ...
Murmel
So unscheinbar, als wäre ich jemand anders ...
Obwohl du das wahrscheinlich gerade wahnsinnig witzig findest ...
»... Akajizo!«
Wie grauenhaft ...
Das ist schlimm.
cht das Letzte!!

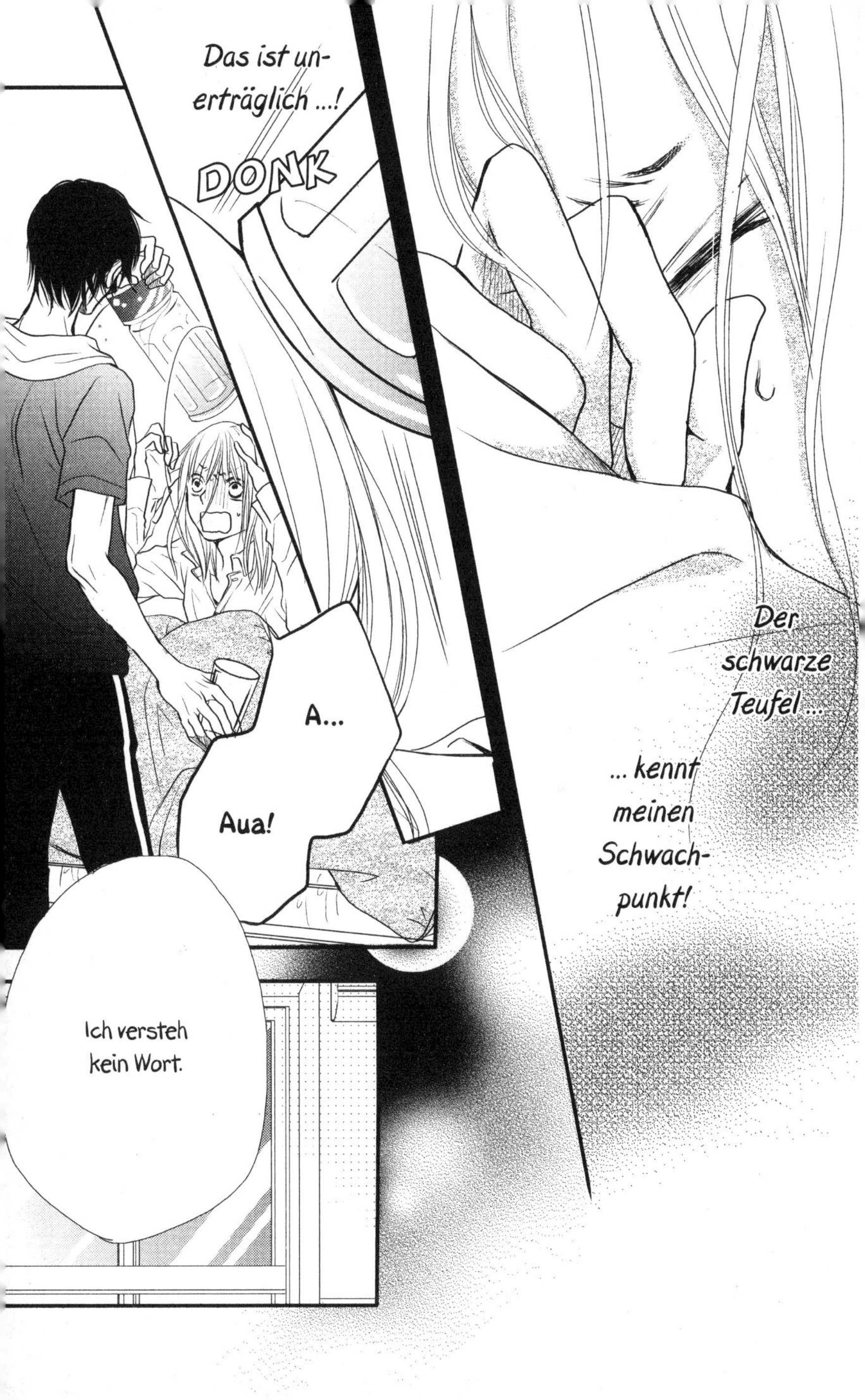
Das ist unerträglich ...!
DONK
Der schwarze Teufel ...
... kennt meinen Schwachpunkt!
A...
Aua!
Ich versteh kein Wort.

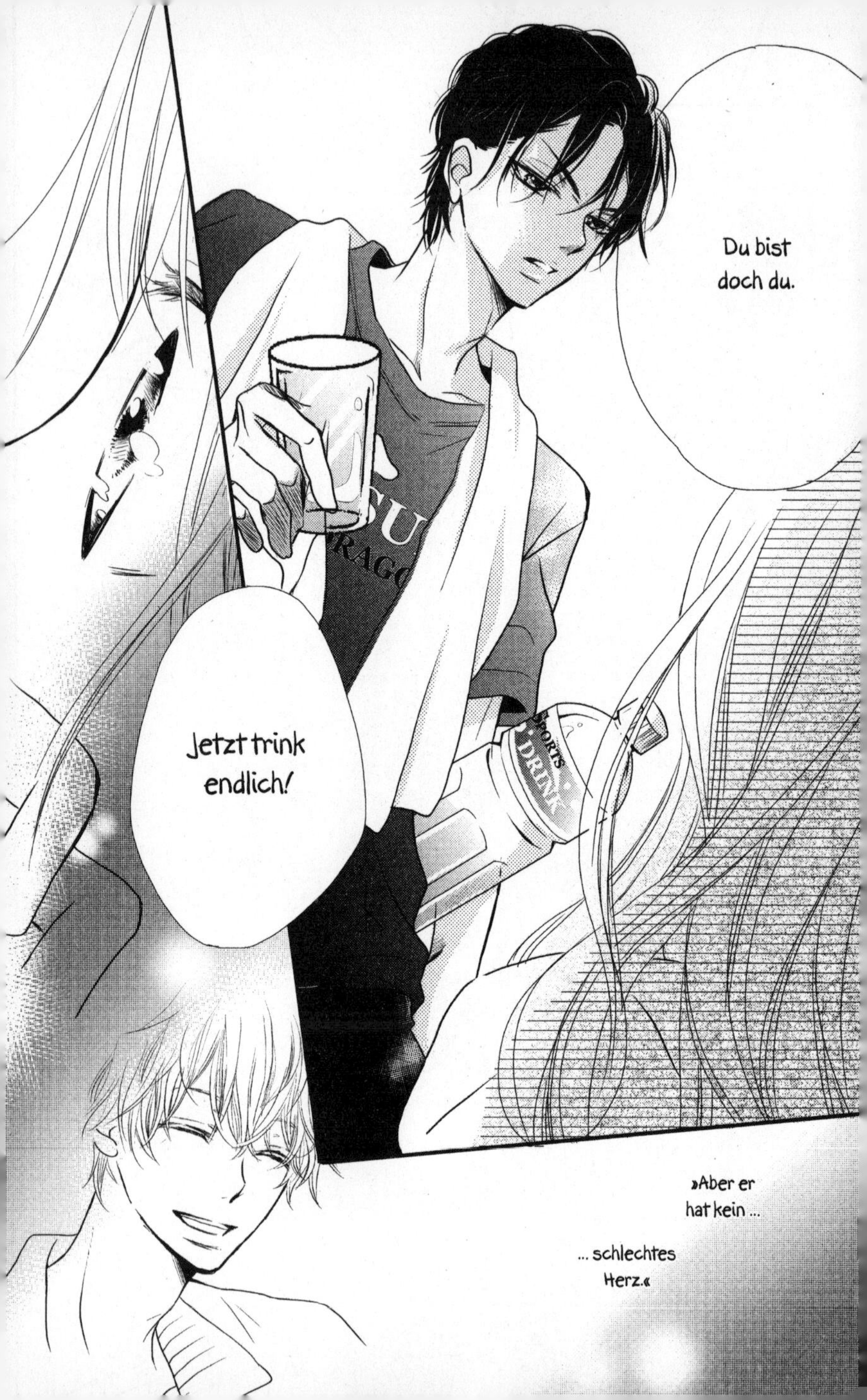
Du bist doch du.
Jetzt trink endlich!
»Aber er hat kein ...
... schlechtes Herz.«
SPORTS DRINK

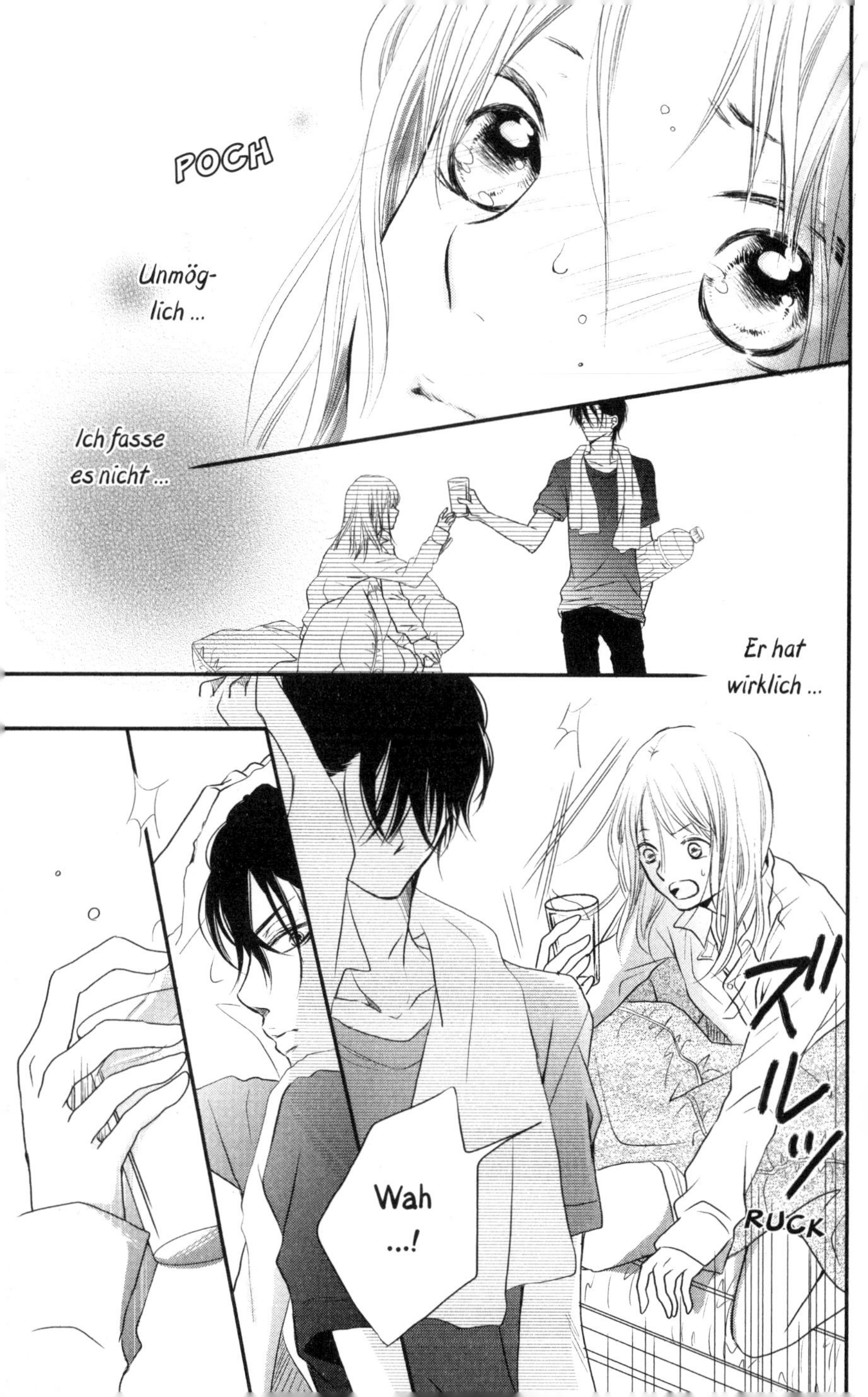
POCH
Unmög-
lich ...
Ich fasse
es nicht ...
Er hat
wirklich ...
ズルッ
RUCK
Wah
...!

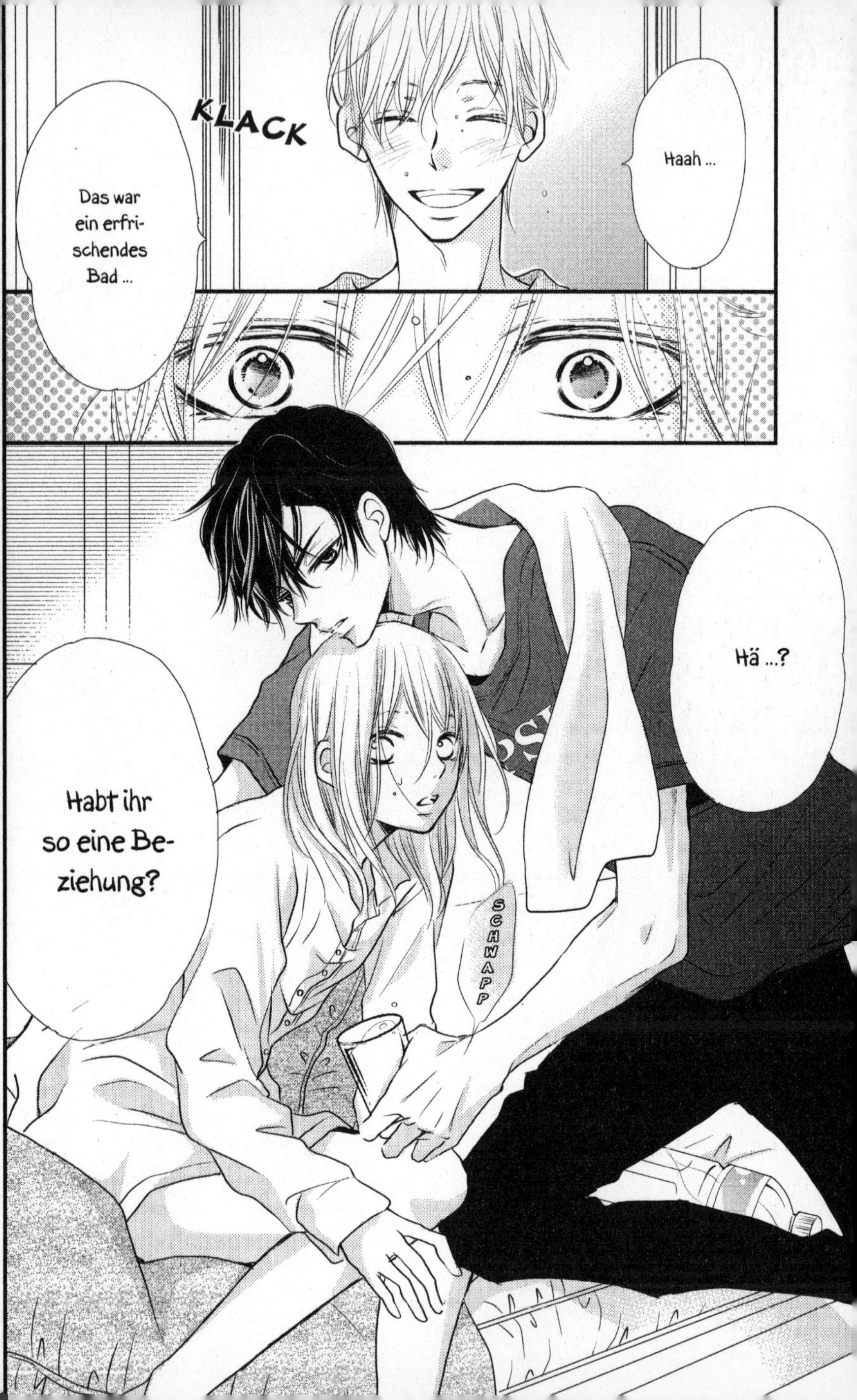
Haah ...
KLACK
Das war ein erfrischendes Bad ...
Hä ...?
SCHWAPP
Habt ihr so eine Beziehung?

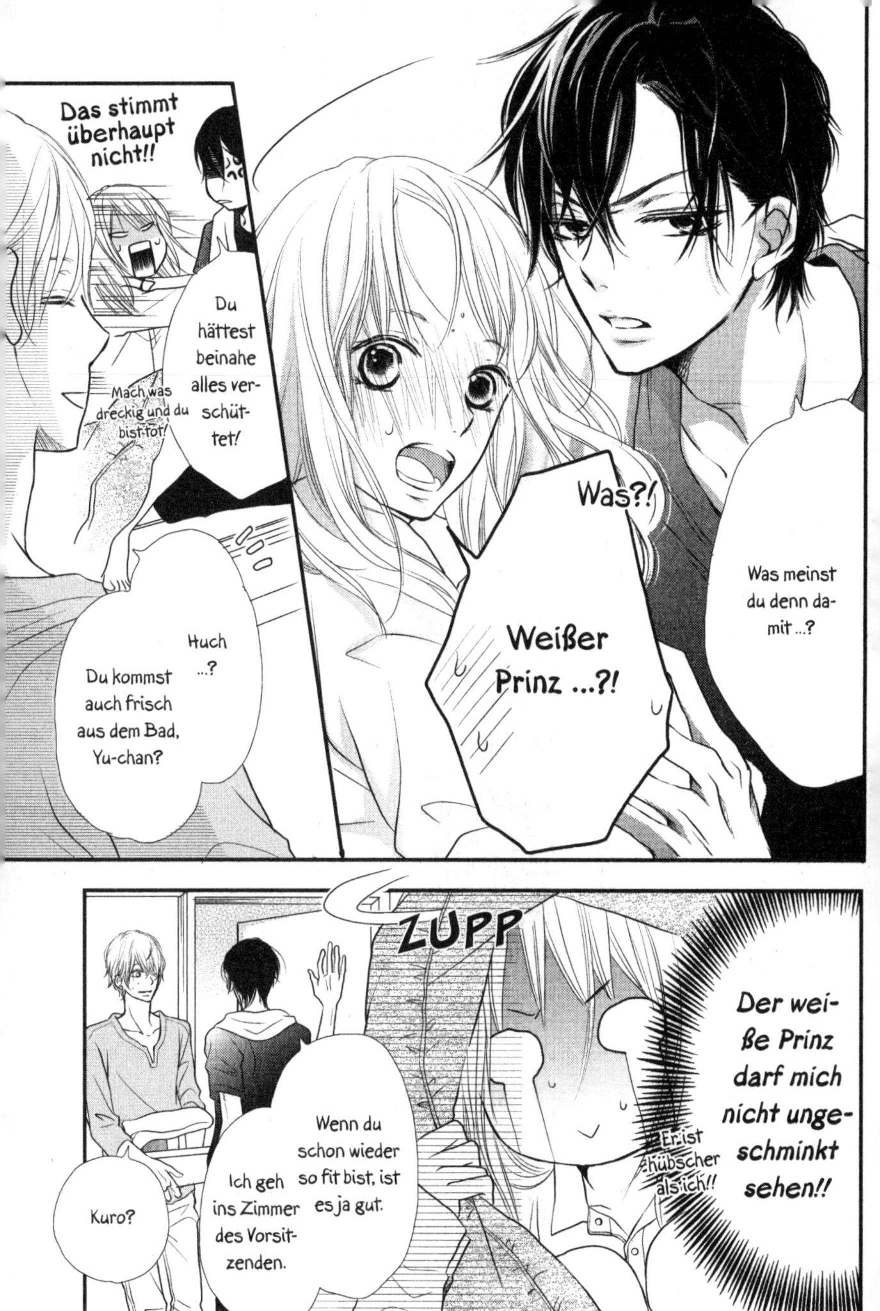
Was?!
Weißer Prinz ...?!
Was meinst du denn damit ...?
Das stimmt überhaupt nicht!!
Du hättest beinahe alles verschüttet!
Mach was dreckig und du bist tot!
Huch ...?
Du kommst auch frisch aus dem Bad, Yu-chan?
ZUPP
Der weiße Prinz darf mich nicht ungeschminkt sehen!!
Er ist hübscher als ich!!
Wenn du schon wieder so fit bist, ist es ja gut.
Ich geh ins Zimmer des Vorsitzenden.
Kuro?

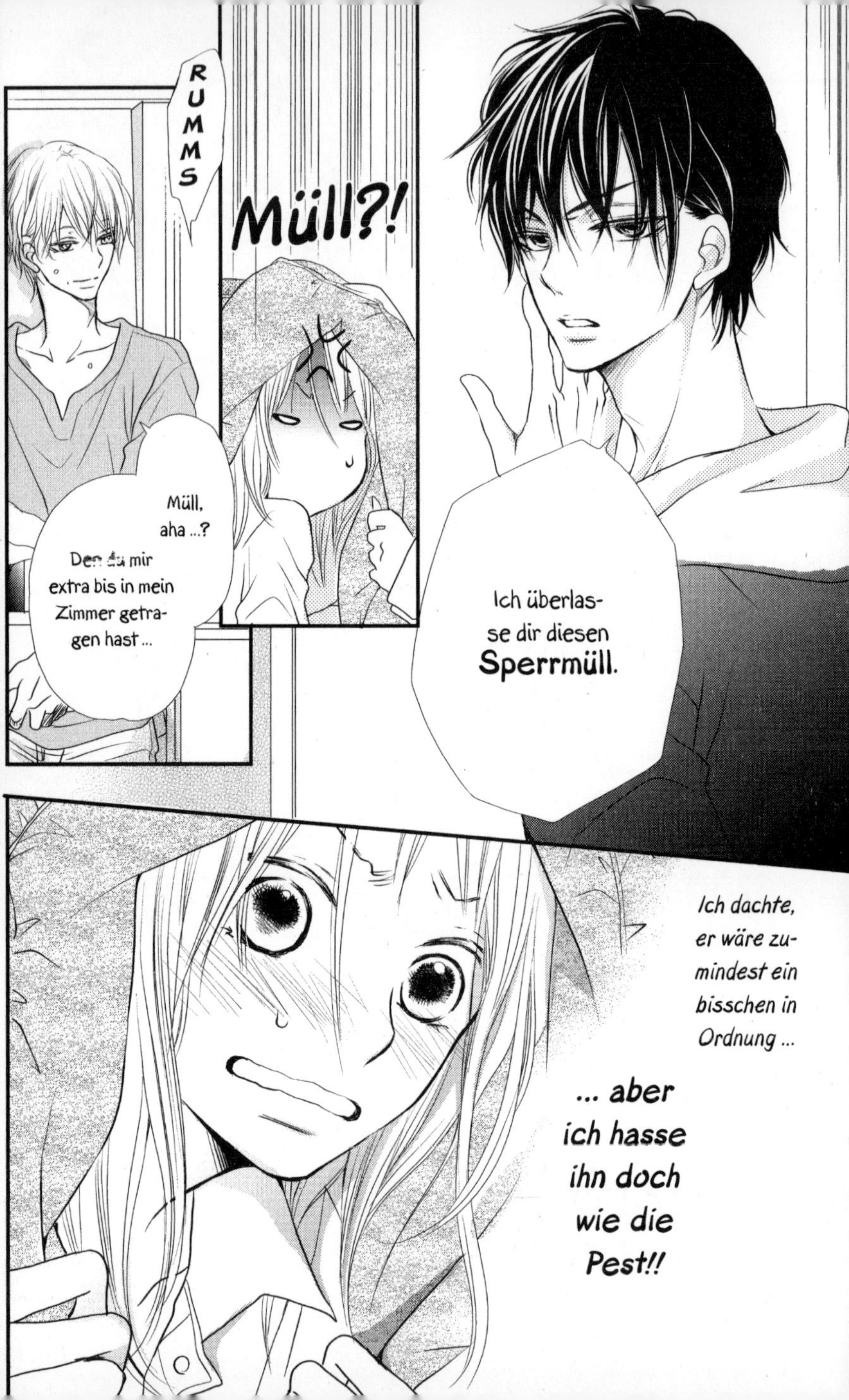
Ich überlasse dir diesen Sperrmüll.
RUMMS
Müll?!
Müll, aha ...?
Den du mir extra bis in mein Zimmer getragen hast ...
Ich dachte, er wäre zumindest ein bisschen in Ordnung ...
... aber ich hasse ihn doch wie die Pest!!

Verliebt in
Prinz und Teufel?

Verliebt in
Prinz und Teufel?

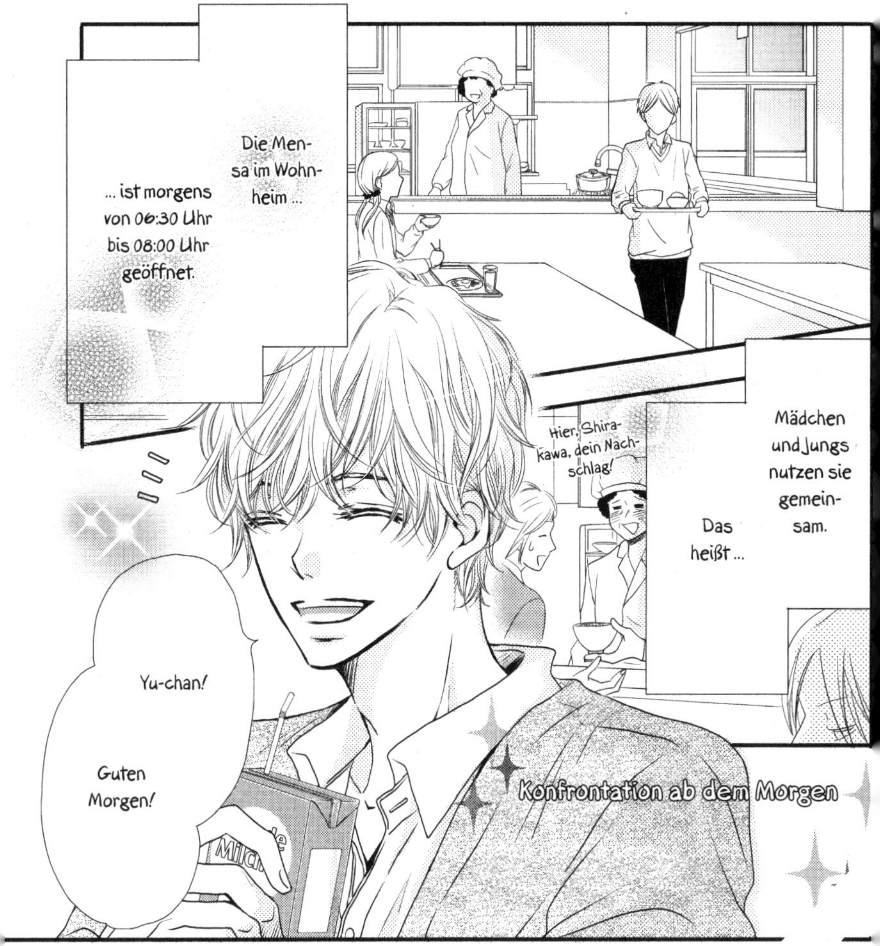

3. Kapitel: Troubleshooter ☆ Kurosaki

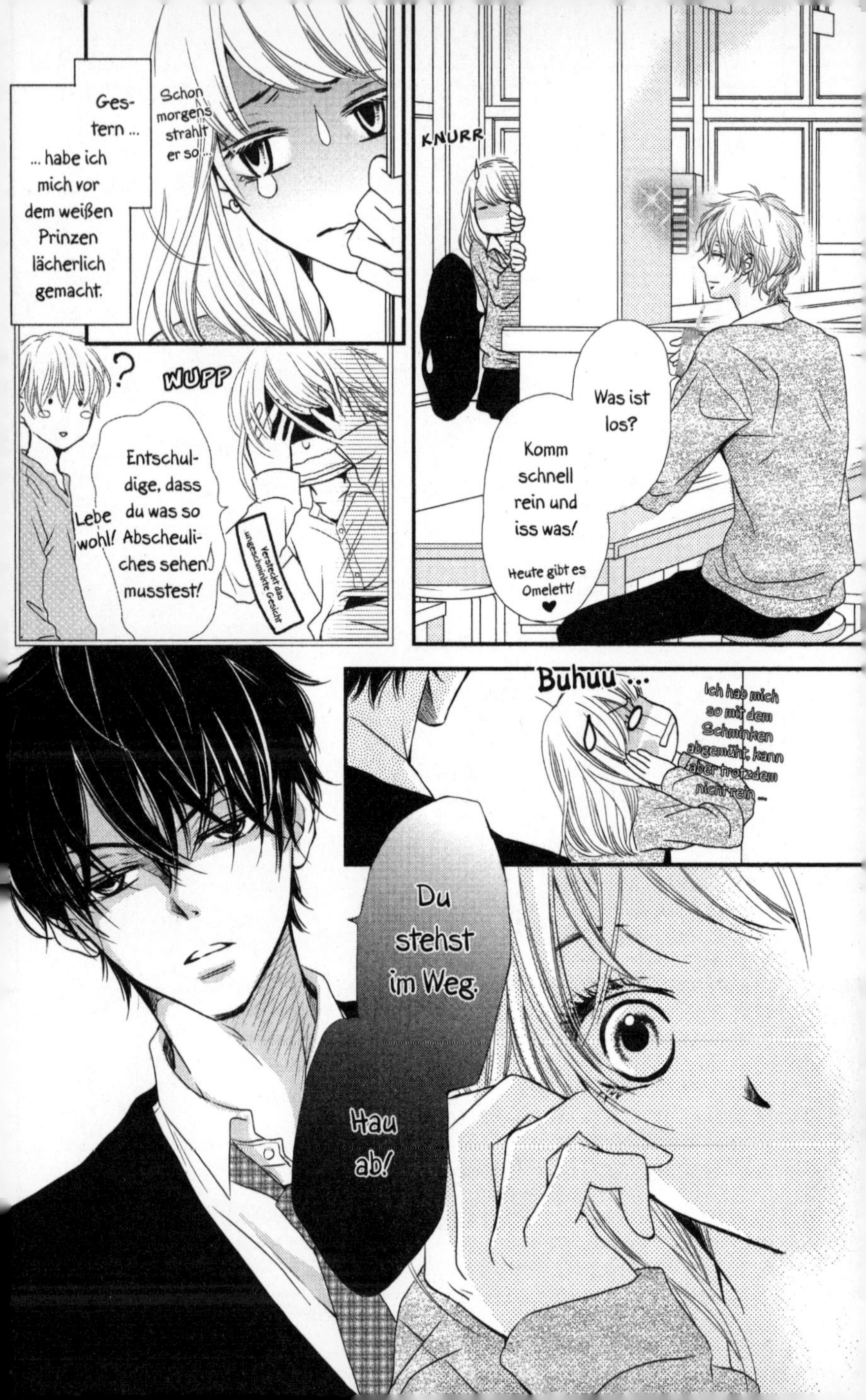
KNURR
Was ist los?
Komm schnell rein und iss was!
Heute gibt es Omelett!
Gestern ... ... habe ich mich vor dem weißen Prinzen lächerlich gemacht.
Schon morgens strahlt er so ...
?
WUPP
Entschuldige, dass du was so Abscheuliches sehen musstest!
Lebe wohl!
Versteckt das ungeschminkte Gesicht
Buhuu ...
Ich hab mich so mit dem Schminken abgemüht, kann aber trotzdem nicht rein ...
Du stehst im Weg.
Hau ab!

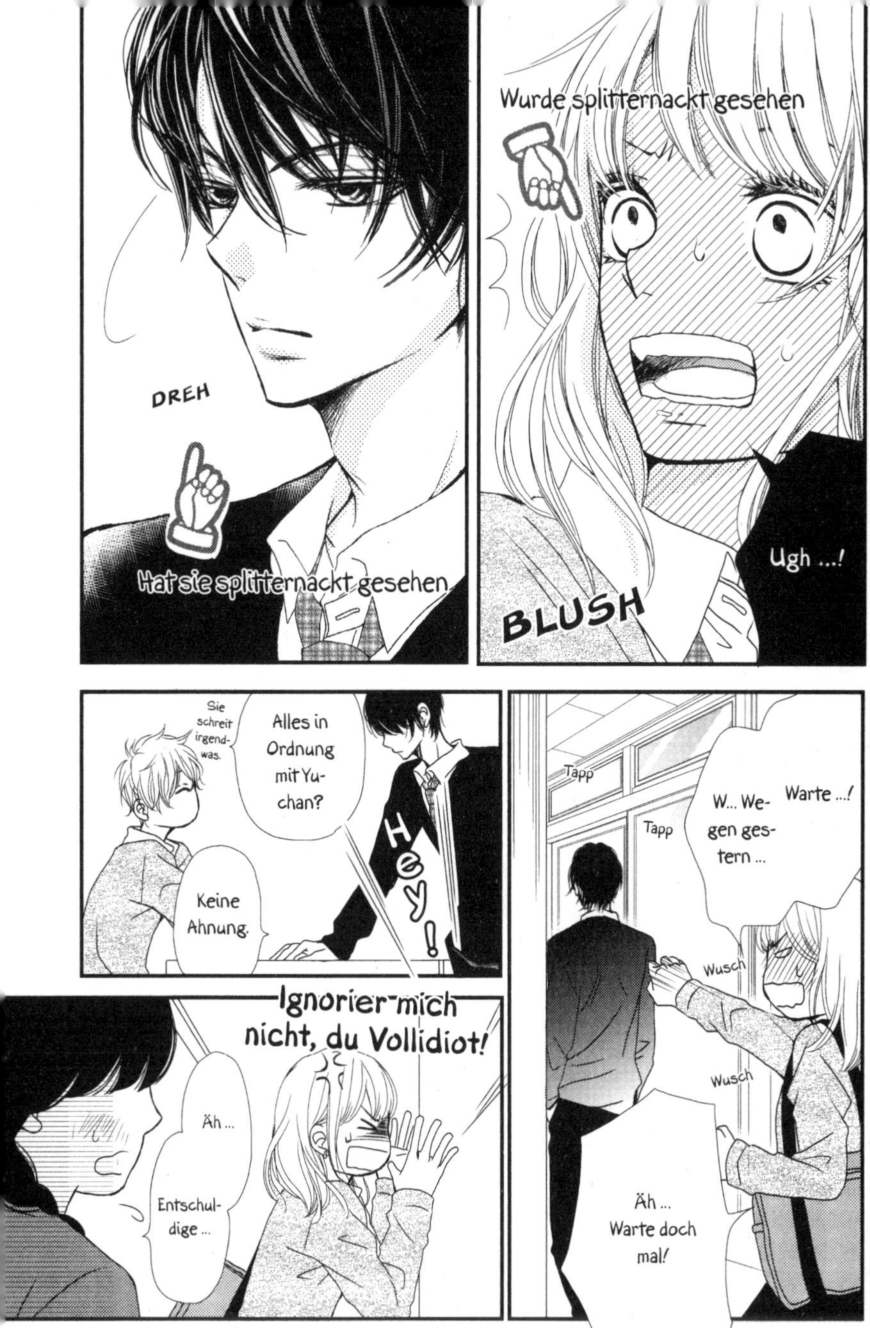
Wurde splitternackt gesehen
Ugh ...!
BLUSH
DREH
Hat sie splitternackt gesehen
Tapp
Tapp
Warte ...!
W... Wegen gestern ...
Wusch
Wusch
Äh ... Warte doch mal!
Alles in Ordnung mit Yuchan?
Sie schreit irgendwas.
Keine Ahnung.
Hey!
Ignorier mich nicht, du Vollidiot!
Äh ...
Entschuldige ...

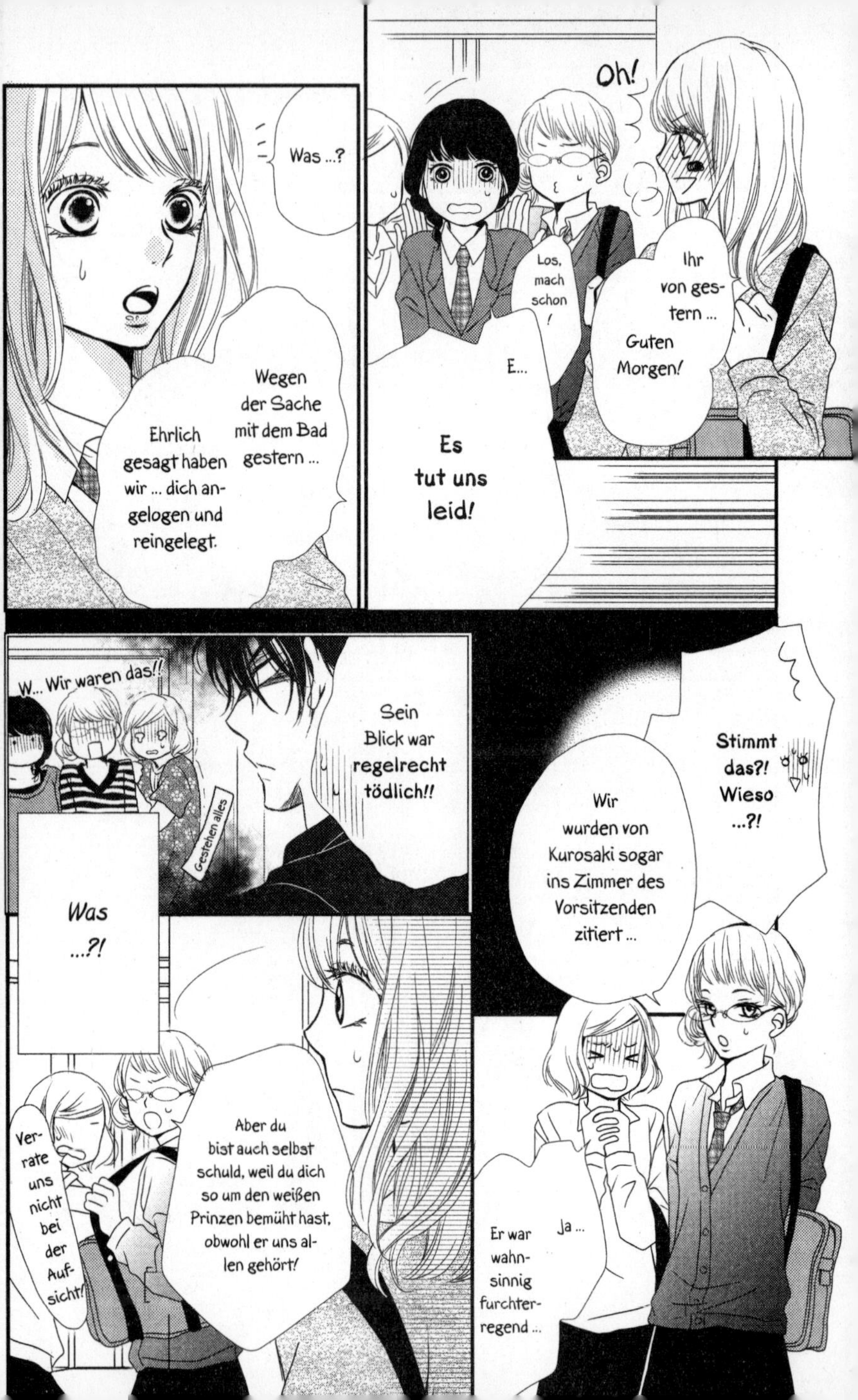
Oh!
Ihr von gestern ... Guten Morgen!
Los, mach schon!
E...
Es tut uns leid!
Was ...?
Wegen der Sache mit dem Bad gestern ...
Ehrlich gesagt haben wir ... dich angelogen und reingelegt.
Stimmt das?! Wieso ...?!
Wir wurden von Kurosaki sogar ins Zimmer des Vorsitzenden zitiert ...
Sein Blick war regelrecht tödlich!!
W... Wir waren das!!
Gestehen alles
Ja ...
Er war wahnsinnig furchterregend ...
Was ...?!
Aber du bist auch selbst schuld, weil du dich so um den weißen Prinzen bemüht hast, obwohl er uns allen gehört!
Verrate uns nicht bei der Aufsicht!

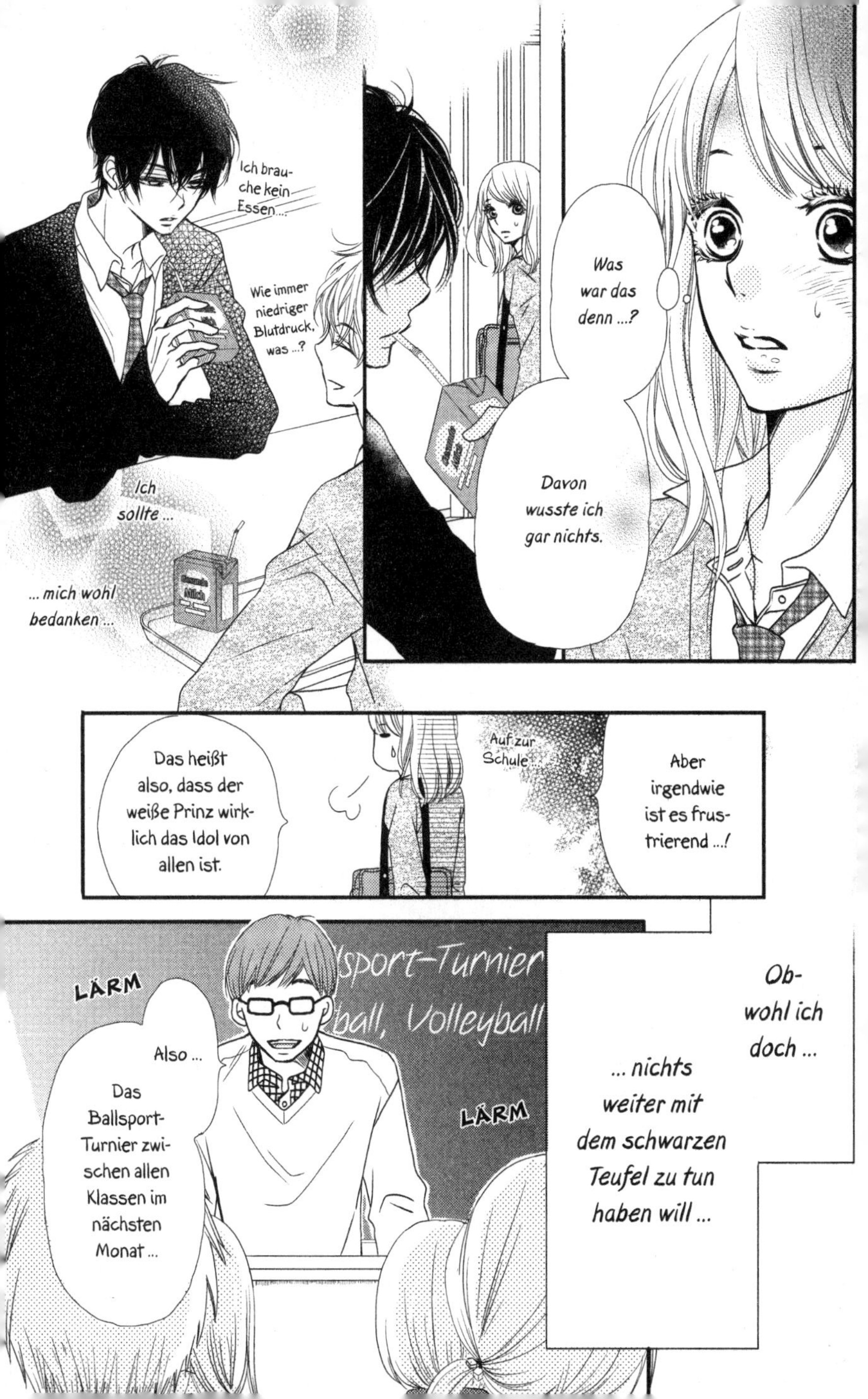

Was war das denn ...?
Davon wusste ich gar nichts.
Ich brauche kein Essen ...
Wie immer niedriger Blutdruck, was ...?
Ich sollte ...
... mich wohl bedanken ...
Das heißt also, dass der weiße Prinz wirklich das Idol von allen ist.
Auf zur Schule ...
Aber irgendwie ist es frustrierend ...!
Obwohl ich doch ...
... nichts weiter mit dem schwarzen Teufel zu tun haben will ...
lsport-Turnier
ball, Volleyball
LÄRM
LÄRM
Also ...
Das Ballsport-Turnier zwischen allen Klassen im nächsten Monat ...

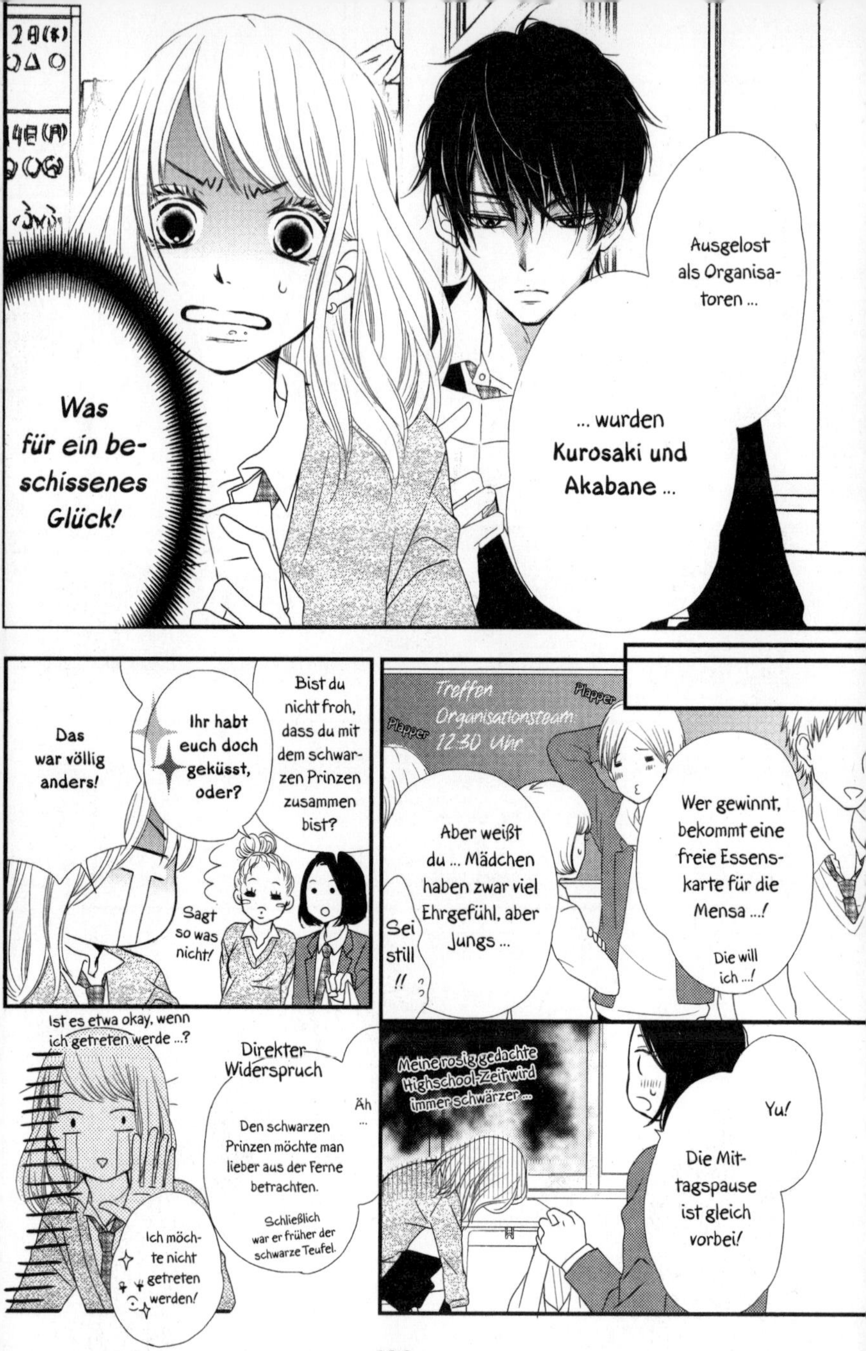
Ausgelost als Organisatoren ...
... wurden Kurosaki und Akabane ...
Was für ein beschissenes Glück!
Treffen Organisationsteam: 12:30 Uhr
Plapper
Plapper
Wer gewinnt, bekommt eine freie Essenskarte für die Mensa ...!
Die will ich ...!
Aber weißt du ... Mädchen haben zwar viel Ehrgefühl, aber Jungs ...
Sei still!!
Bist du nicht froh, dass du mit dem schwarzen Prinzen zusammen bist?
Ihr habt euch doch geküsst, oder?
Das war völlig anders!
Sagt so was nicht!
Meine rosig gedachte Highschool-Zeit wird immer schwärzer ...
Yu!
Die Mittagspause ist gleich vorbei!
Direkter Widerspruch
Äh ...
Den schwarzen Prinzen möchte man lieber aus der Ferne betrachten.
Schließlich war er früher der schwarze Teufel.
Ist es etwa okay, wenn ich getreten werde ...?
Ich möchte nicht getreten werden!

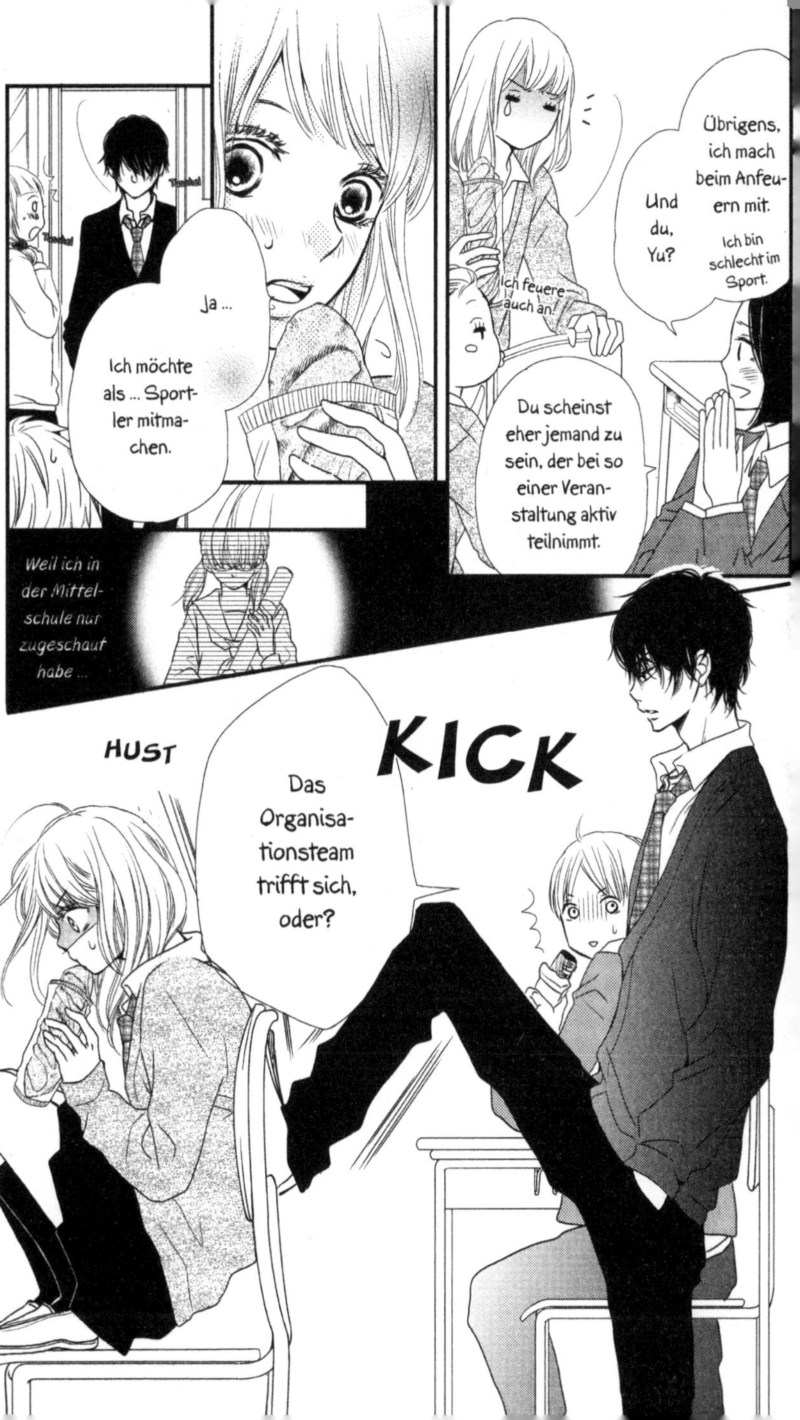
Übrigens, ich mach beim Anfeuern mit.
Ich bin schlecht im Sport.
Und du, Yu?
Ich feuere auch an.
Du scheinst eher jemand zu sein, der bei so einer Veranstaltung aktiv teilnimmt.
Ja ...
Ich möchte als ... Sportler mitmachen.
Weil ich in der Mittelschule nur zugeschaut habe ...
KICK
Das Organisationsteam trifft sich, oder?
HUST

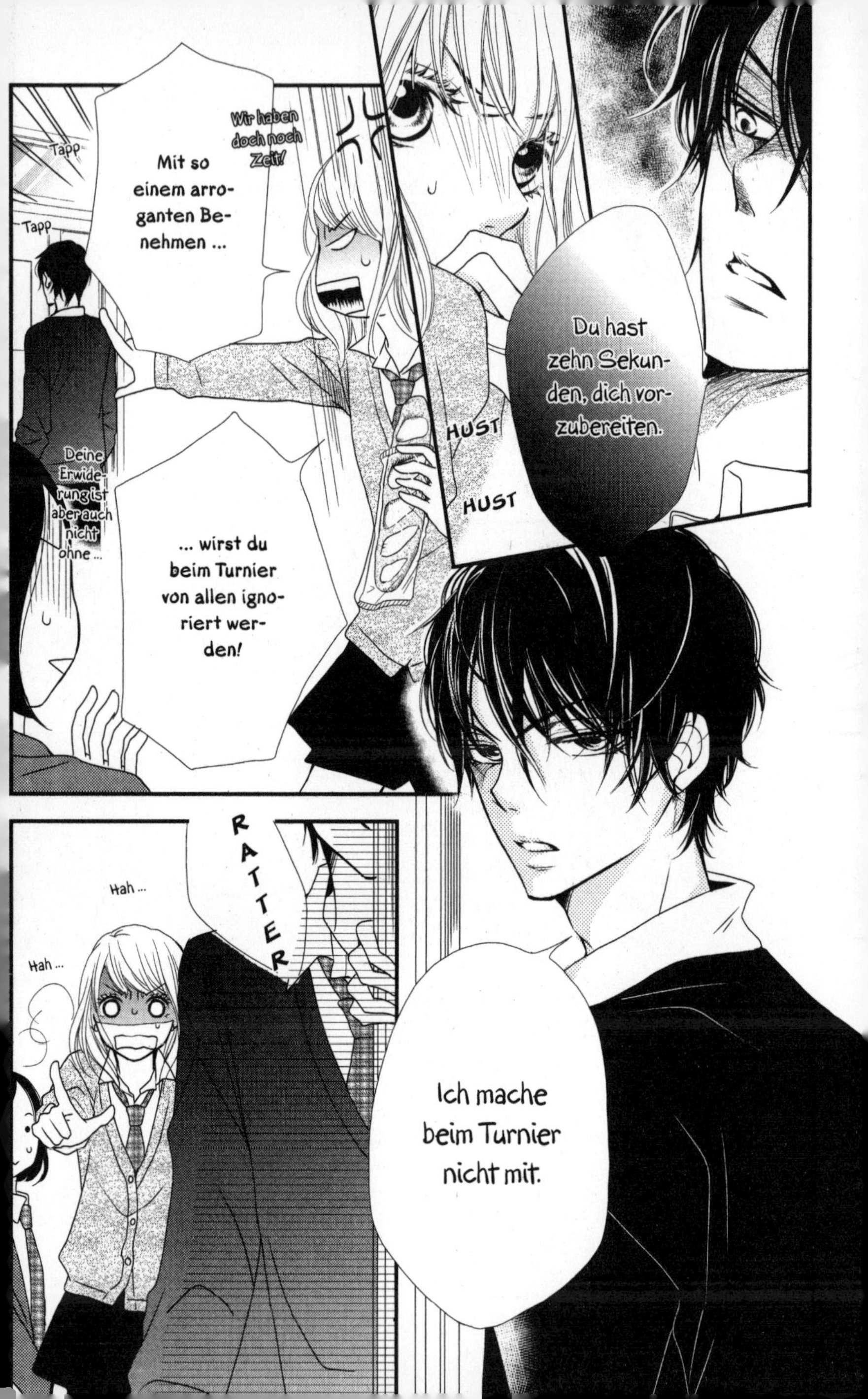

Du hast zehn Sekunden, dich vorzubereiten.
HUST
HUST
Wir haben doch noch Zeit!
Mit so einem arroganten Benehmen ...
Tapp
Tapp
... wirst du beim Turnier von allen ignoriert werden!
Deine Erwiderung ist aber auch nicht ohne ...
Ich mache beim Turnier nicht mit.
RATTER
Hah ...
Hah ...

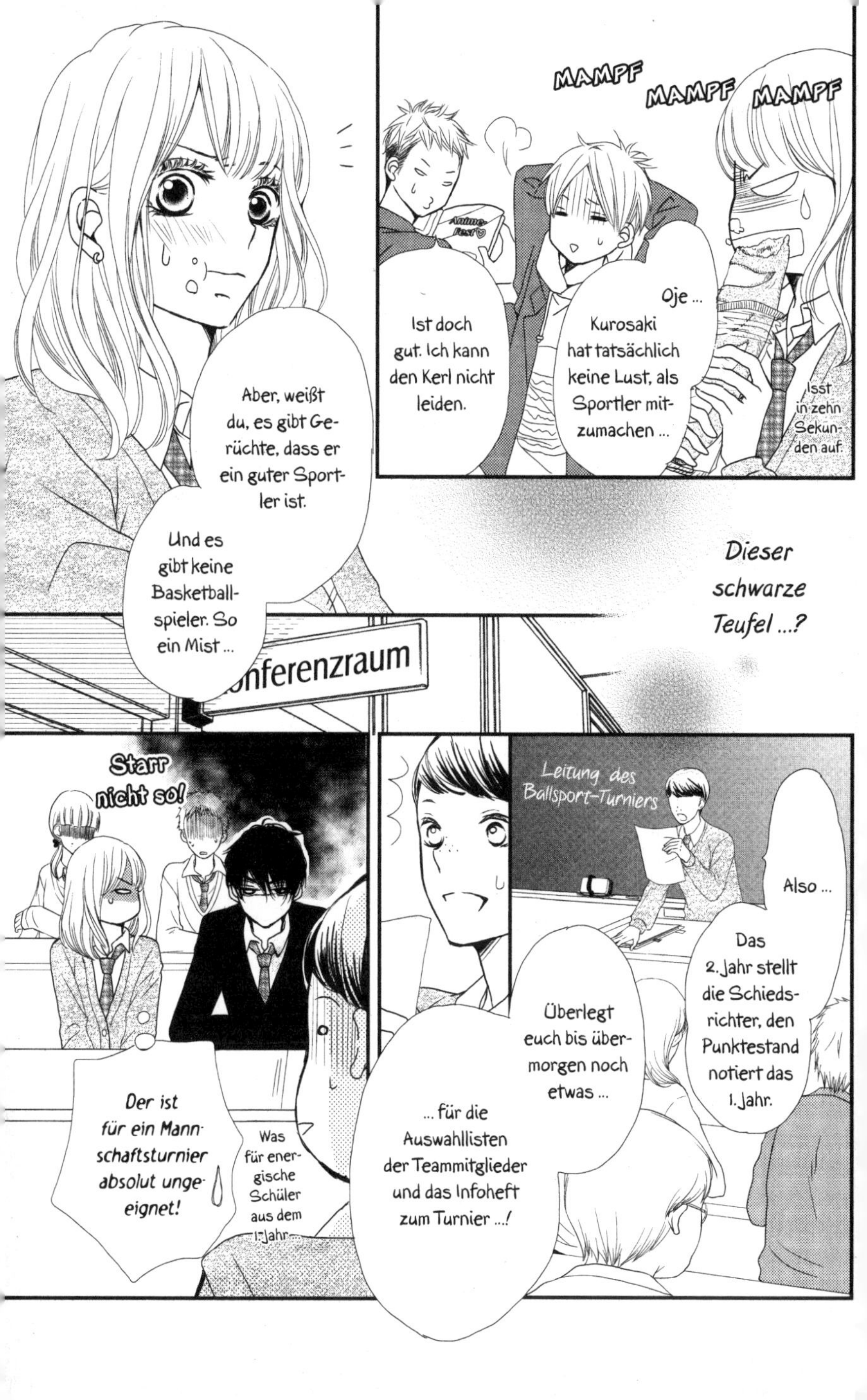
MAMPF
MAMPF
MAMPF
Oje ... Kurosaki hat tatsächlich keine Lust, als Sportler mitzumachen ...
Isst in zehn Sekunden auf.
Anime-Fest
Ist doch gut. Ich kann den Kerl nicht leiden.
Aber, weißt du, es gibt Gerüchte, dass er ein guter Sportler ist.
Und es gibt keine Basketballspieler. So ein Mist ...
Dieser schwarze Teufel ...?
onferenzraum
Leitung des Ballsport-Turniers
Also ...
Das 2. Jahr stellt die Schiedsrichter, den Punktestand notiert das 1. Jahr.
Überlegt euch bis übermorgen noch etwas ...
... für die Auswahllisten der Teammitglieder und das Infoheft zum Turnier ...!
Starr nicht so!
Was für energische Schüler aus dem 1. Jahr ...
Der ist für ein Mannschaftsturnier absolut ungeeignet!

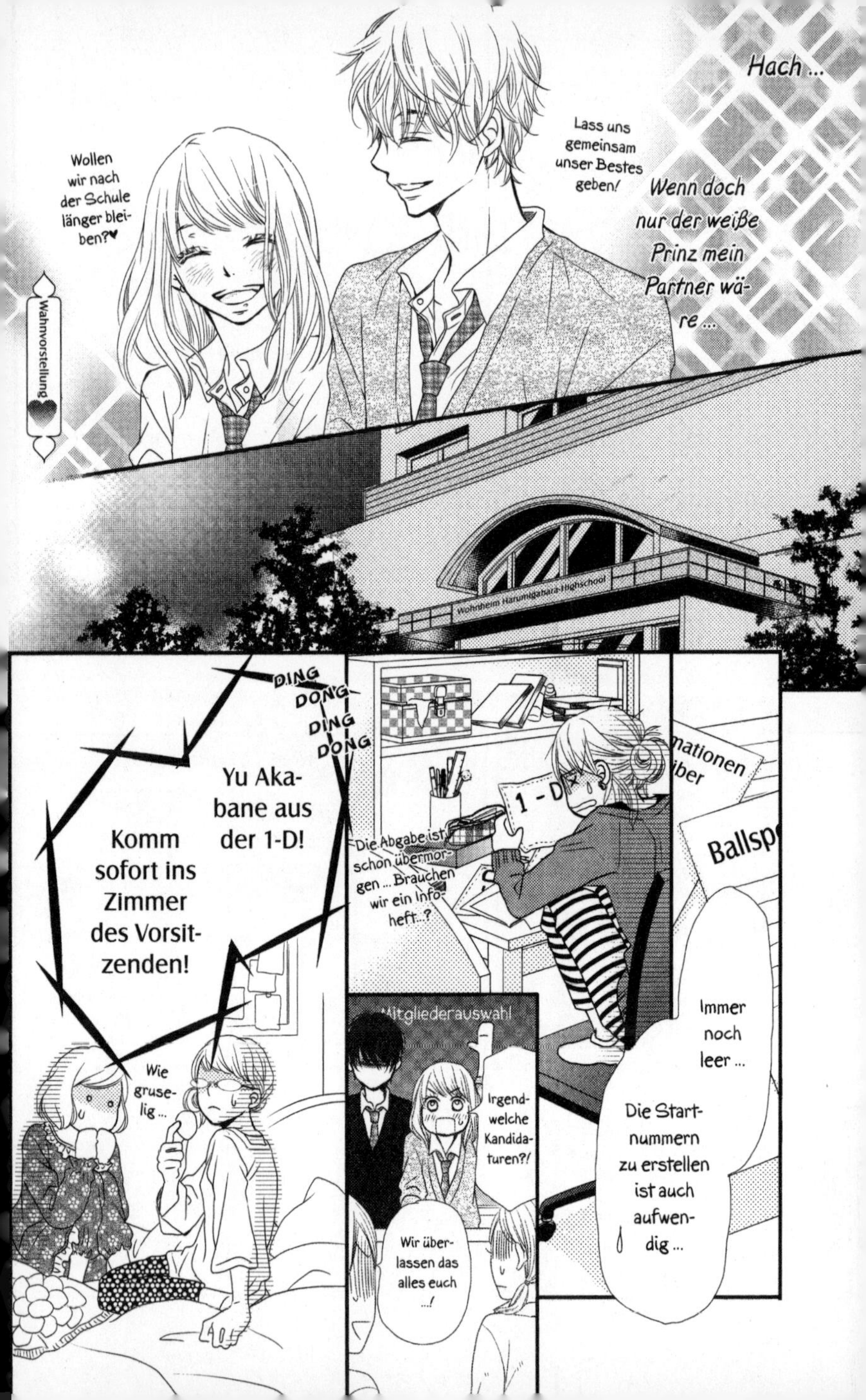

Hach ...
Lass uns gemeinsam unser Bestes geben!
Wollen wir nach der Schule länger blei-ben?♥
Wenn doch nur der weiße Prinz mein Partner wä-re ...
Wahnvorstellung
Wohnheim Harumigahara-Highschool
DING DONG DING DONG
Yu Aka-bane aus der 1-D!
Komm sofort ins Zimmer des Vorsit-zenden!
1-D
Die Abgabe ist schon übermor-gen ... Brauchen wir ein Info-heft ...?
Ballsp
Immer noch leer ...
Die Start-nummern zu erstellen ist auch aufwen-dig ...
Mitgliederauswahl
Irgend-welche Kandida-turen?!
Wir über-lassen das alles euch ...!
Wie gruse-lig ...

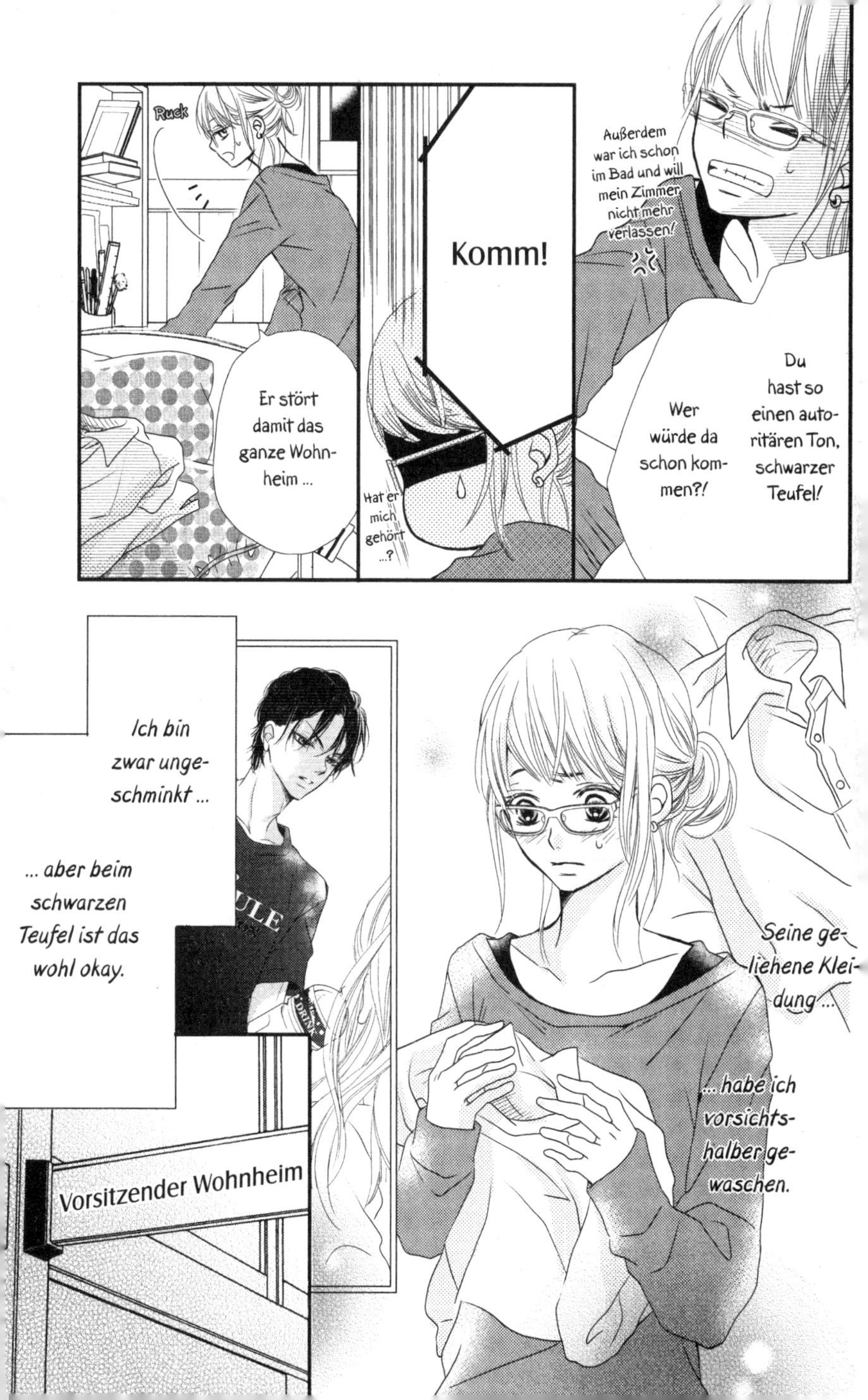
Außerdem war ich schon im Bad und will mein Zimmer nicht mehr verlassen!
Du hast so einen autoritären Ton, schwarzer Teufel!
Wer würde da schon kommen?!
Komm!
Hat er mich gehört ...?
Ruck
Er stört damit das ganze Wohnheim ...
Seine geliehene Kleidung ...
... habe ich vorsichtshalber gewaschen.
Ich bin zwar ungeschminkt ...
... aber beim schwarzen Teufel ist das wohl okay.
Vorsitzender Wohnheim

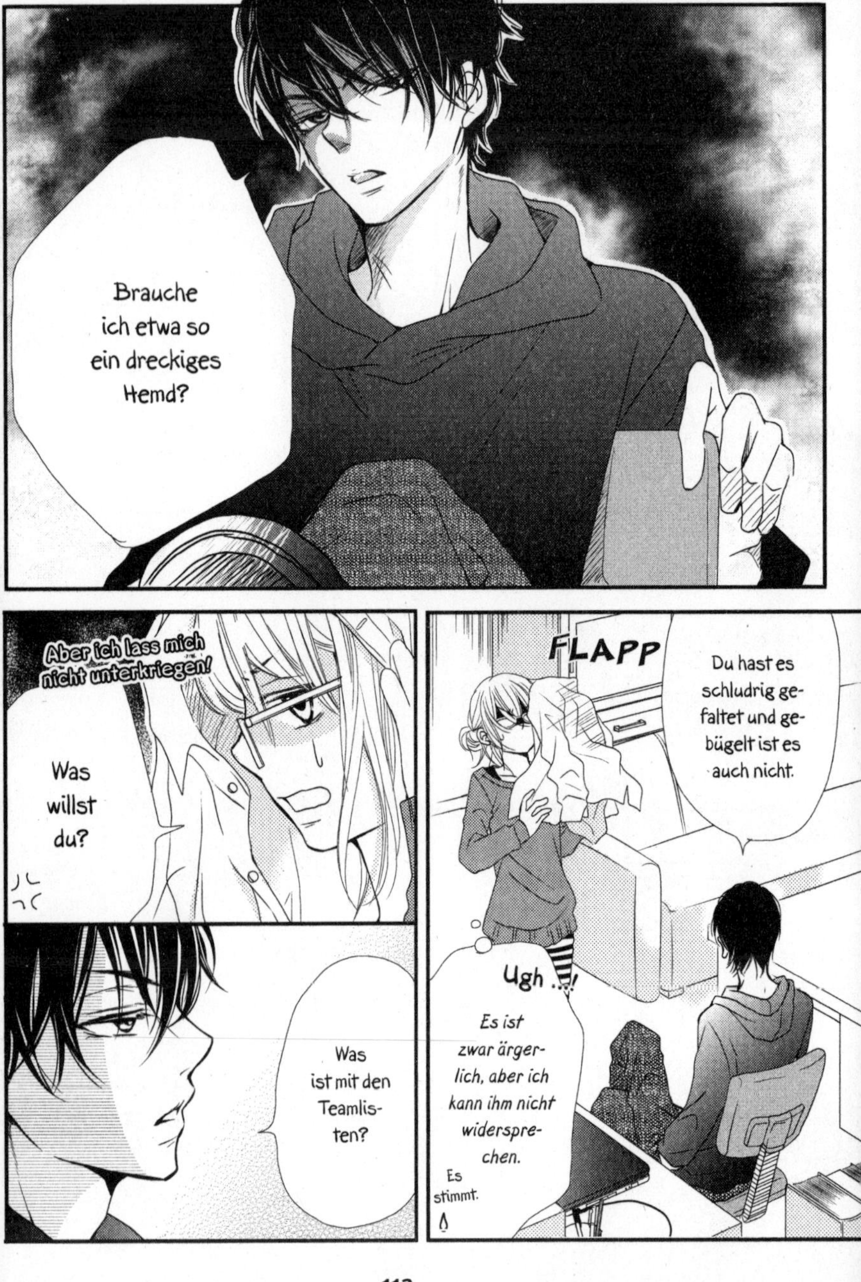
Brauche ich etwa so ein dreckiges Hemd?
FLAPP
Du hast es schludrig gefaltet und gebügelt ist es auch nicht.
Ugh ...!
Es ist zwar ärgerlich, aber ich kann ihm nicht widersprechen.
Es stimmt.
Aber ich lass mich nicht unterkriegen!
Was willst du?
Was ist mit den Teamlisten?

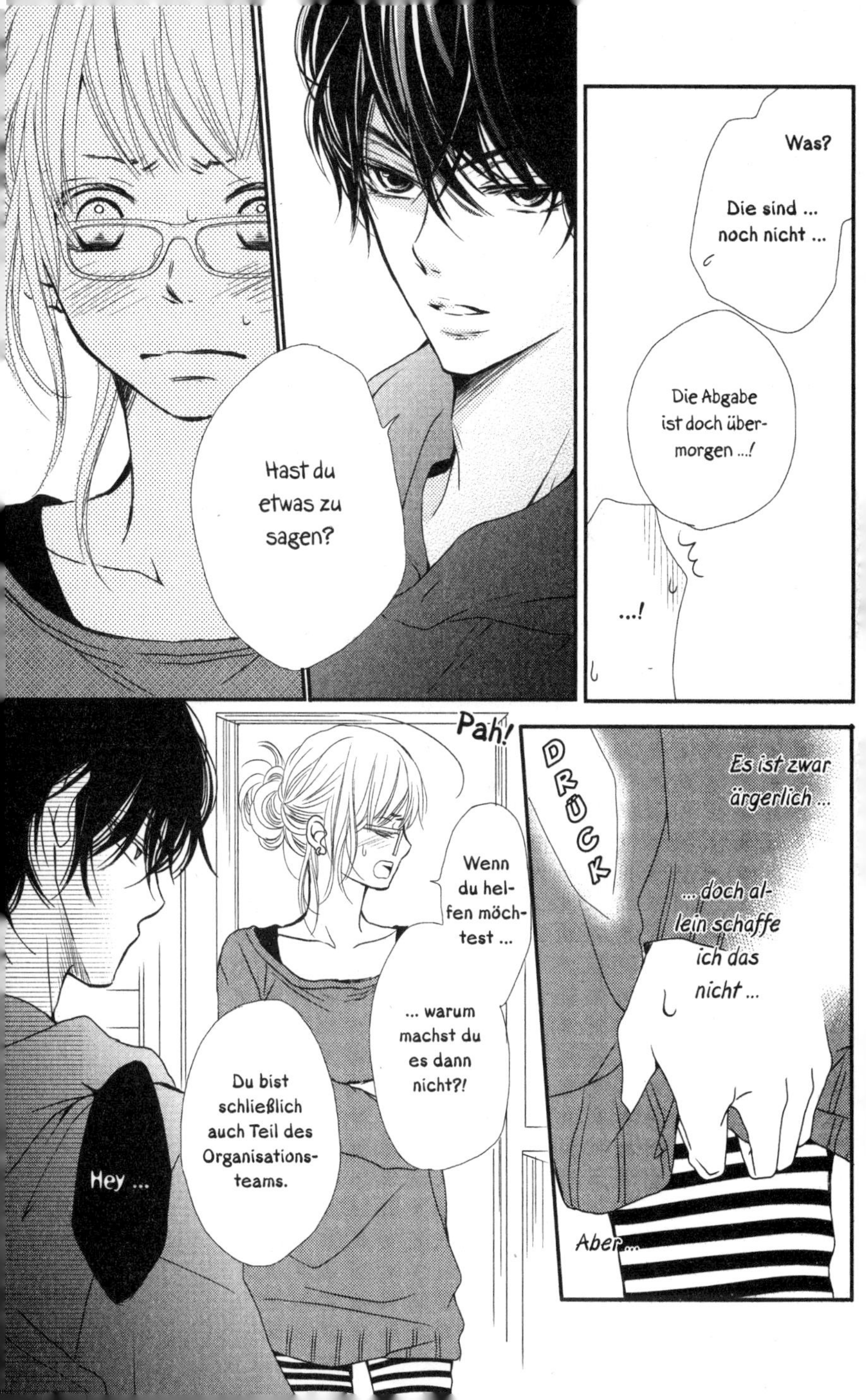
Was?
Die sind ... noch nicht ...
Die Abgabe ist doch übermorgen ...!
...!
Hast du etwas zu sagen?
DRÜCK
Es ist zwar ärgerlich ...
... doch allein schaffe ich das nicht ...
Aber ...
Pah!
Wenn du helfen möchtest ...
... warum machst du es dann nicht?!
Du bist schließlich auch Teil des Organisationsteams.
Hey ...

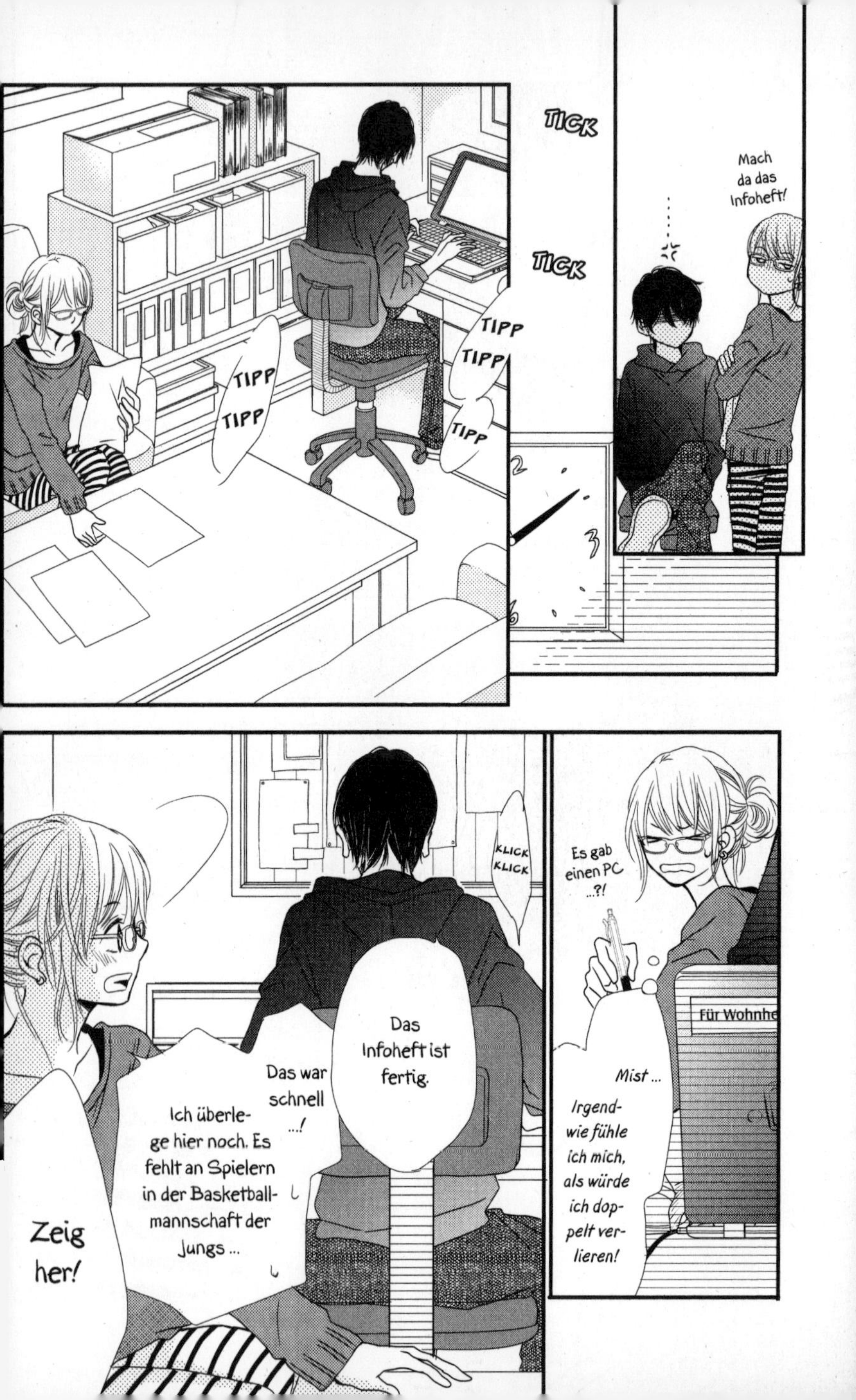

Mach da das Infoheft!
…
TICK
TICK
TIPP TIPP
TIPP
TIPP TIPP
Es gab einen PC …?!
Mist … Irgendwie fühle ich mich, als würde ich doppelt verlieren!
Für Wohnhe
KLICK KLICK
Das Infoheft ist fertig.
Das war schnell …!
Ich überlege hier noch. Es fehlt an Spielern in der Basketballmannschaft der Jungs …
Zeig her!

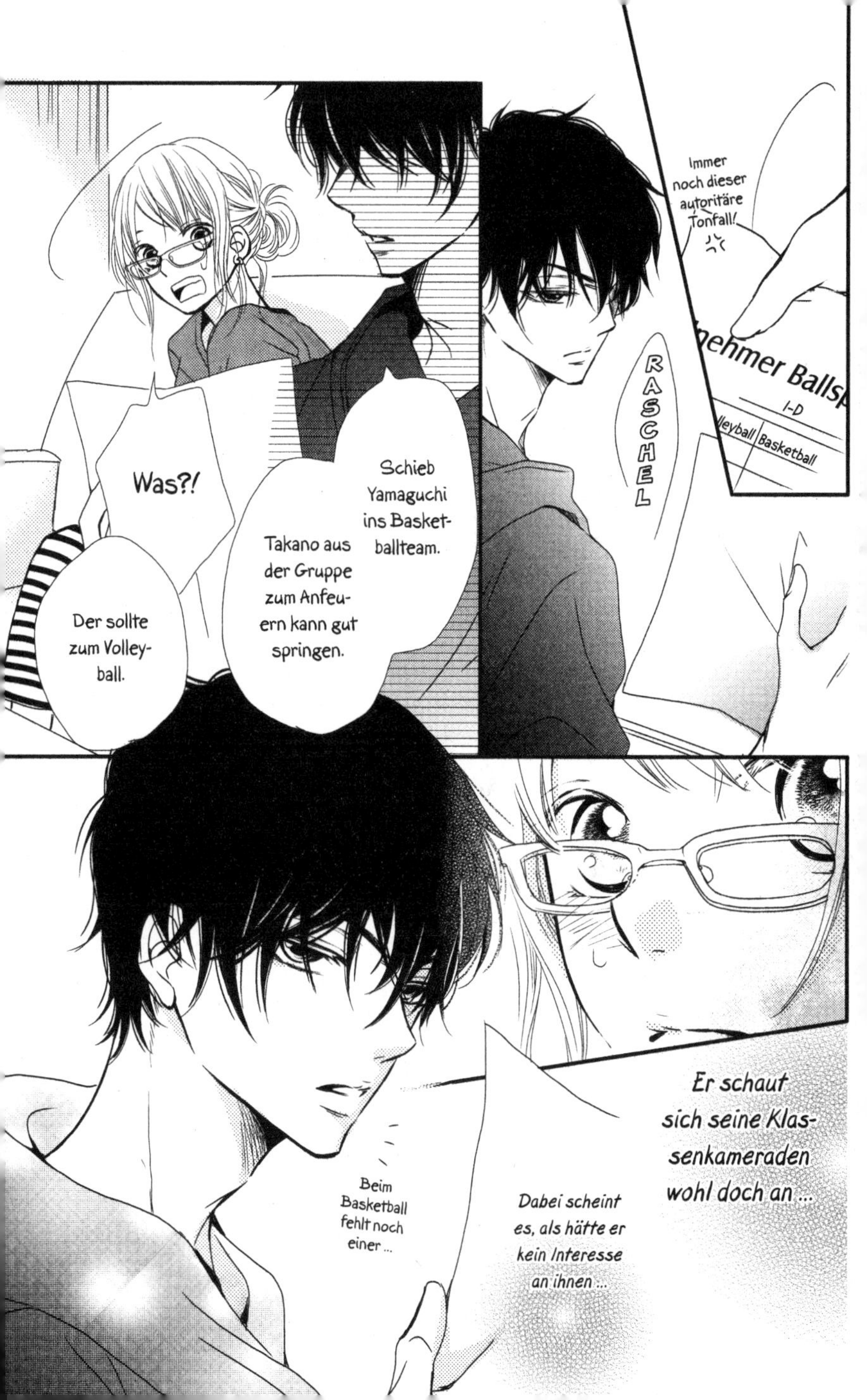

Immer noch dieser autoritäre Tonfall!
...nehmer Ballsp...
I-D
...lleyball
Basketball
RASCHEL
Schieb Yamaguchi ins Basketballteam.
Takano aus der Gruppe zum Anfeuern kann gut springen.
Was?!
Der sollte zum Volleyball.
Er schaut sich seine Klassenkameraden wohl doch an ...
Dabei scheint es, als hätte er kein Interesse an ihnen ...
Beim Basketball fehlt noch einer ...

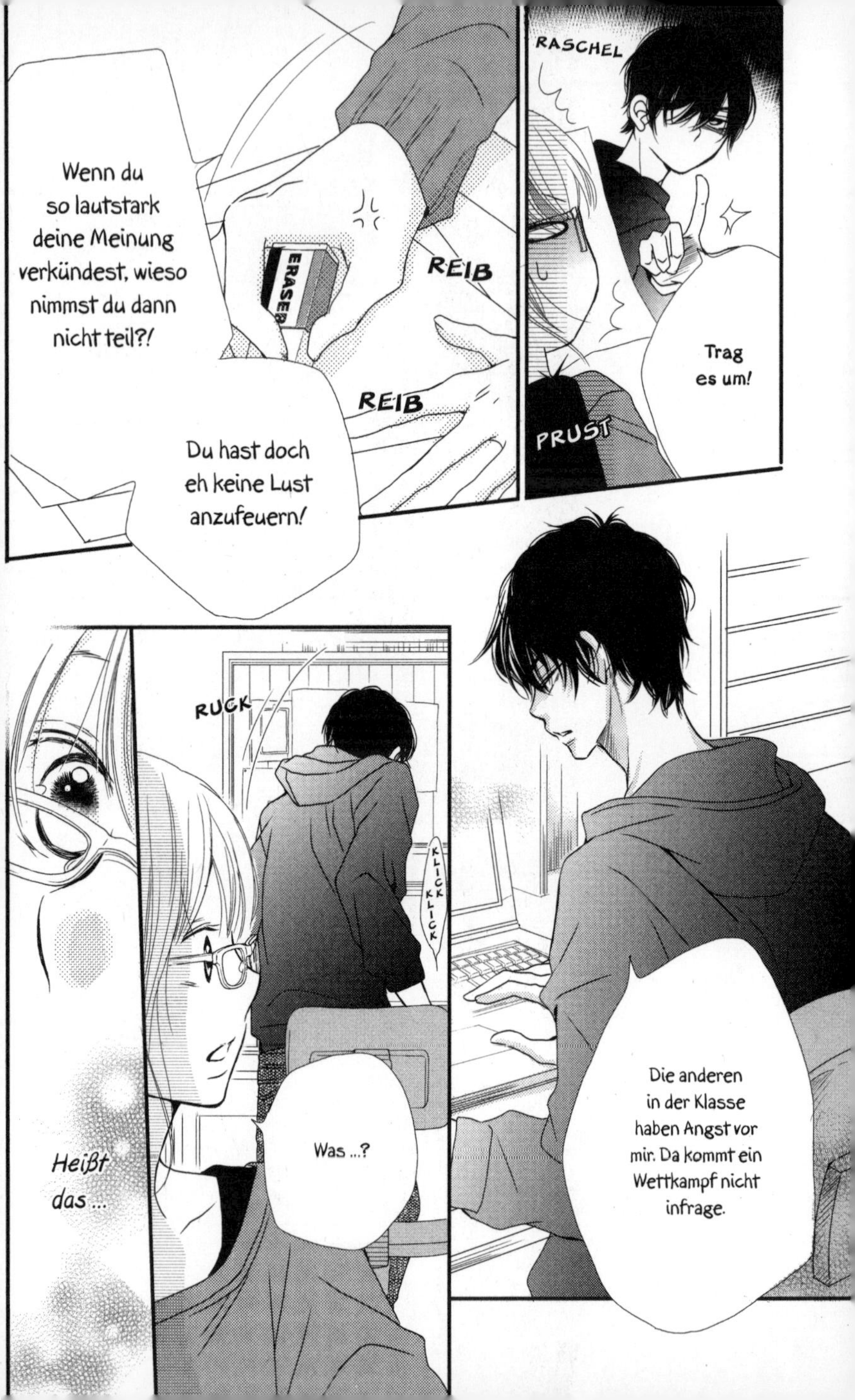
RASCHEL
Trag es um!
PRUST
Wenn du so lautstark deine Meinung verkündest, wieso nimmst du dann nicht teil?!
ERASER
REIB
REIB
Du hast doch eh keine Lust anzufeuern!
Die anderen in der Klasse haben Angst vor mir. Da kommt ein Wettkampf nicht infrage.
RUCK
KLICK KLICK
Was ...?
Heißt das ...

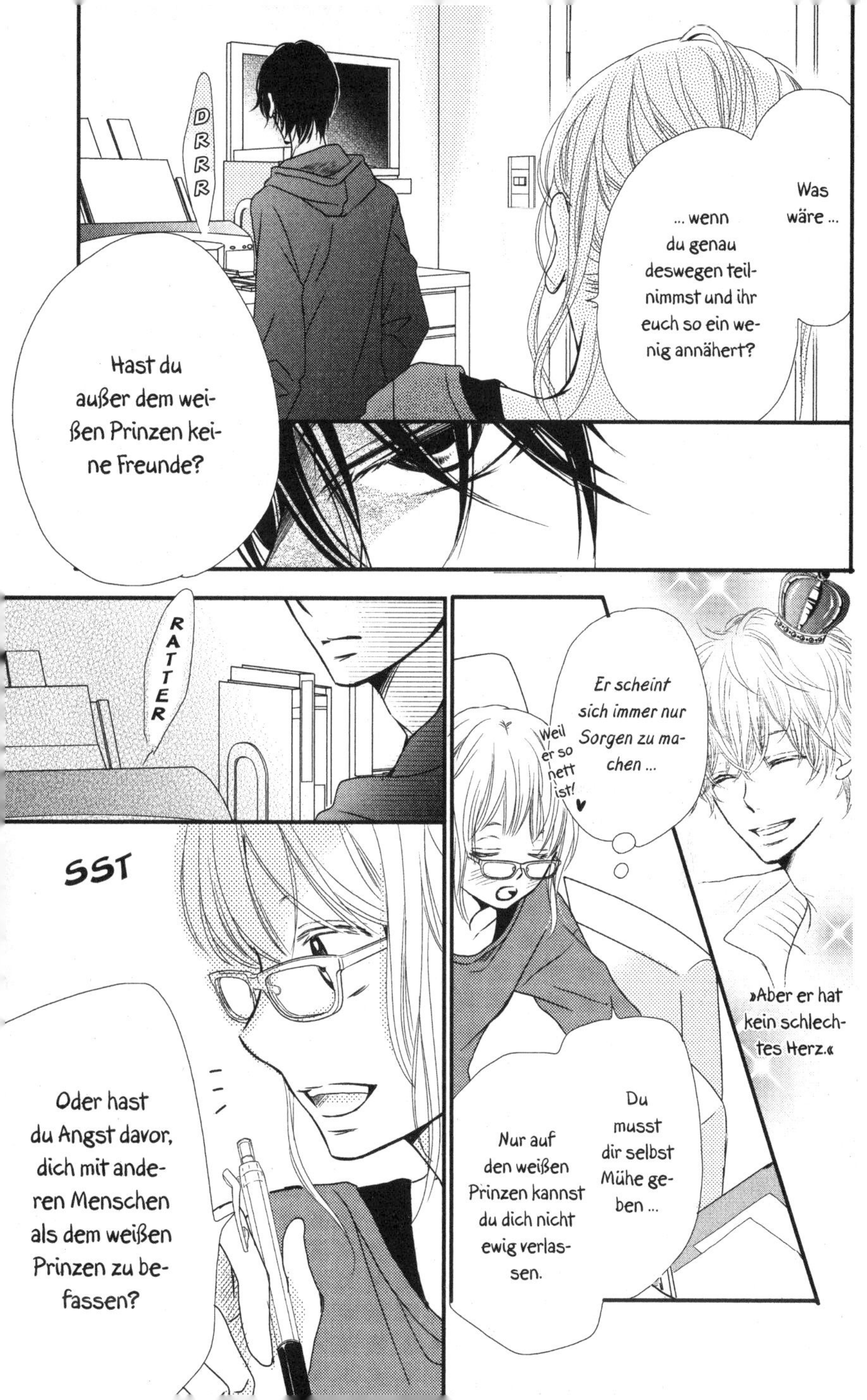

Was wäre ...
... wenn du genau deswegen teilnimmst und ihr euch so ein wenig annähert?
DRRRR
Hast du außer dem weißen Prinzen keine Freunde?
Er scheint sich immer nur Sorgen zu machen ...
Weil er so nett ist!
»Aber er hat kein schlechtes Herz.«
RATTER
SST
Du musst dir selbst Mühe geben ...
Nur auf den weißen Prinzen kannst du dich nicht ewig verlassen.
Oder hast du Angst davor, dich mit anderen Menschen als dem weißen Prinzen zu befassen?

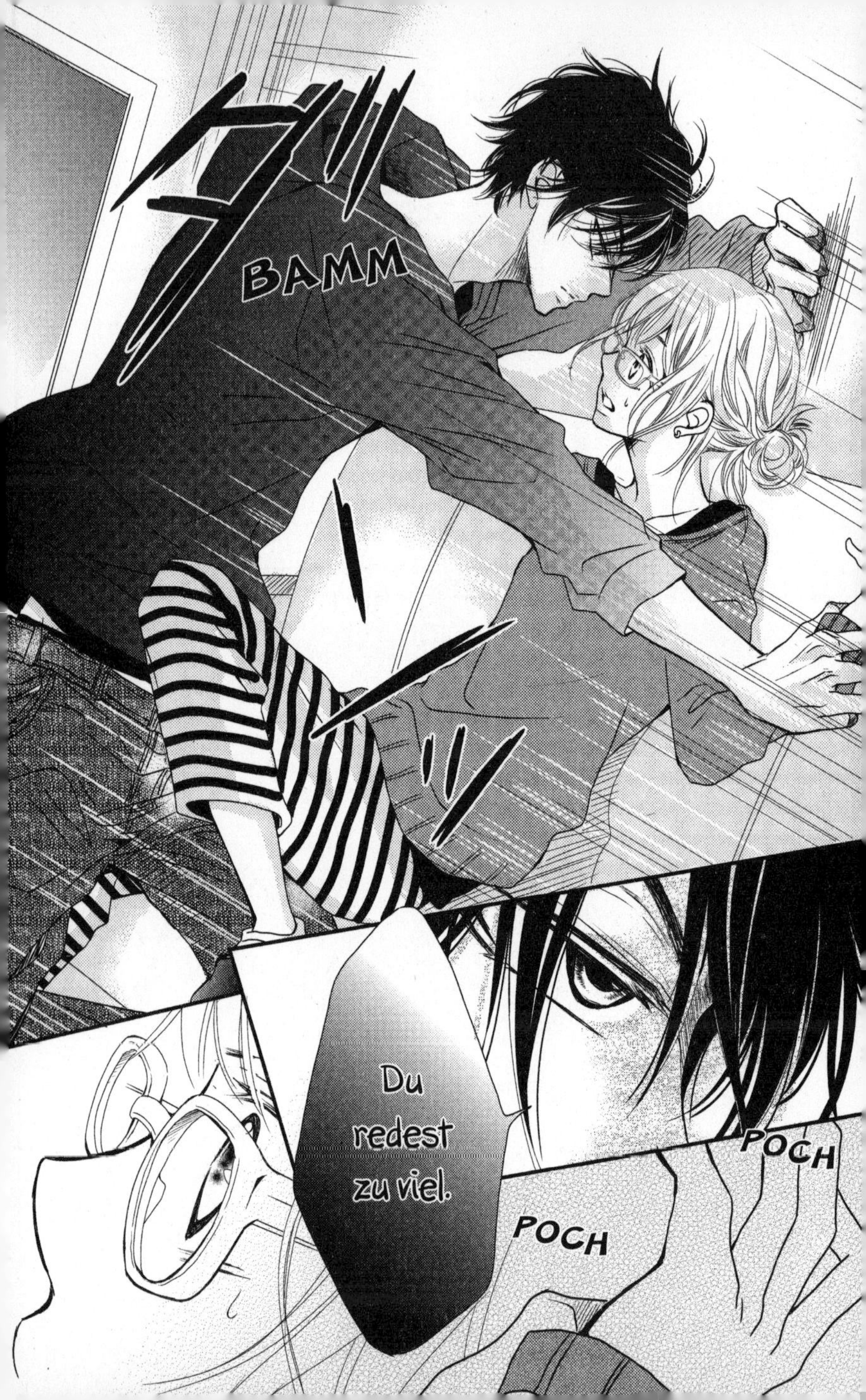
BAMM
Du redest zu viel.
POCH
POCH

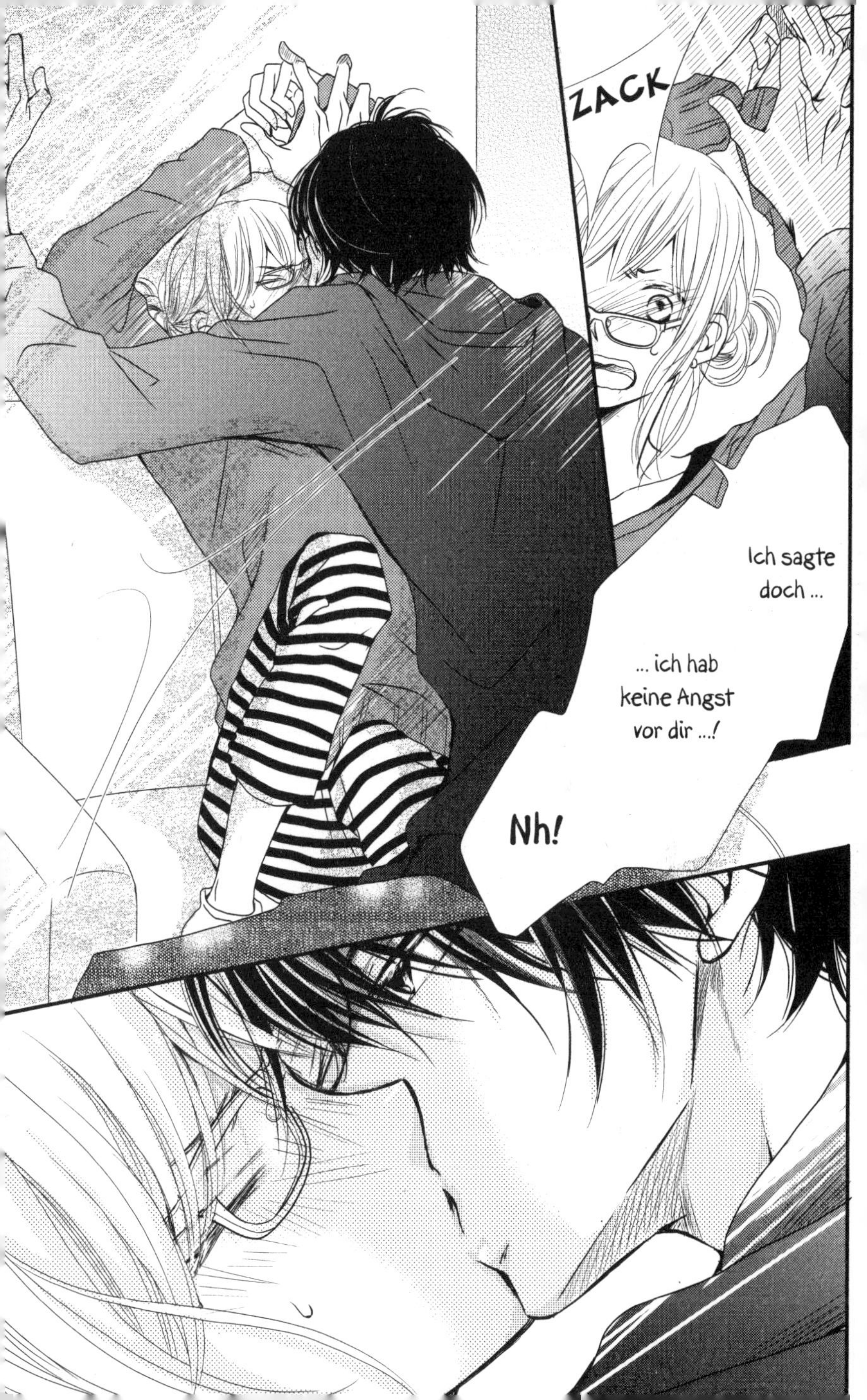
ZACK
Ich sagte doch ...
... ich hab keine Angst vor dir ...!
Nh!

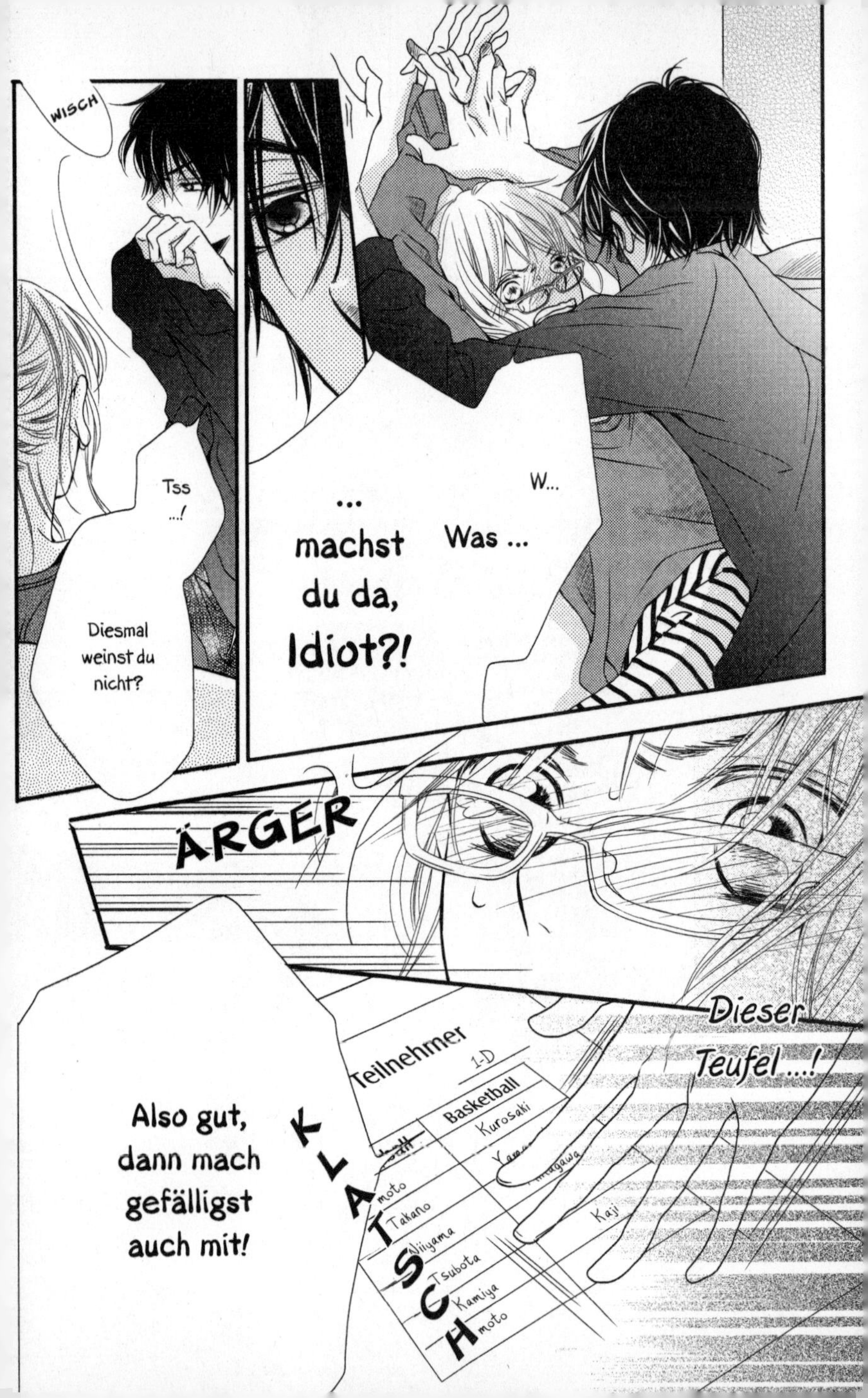
W...
Was ...
... machst du da, Idiot?!
WISCH
Tss ...!
Diesmal weinst du nicht?
ÄRGER
Dieser Teufel ...!
Also gut, dann mach gefälligst auch mit!
KLATSCH
Teilnehmer
1-D
Basketball
Kurosaki
Takano
Tsubota
Kamiya
Kaji

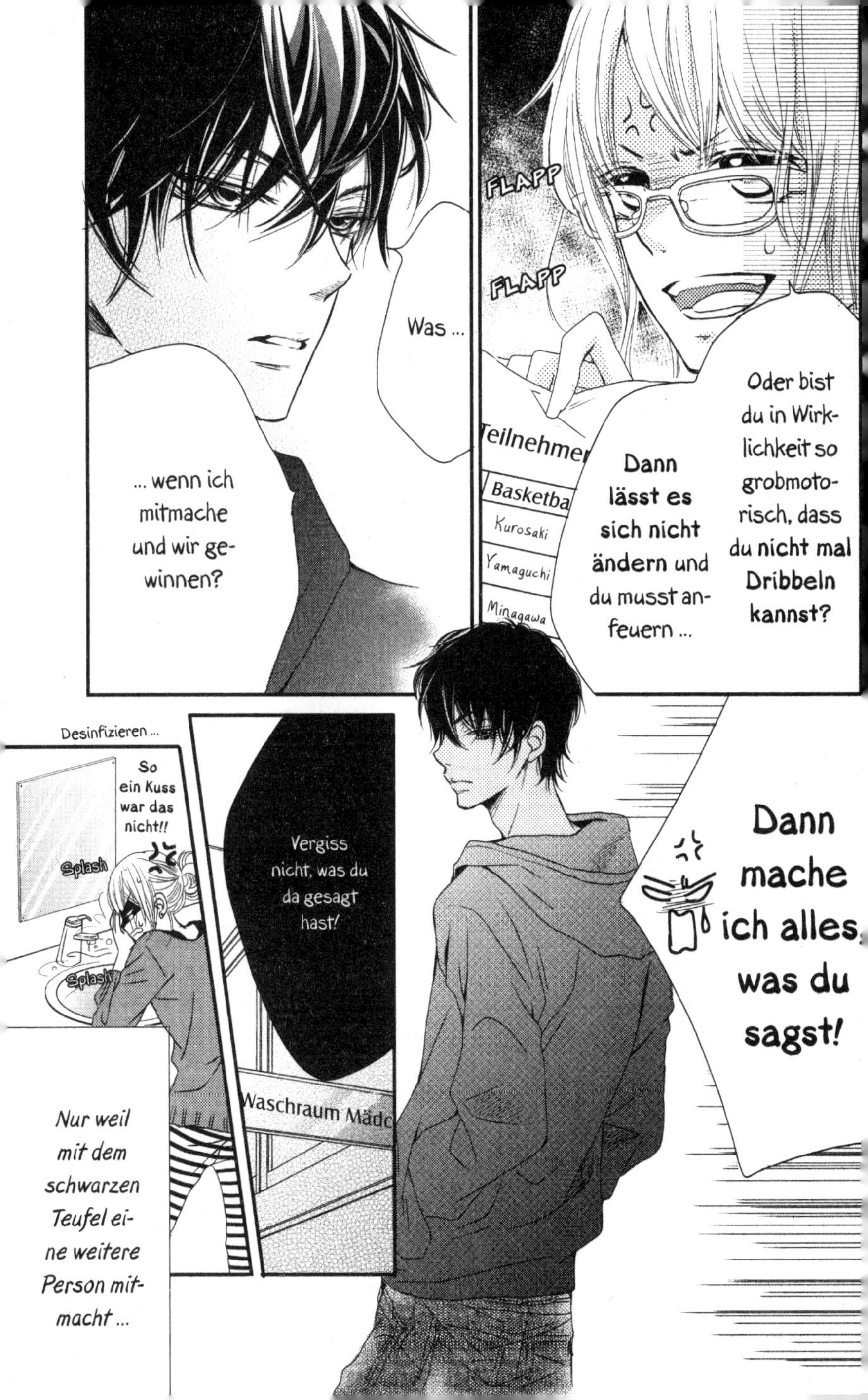
FLAPP
FLAPP
Oder bist du in Wirklichkeit so grobmotorisch, dass du nicht mal Dribbeln kannst?
Dann lässt es sich nicht ändern und du musst anfeuern ...
Teilnehmer
Basketba
Kurosaki
Yamaguchi
Minagawa
Was ...
... wenn ich mitmache und wir gewinnen?
Dann mache ich alles, was du sagst!
Vergiss nicht, was du da gesagt hast!
Waschraum Mädc
Desinfizieren ...
So ein Kuss war das nicht!!
Splash
Splash
Nur weil mit dem schwarzen Teufel eine weitere Person mitmacht ...

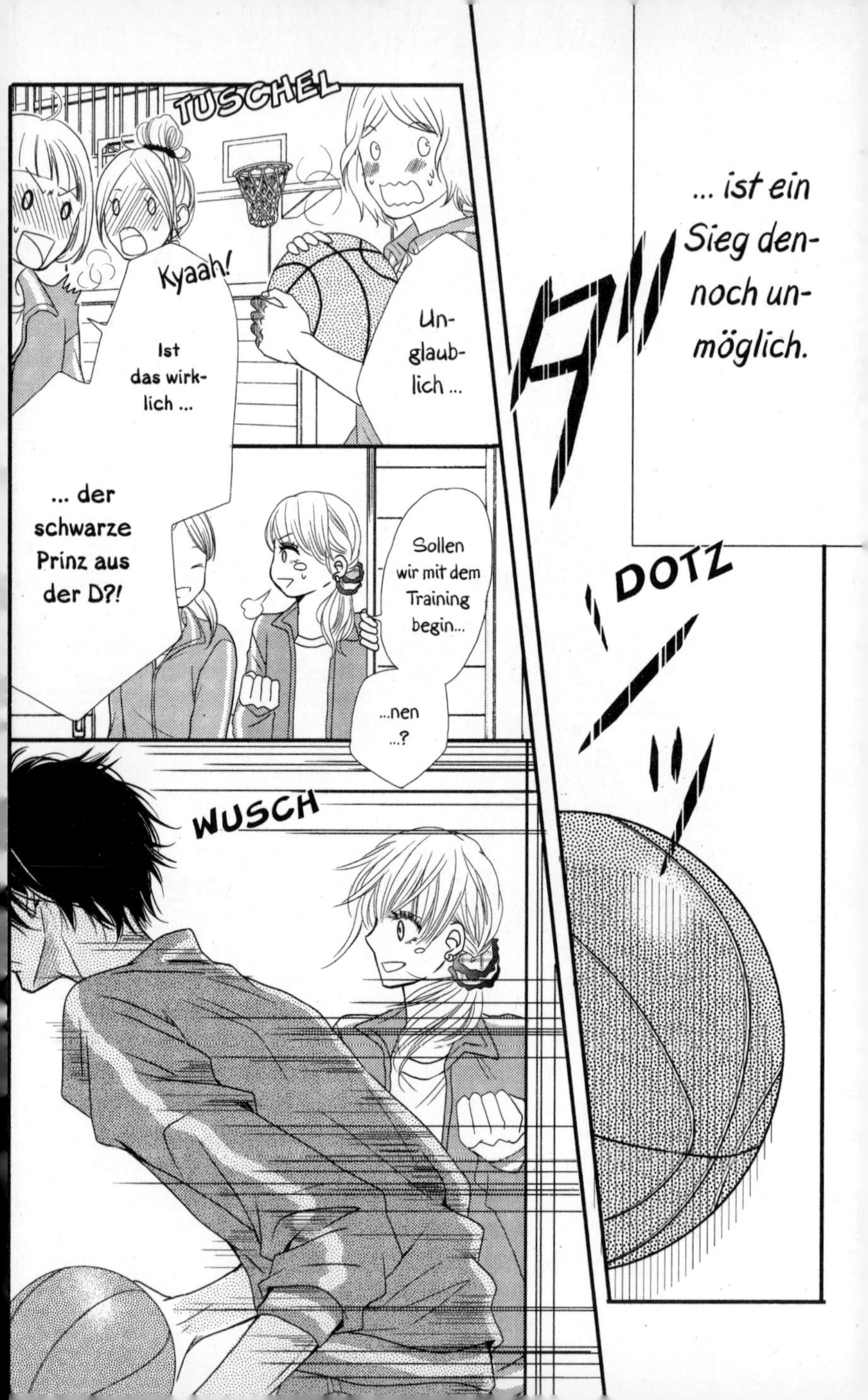

... ist ein Sieg dennoch unmöglich.
DOTZ
TUSCHEL
Unglaublich ...
Kyaah!
Ist das wirklich ...
... der schwarze Prinz aus der D?!
Sollen wir mit dem Training begin...
...nen ...?
WUSCH

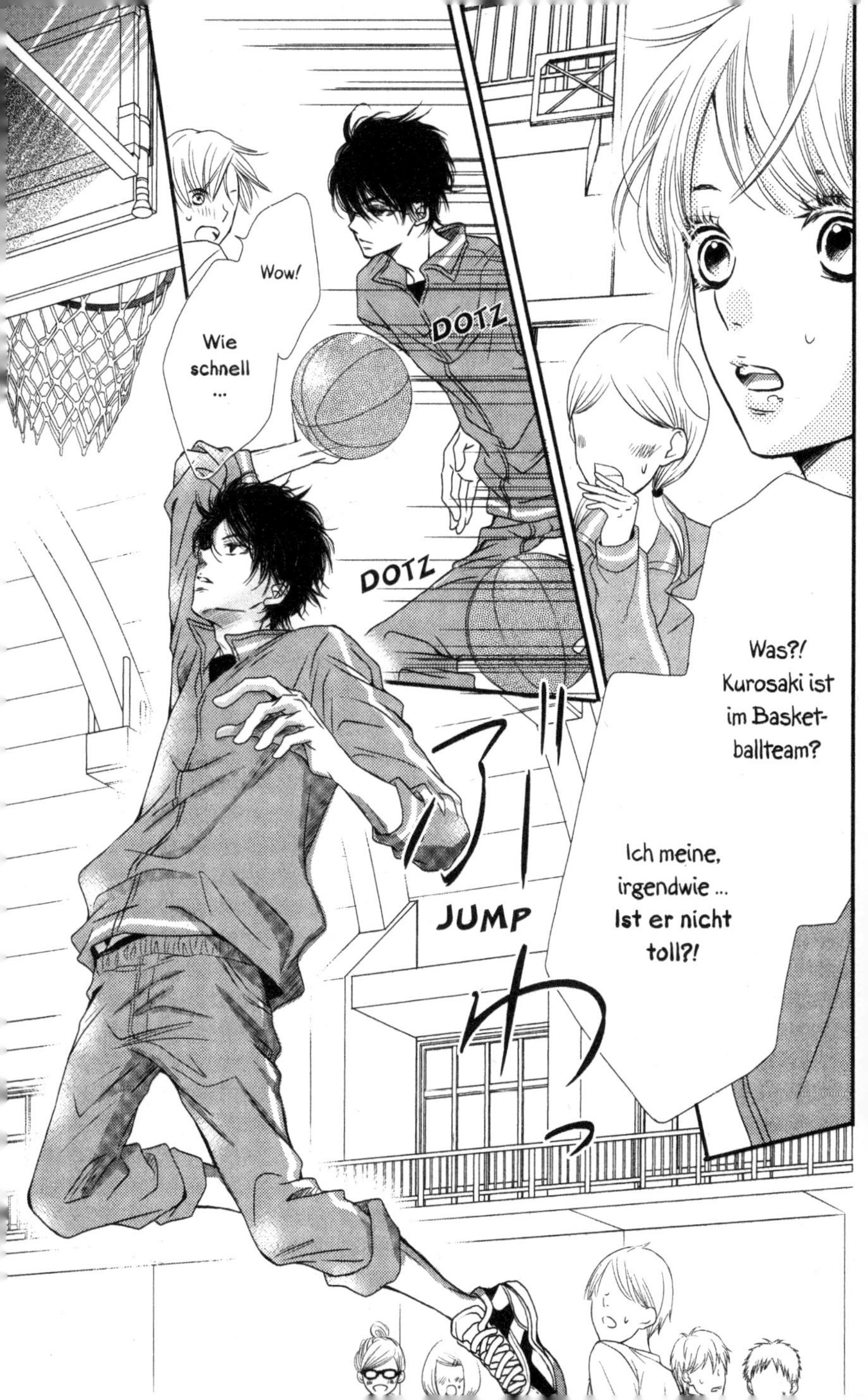
Was?! Kurosaki ist im Basketballteam?
Ich meine, irgendwie ... Ist er nicht toll?!
Wow!
Wie schnell ...
DOTZ
DOTZ
JUMP

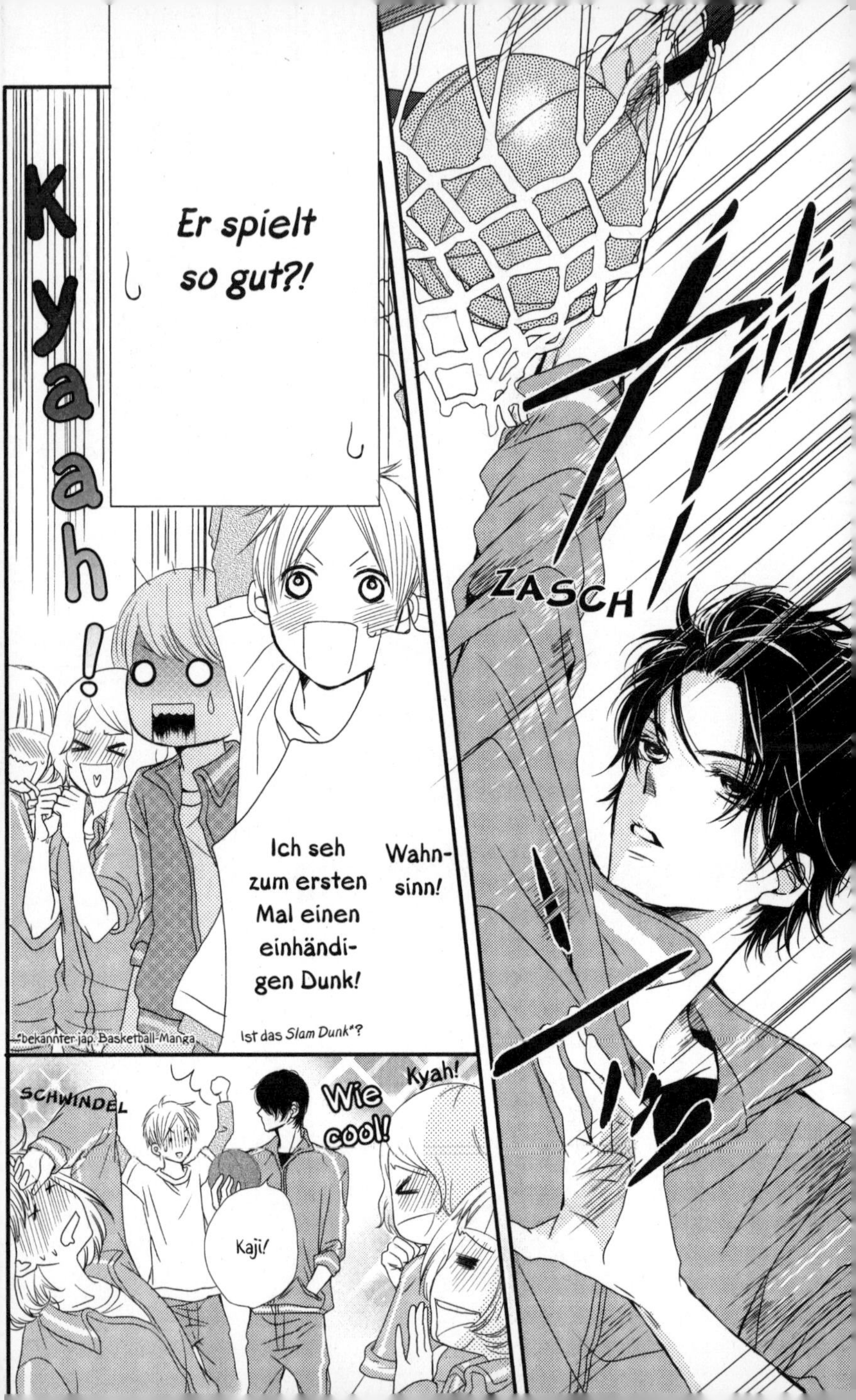
ZASCH
Er spielt so gut?!
Kyaah!
Wahnsinn!
Ich seh zum ersten Mal einen einhändigen Dunk!
Ist das Slam Dunk*?
*bekannter jap. Basketball-Manga
Kyah!
Wie cool!
Kaji!
SCHWINDEL

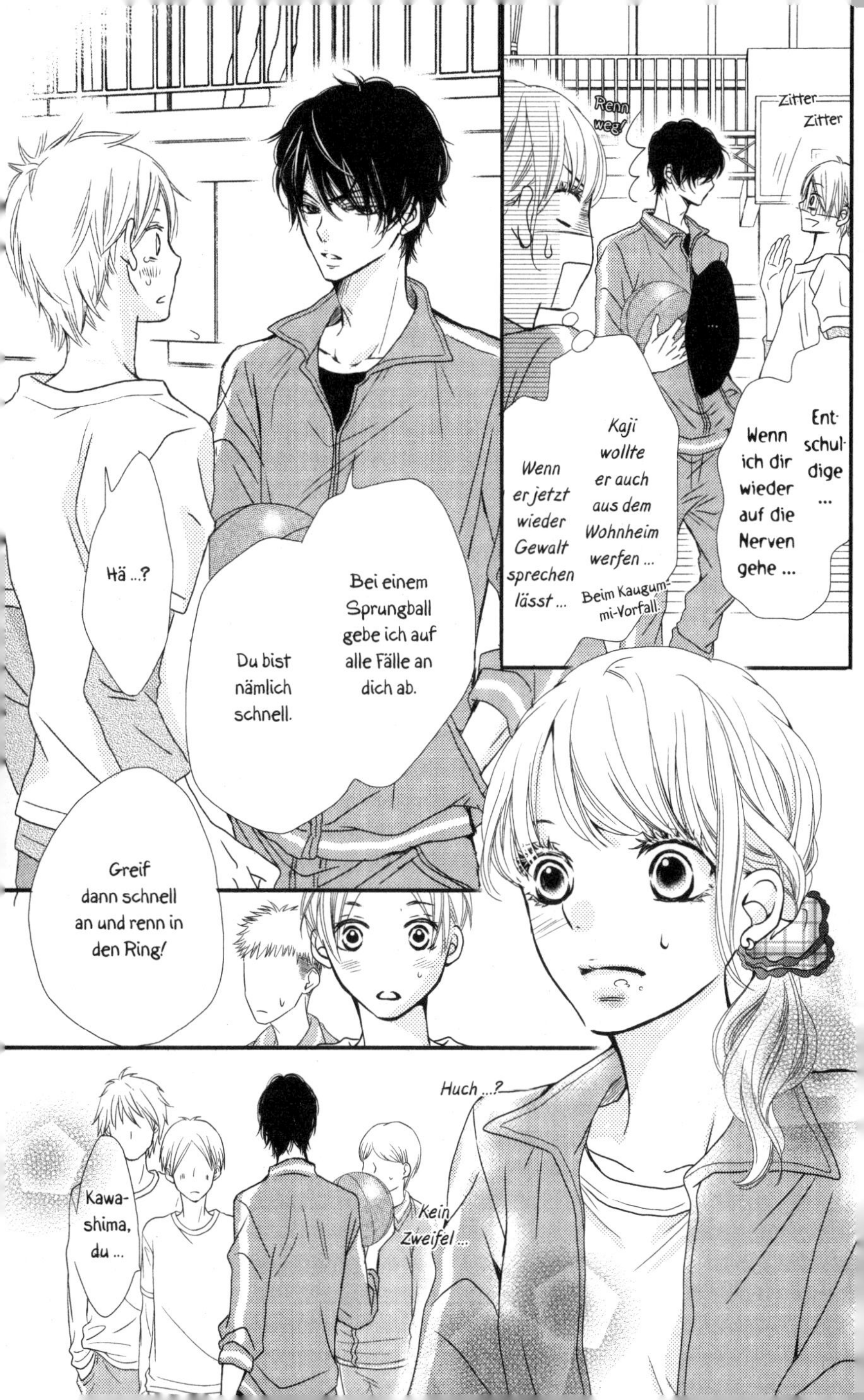

Zitter
Zitter
Renn weg!
Ent-schul-dige ...
Wenn ich dir wieder auf die Nerven gehe ...
Kaji wollte er auch aus dem Wohnheim werfen ...
Beim Kaugummi-Vorfall.
Wenn er jetzt wieder Gewalt sprechen lässt ...
Bei einem Sprungball gebe ich auf alle Fälle an dich ab.
Du bist nämlich schnell.
Hä ...?
Greif dann schnell an und renn in den Ring!
Huch ...?
Kein Zweifel ...
Kawa-shima, du ...

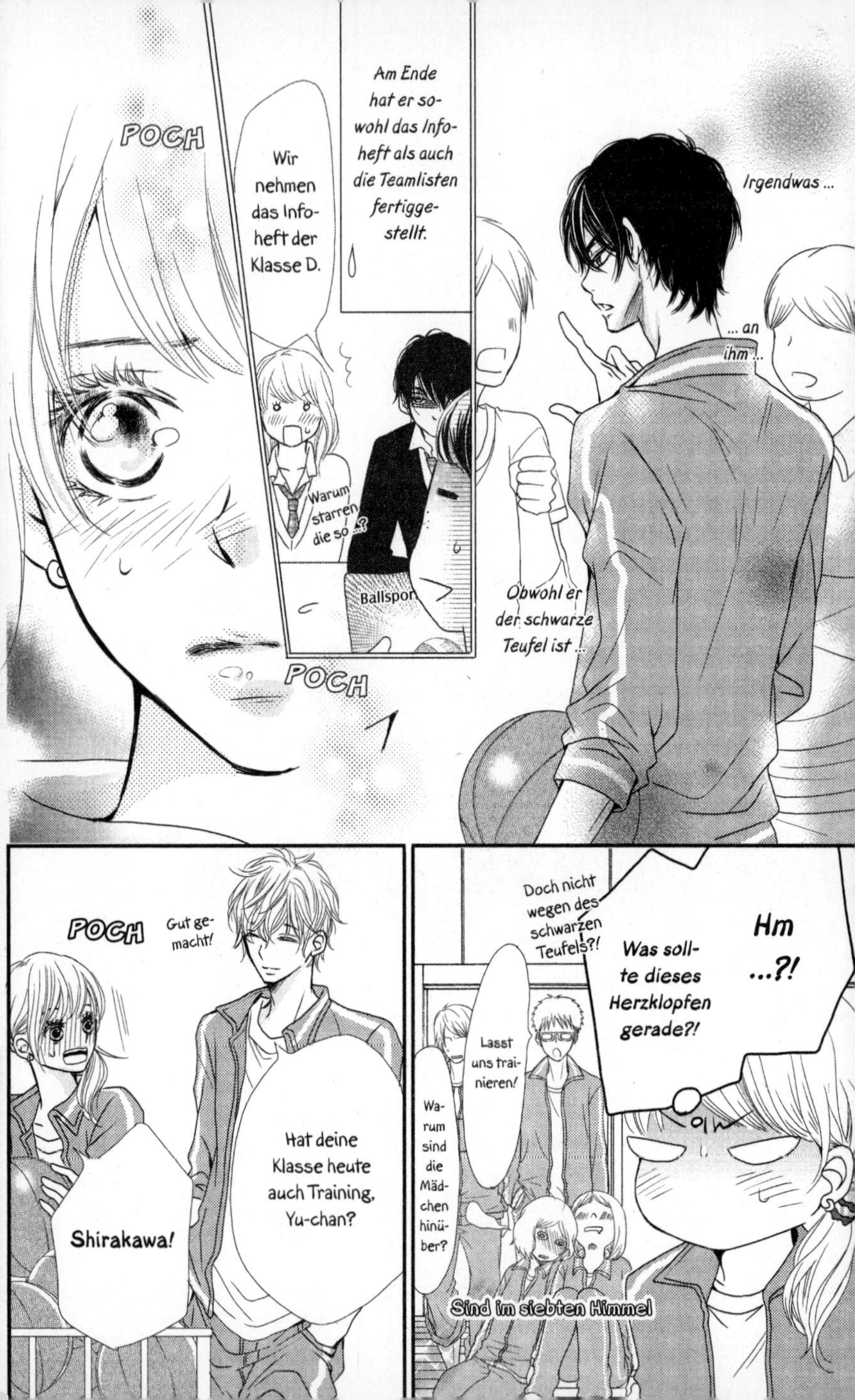
Irgendwas ...
... an ihm ...
Obwohl er der schwarze Teufel ist ...
Am Ende hat er sowohl das Infoheft als auch die Teamlisten fertiggestellt.
Wir nehmen das Infoheft der Klasse D.
Warum starren die so ...?
Ballspor
POCH
POCH
Hm ...?!
Was sollte dieses Herzklopfen gerade?!
Doch nicht wegen des schwarzen Teufels?!
Lasst uns trainieren!
Warum sind die Mädchen hinüber?
Sind im siebten Himmel
Hat deine Klasse heute auch Training, Yu-chan?
Gut gemacht!
POCH
Shirakawa!

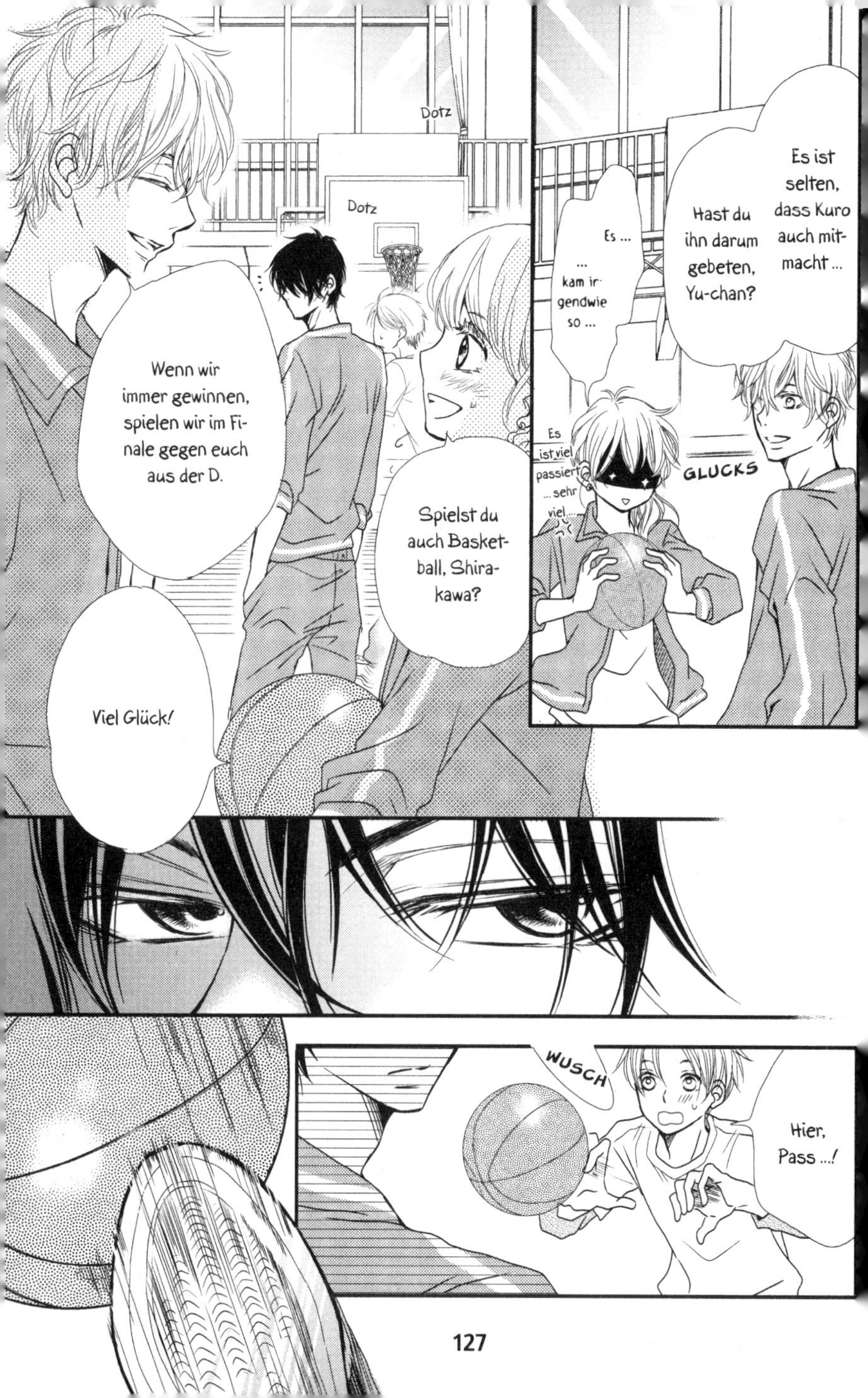
Es ist selten, dass Kuro auch mitmacht ...
Hast du ihn darum gebeten, Yu-chan?
Es ...
... kam irgendwie so ...
GLUCKS
Es ist viel passiert ... sehr viel ...
Dotz
Dotz
Spielst du auch Basketball, Shirakawa?
Wenn wir immer gewinnen, spielen wir im Finale gegen euch aus der D.
Viel Glück!
WUSCH
Hier, Pass ...!

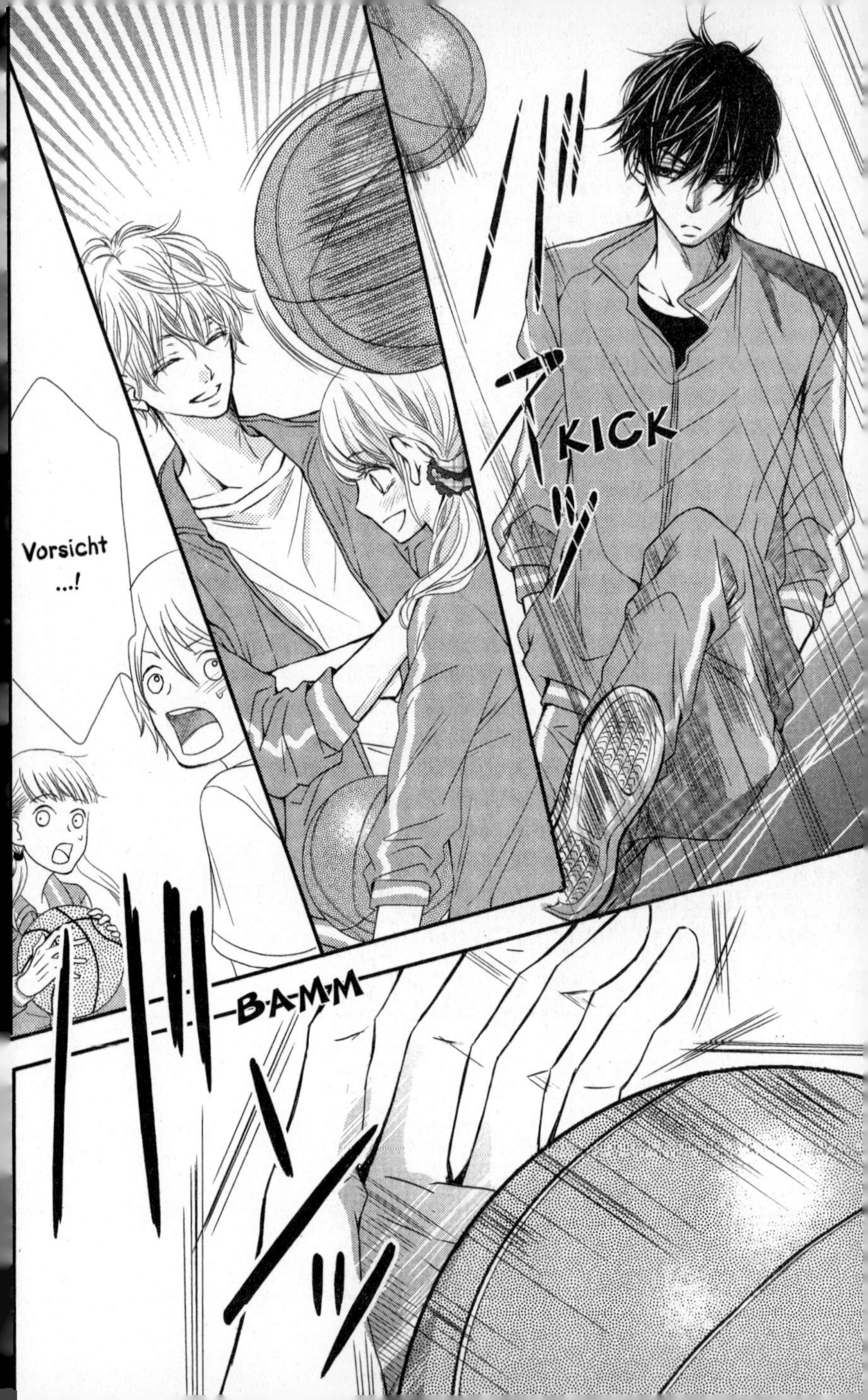
KICK
Vorsicht ...!
BAMM

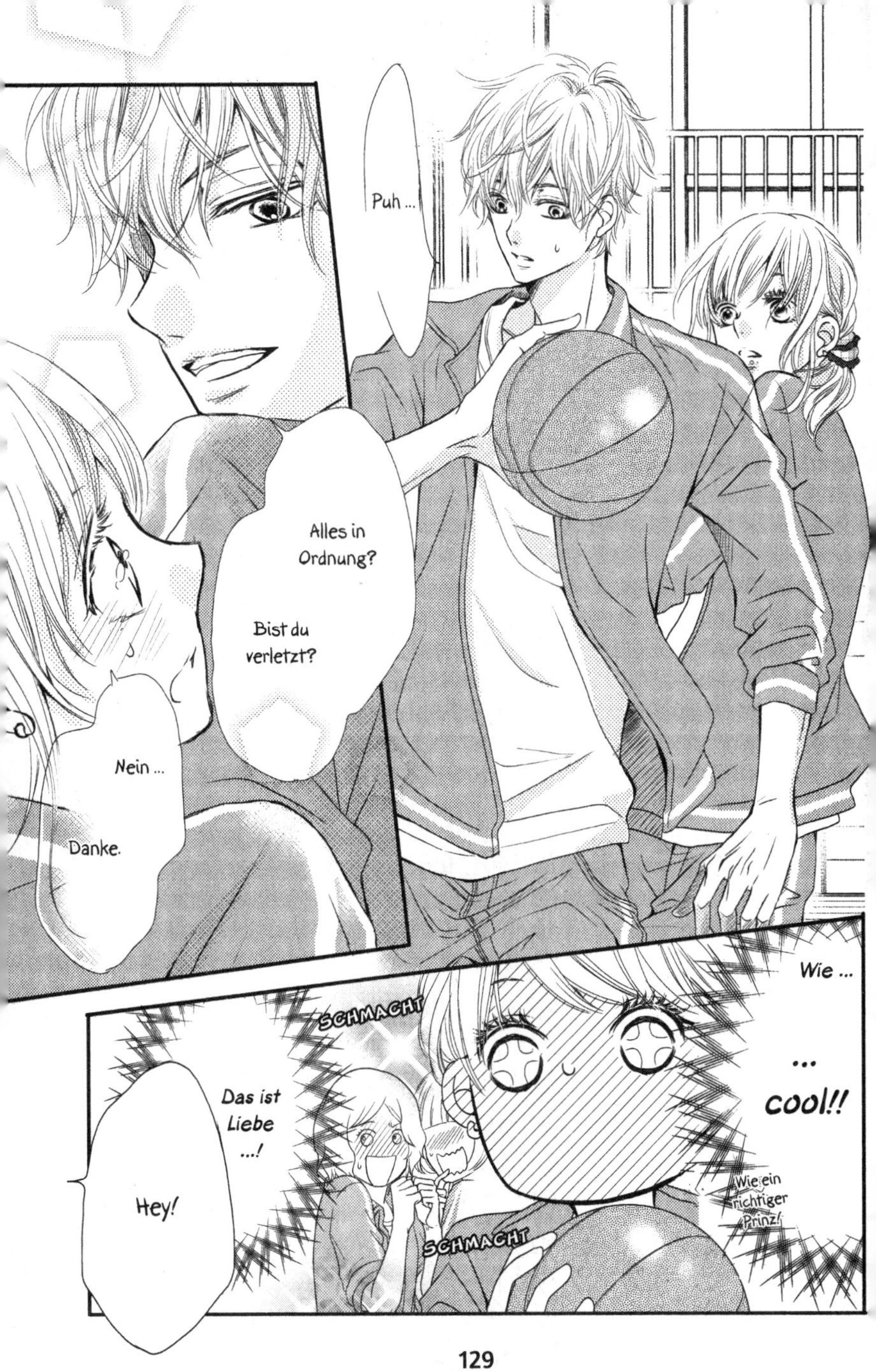
Puh ...
Alles in Ordnung?
Bist du verletzt?
Nein ...
Danke.
Wie ...
... cool!!
Wie ein richtiger Prinz!
SCHMACHT
SCHMACHT
Das ist Liebe ...!
Hey!

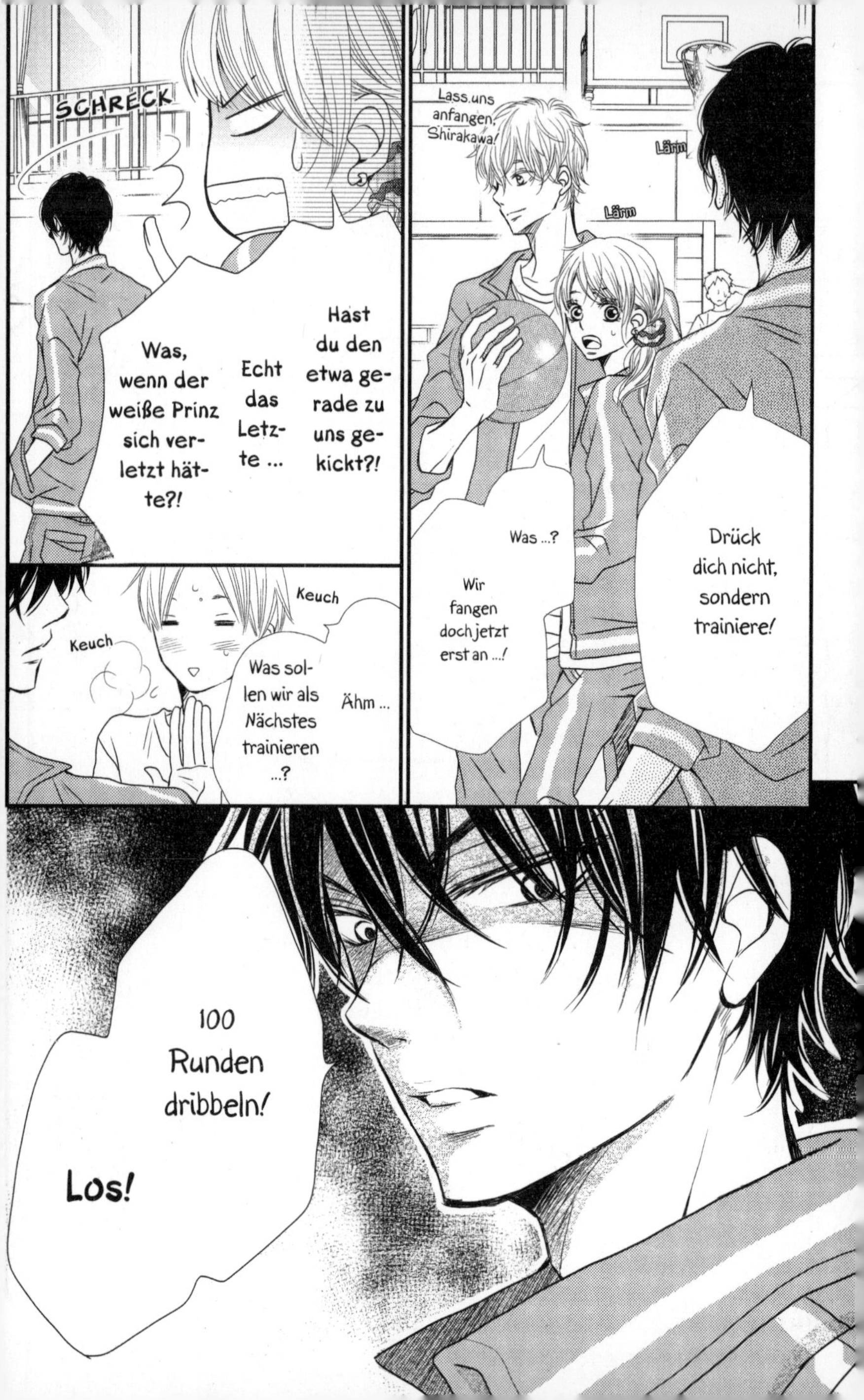
Lass uns anfangen, Shirakawa!
Lärm
Lärm
Drück dich nicht, sondern trainiere!
Was ...?
Wir fangen doch jetzt erst an ...!
SCHRECK
Hast du den etwa gerade zu uns gekickt?!
Echt das Letzte ...
Was, wenn der weiße Prinz sich verletzt hätte?!
Keuch
Ähm ...
Was sollen wir als Nächstes trainieren ...?
Keuch
100 Runden dribbeln!
Los!

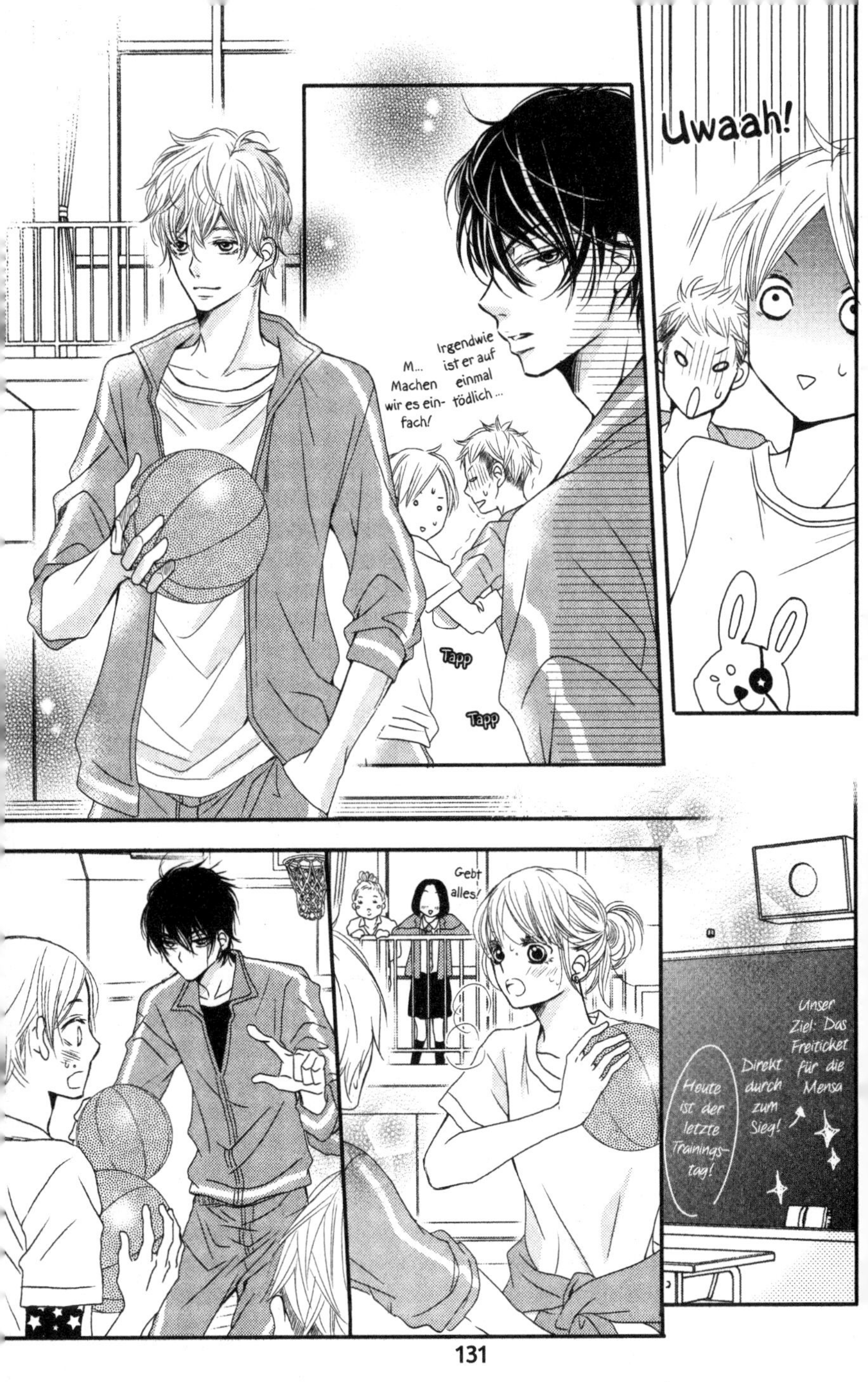

Uwaah!
Irgendwie ist er auf einmal tödlich ...
M... Machen wir es einfach!
Tapp
Tapp
Unser Ziel: Das Freiticket für die Mensa
Direkt durch zum Sieg!
Heute ist der letzte Trainingstag!
Gebt alles!

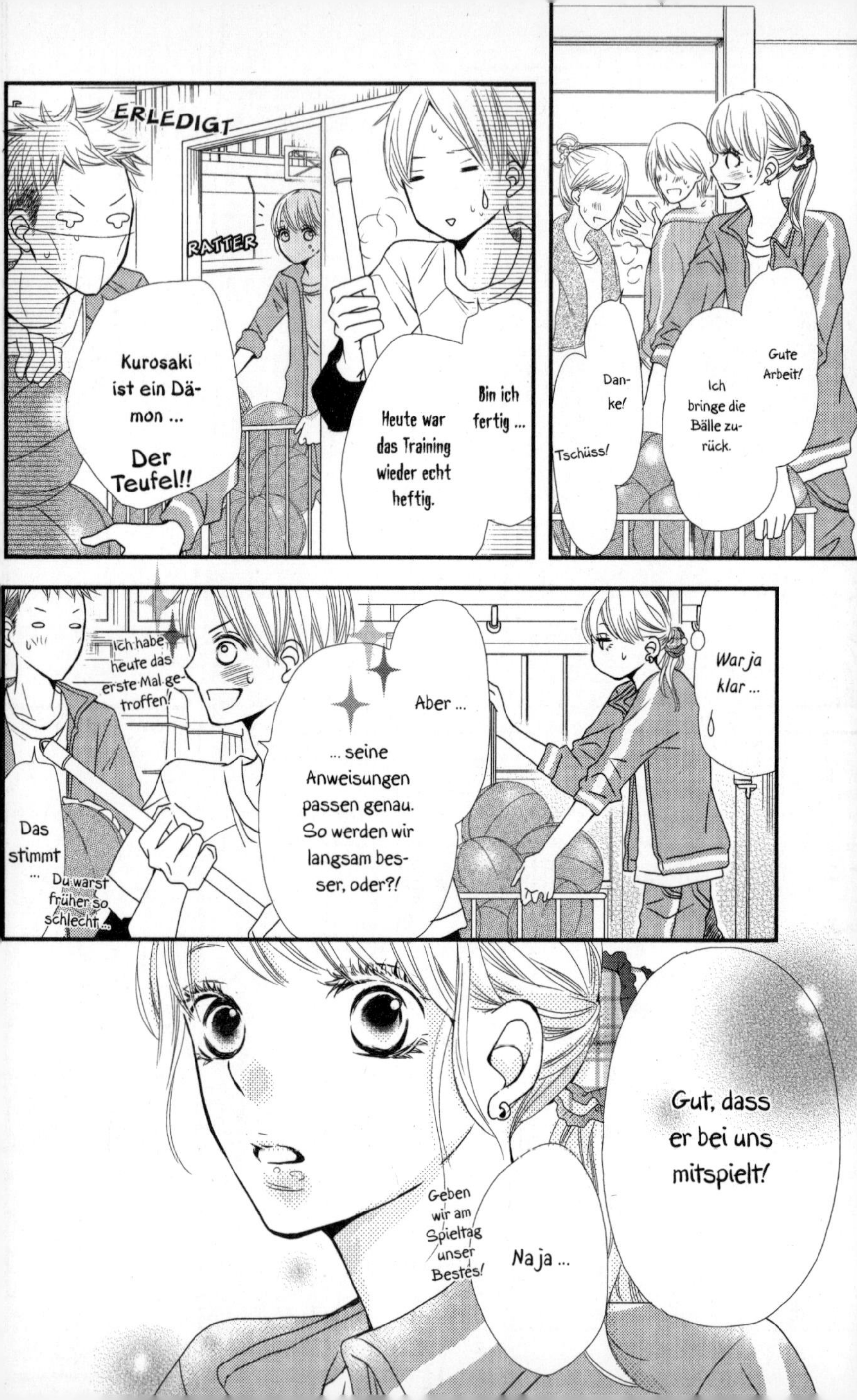
Gute Arbeit!
Ich bringe die Bälle zurück.
Danke!
Tschüss!
Bin ich fertig ...
Heute war das Training wieder echt heftig.
ERLEDIGT
RATTER
Kurosaki ist ein Dämon ...
Der Teufel!!
War ja klar ...
Aber ...
... seine Anweisungen passen genau. So werden wir langsam besser, oder?!
Ich habe heute das erste Mal getroffen!
Das stimmt ...
Du warst früher so schlecht ...
Gut, dass er bei uns mitspielt!
Na ja ...
Geben wir am Spieltag unser Bestes!

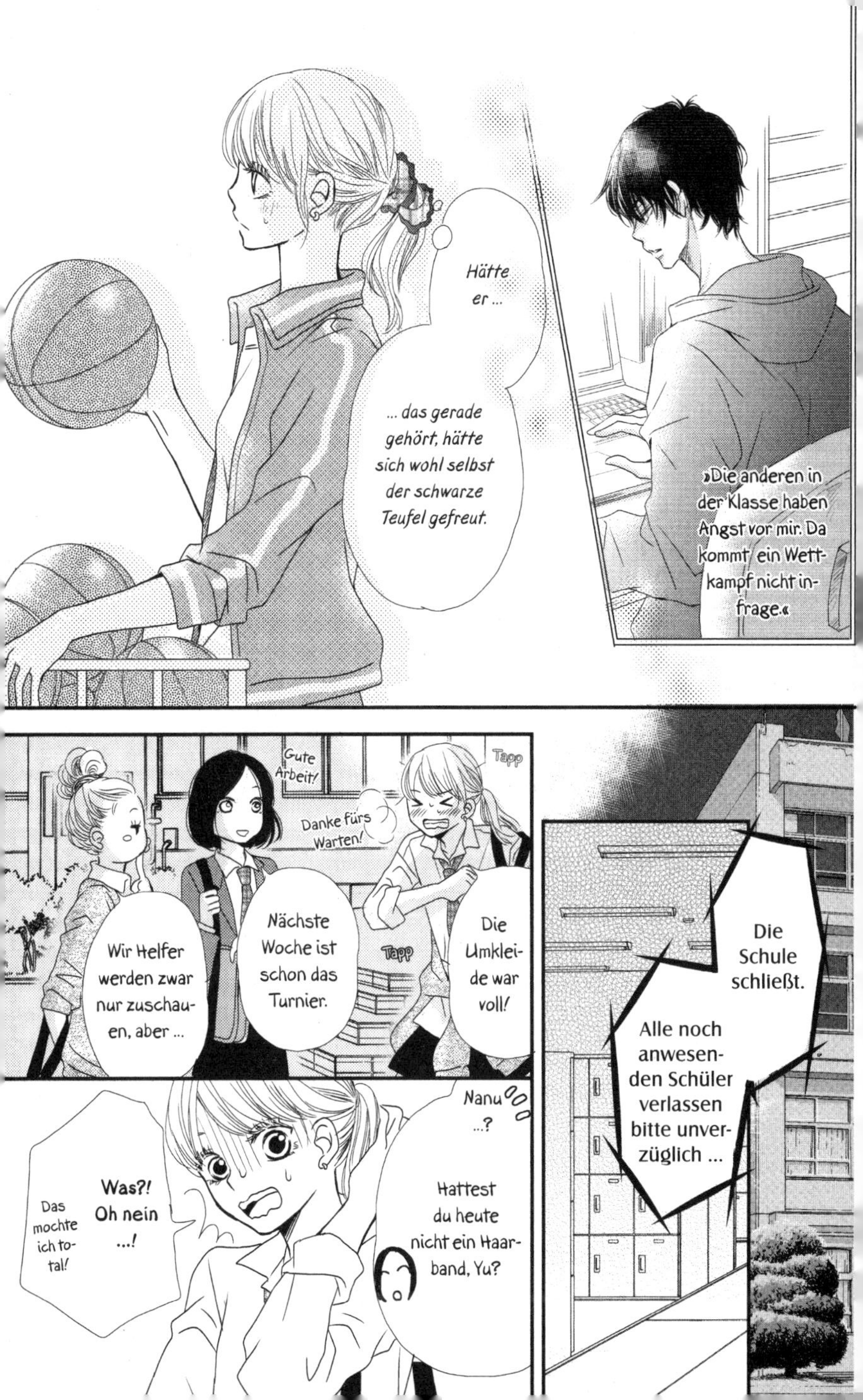
»Die anderen in der Klasse haben Angst vor mir. Da kommt ein Wettkampf nicht infrage.«
Hätte er ...
... das gerade gehört, hätte sich wohl selbst der schwarze Teufel gefreut.
Die Schule schließt.
Alle noch anwesenden Schüler verlassen bitte unverzüglich ...
Tapp
Gute Arbeit!
Danke fürs Warten!
Die Umkleide war voll!
Nächste Woche ist schon das Turnier.
Tapp
Wir Helfer werden zwar nur zuschauen, aber ...
Nanu ...?
Hattest du heute nicht ein Haarband, Yu?
Was?! Oh nein ...!
Das mochte ich total!

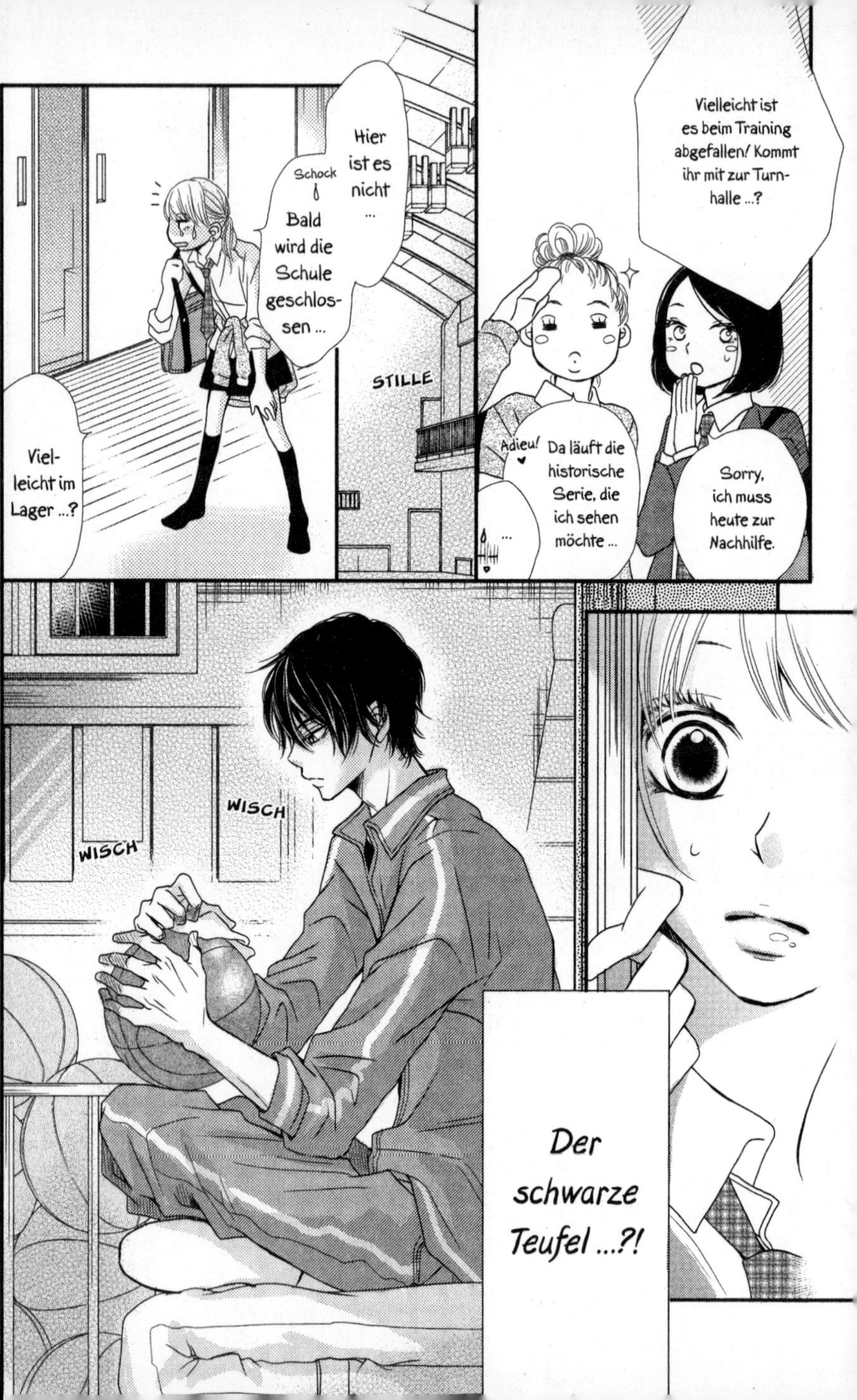
Vielleicht ist es beim Training abgefallen! Kommt ihr mit zur Turnhalle ...?
Sorry, ich muss heute zur Nachhilfe.
Adieu! Da läuft die historische Serie, die ich sehen möchte ...
...
Hier ist es nicht ...
Schock
Bald wird die Schule geschlossen ...
STILLE
Vielleicht im Lager ...?
Der schwarze Teufel ...?!
WISCH
WISCH

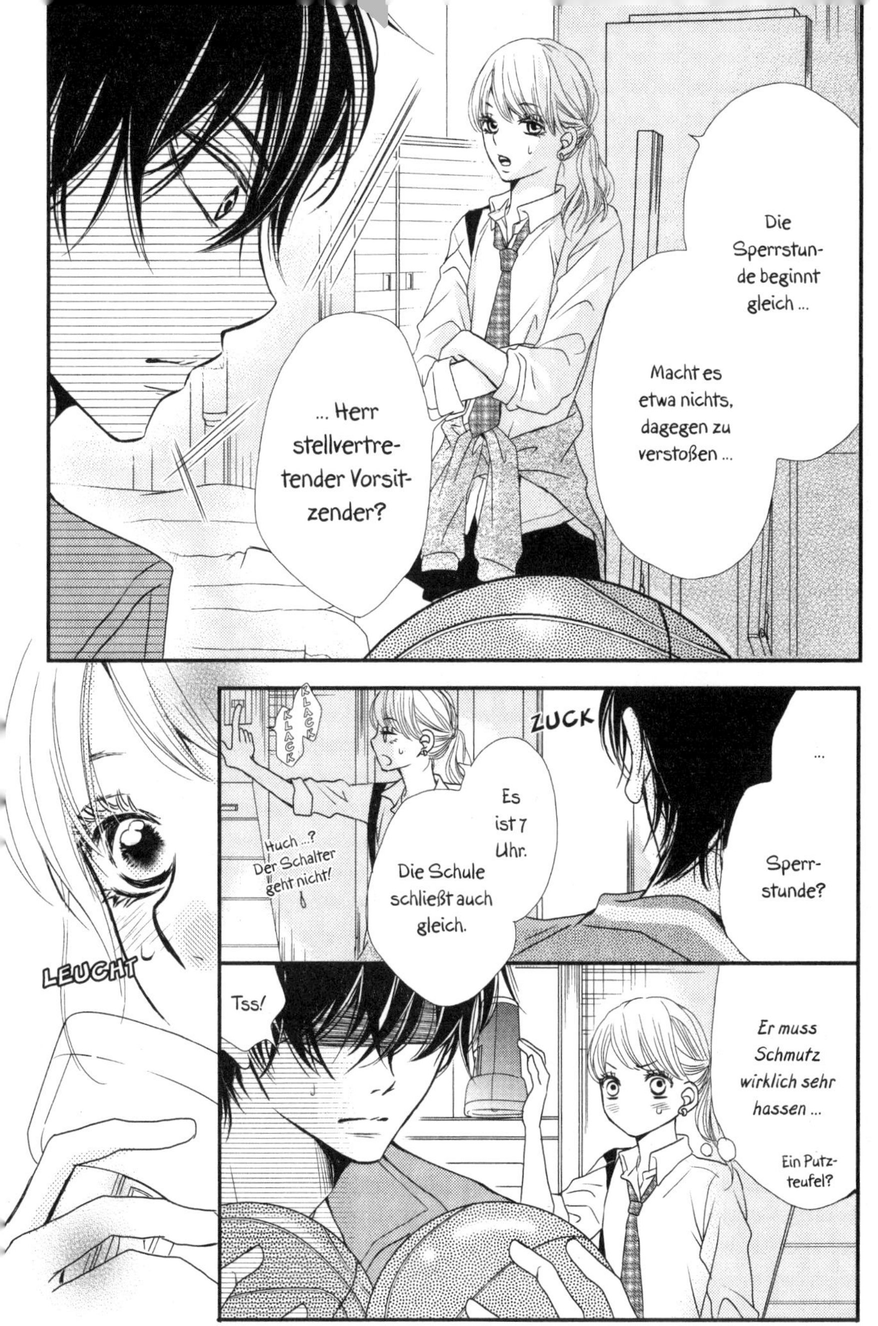
Die Sperrstunde beginnt gleich ...
Macht es etwa nichts, dagegen zu verstoßen ...
... Herr stellvertretender Vorsitzender?
ZUCK
...
Sperrstunde?
KLACK KLACK
Es ist 7 Uhr.
Die Schule schließt auch gleich.
Huch ...? Der Schalter geht nicht!
LEUCHT
Er muss Schmutz wirklich sehr hassen ...
Ein Putzteufel?
Tss!

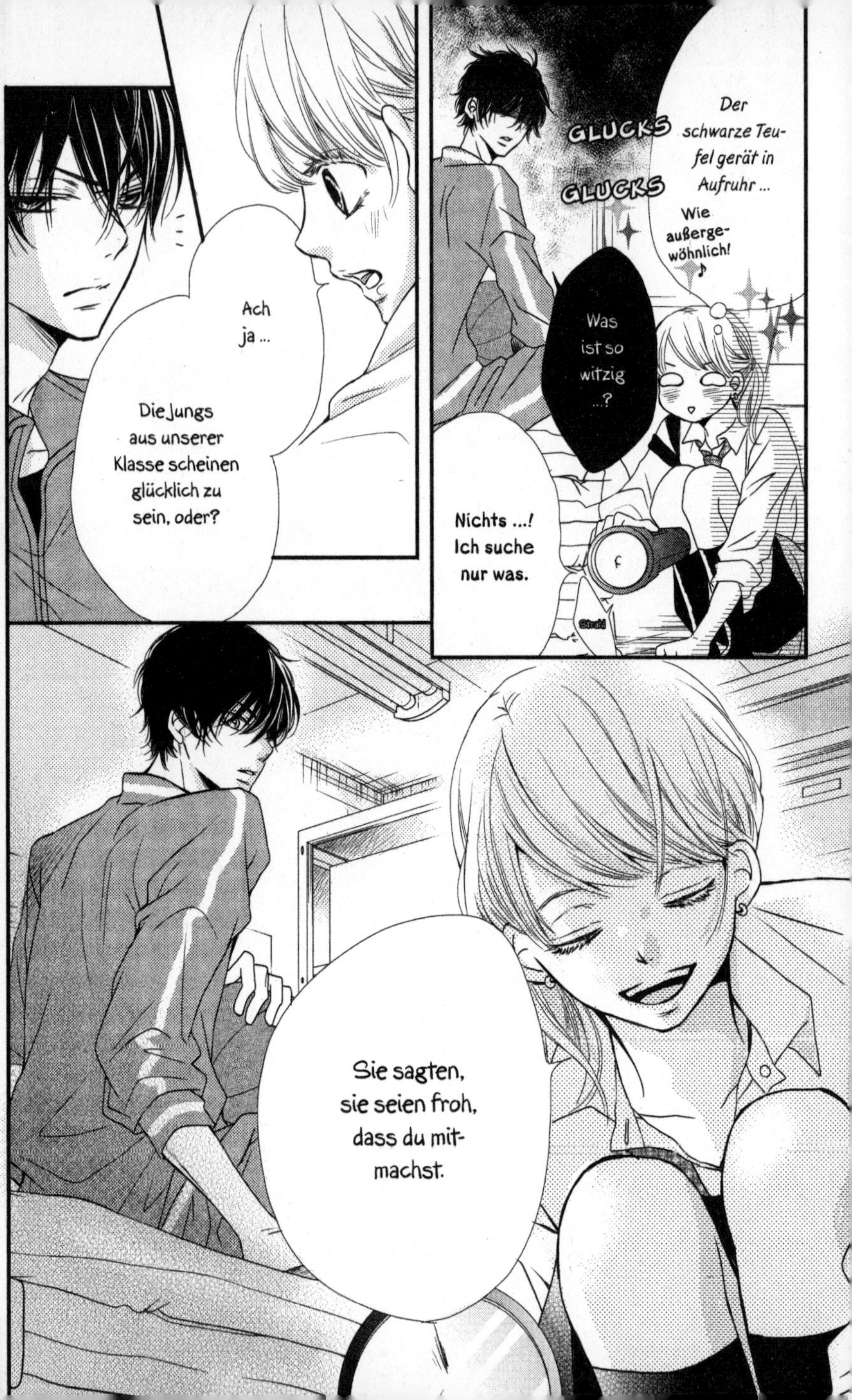
Der schwarze Teufel gerät in Aufruhr ...
GLUCKS
GLUCKS
Wie außergewöhnlich! ♪
Was ist so witzig ...?
Nichts ...! Ich suche nur was.
Ach ja ...
Die Jungs aus unserer Klasse scheinen glücklich zu sein, oder?
Sie sagten, sie seien froh, dass du mitmachst.

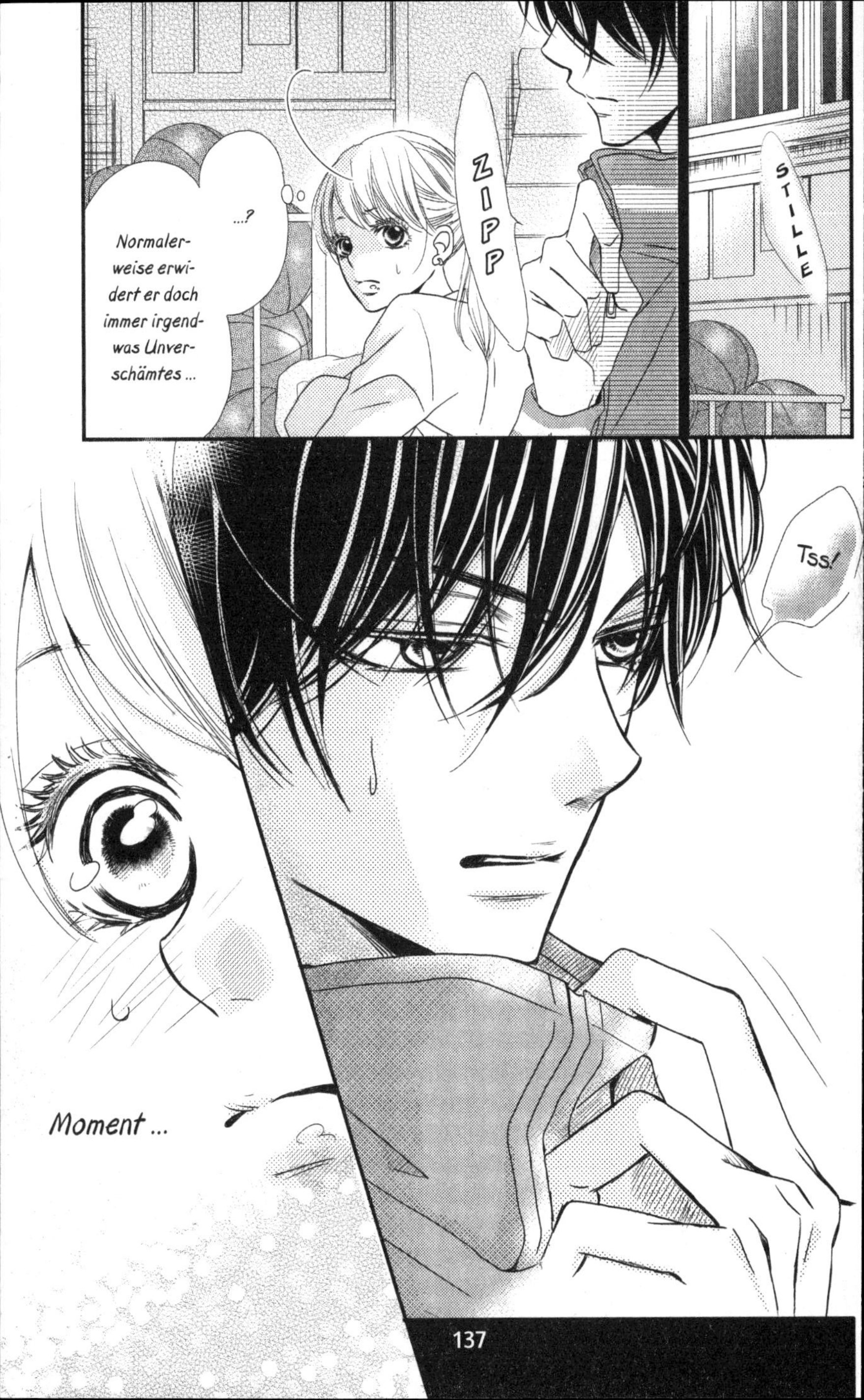
STILLE
ZIPP
...?
Normaler-
weise erwi-
dert er doch
immer irgend-
was Unver-
schämtes ...
Tss!
Moment ...

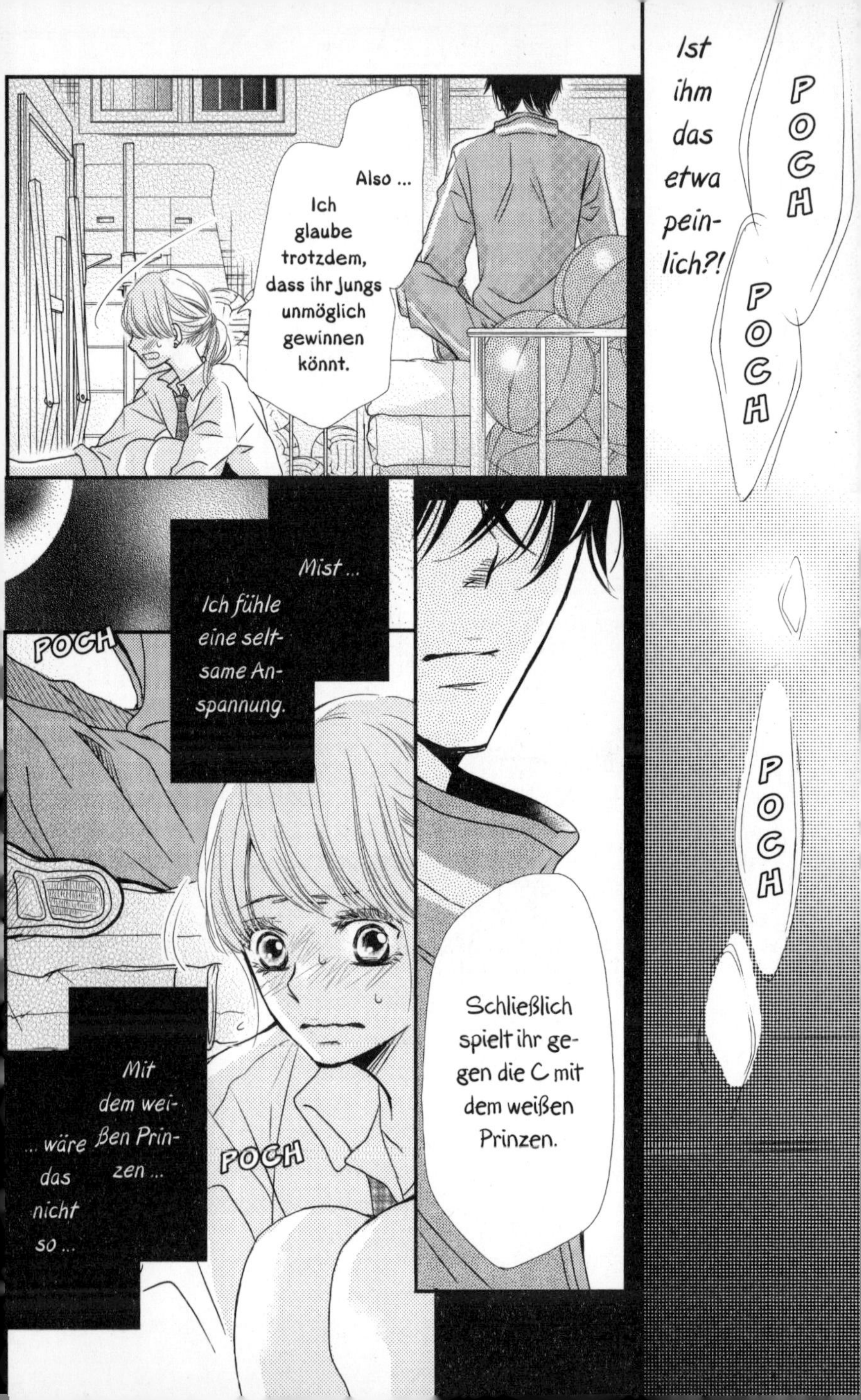
Ist ihm das etwa peinlich?!
POCH POCH
Also ... Ich glaube trotzdem, dass ihr Jungs unmöglich gewinnen könnt.
POCH POCH
Schließlich spielt ihr gegen die C mit dem weißen Prinzen.
Mist ... Ich fühle eine seltsame Anspannung.
POCH
Mit dem weißen Prinzen ...
... wäre das nicht so ...
POCH

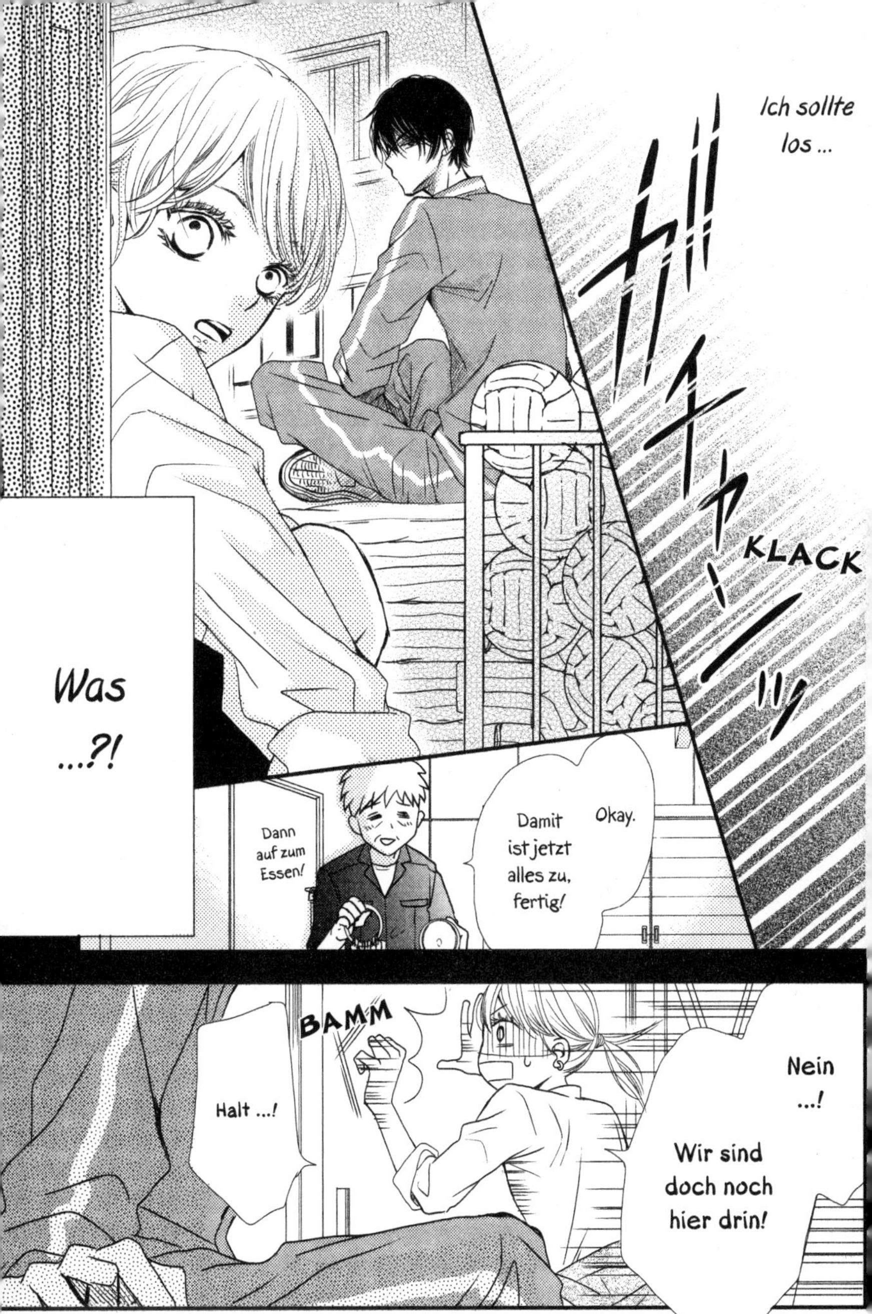
Ich sollte los ...
KLACK
Was ...?!
Damit ist jetzt alles zu, fertig!
Okay.
Dann auf zum Essen!
Nein ...!
Wir sind doch noch hier drin!
BAMM
Halt ...!

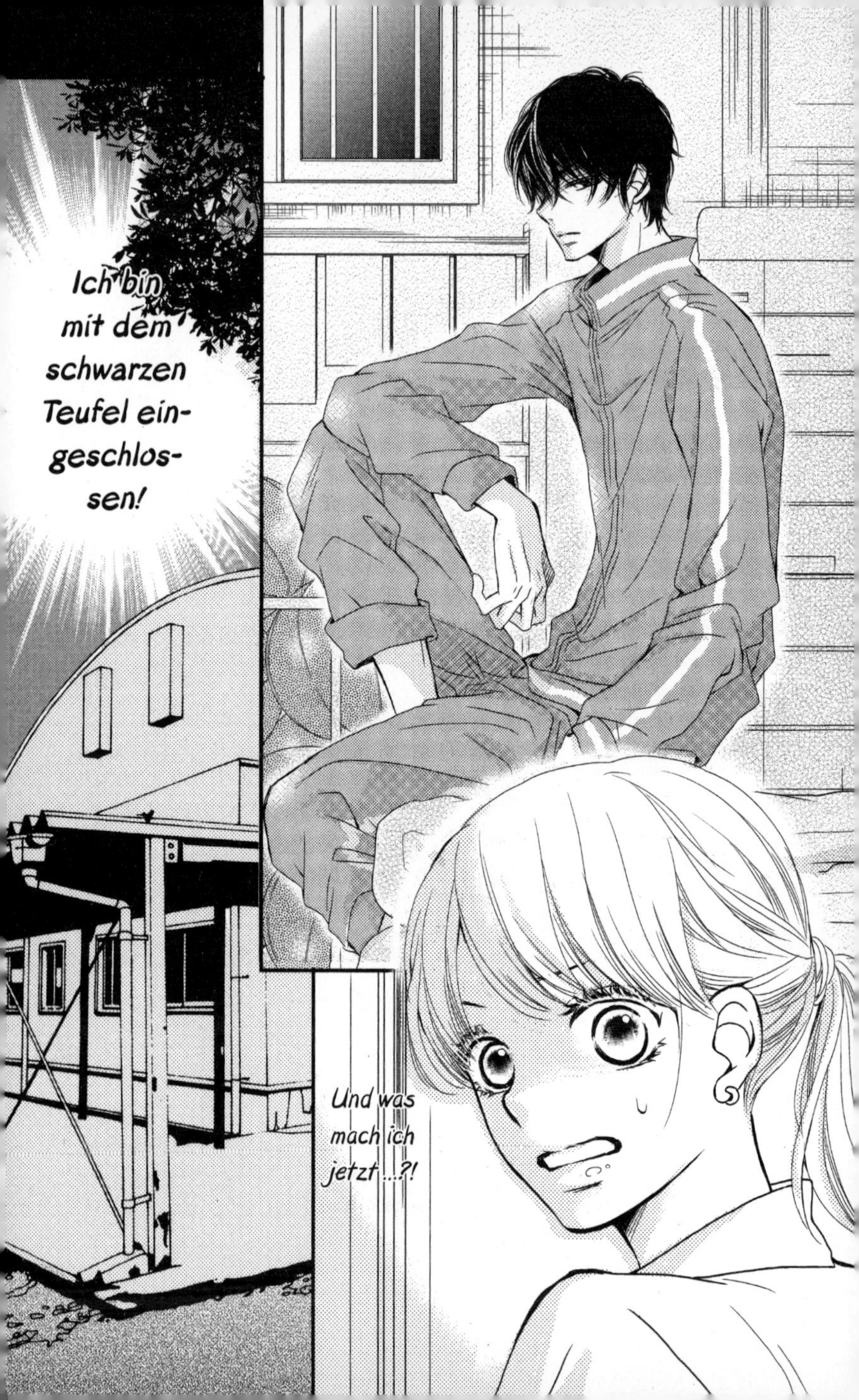
Ich bin mit dem schwarzen Teufel ein- geschlos- sen!
Und was mach ich jetzt ...?!

Verliebt in
Prinz und Teufel?

Verliebt in
Prinz und Teufel?

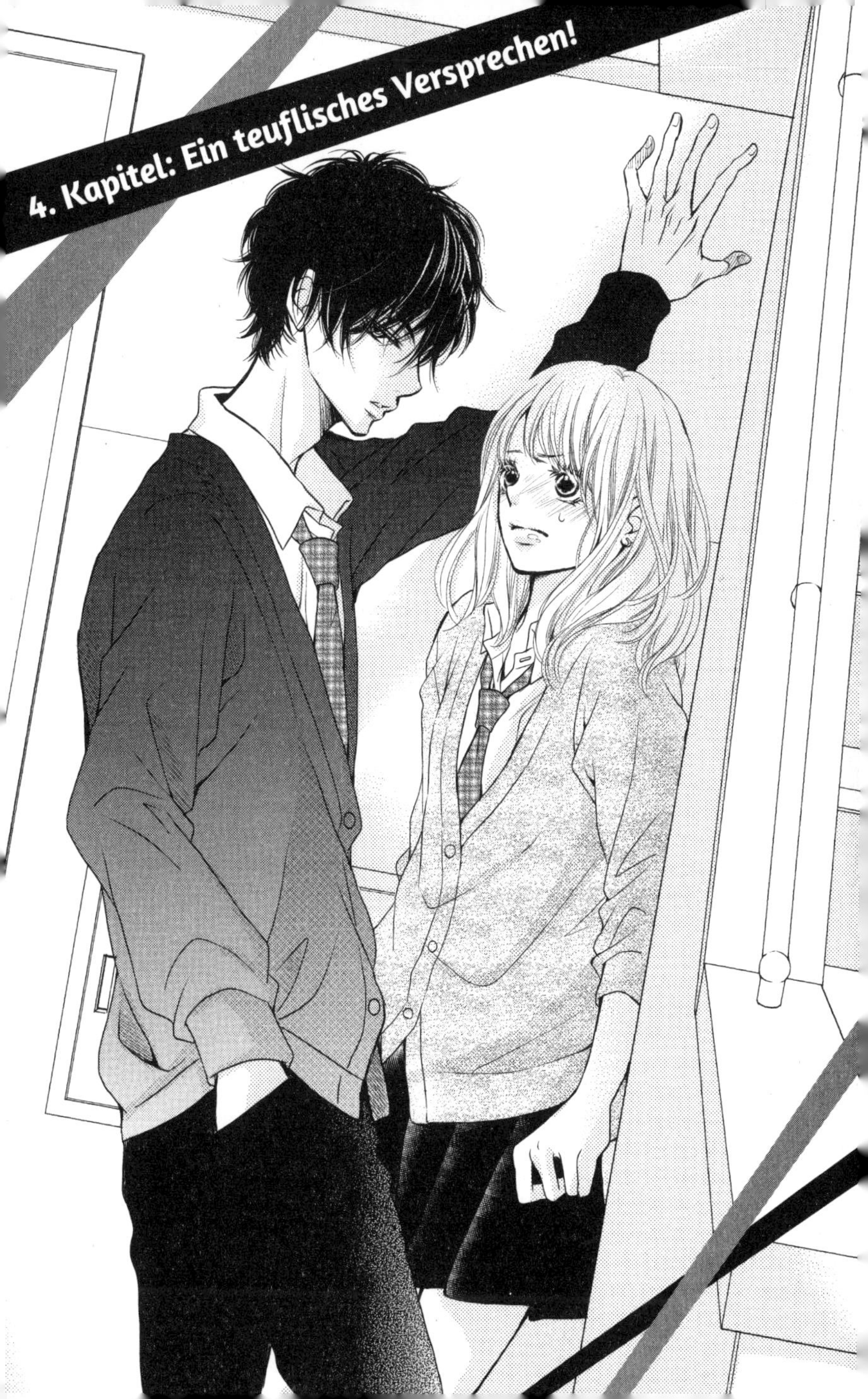
4. Kapitel: Ein teuflisches Versprechen!

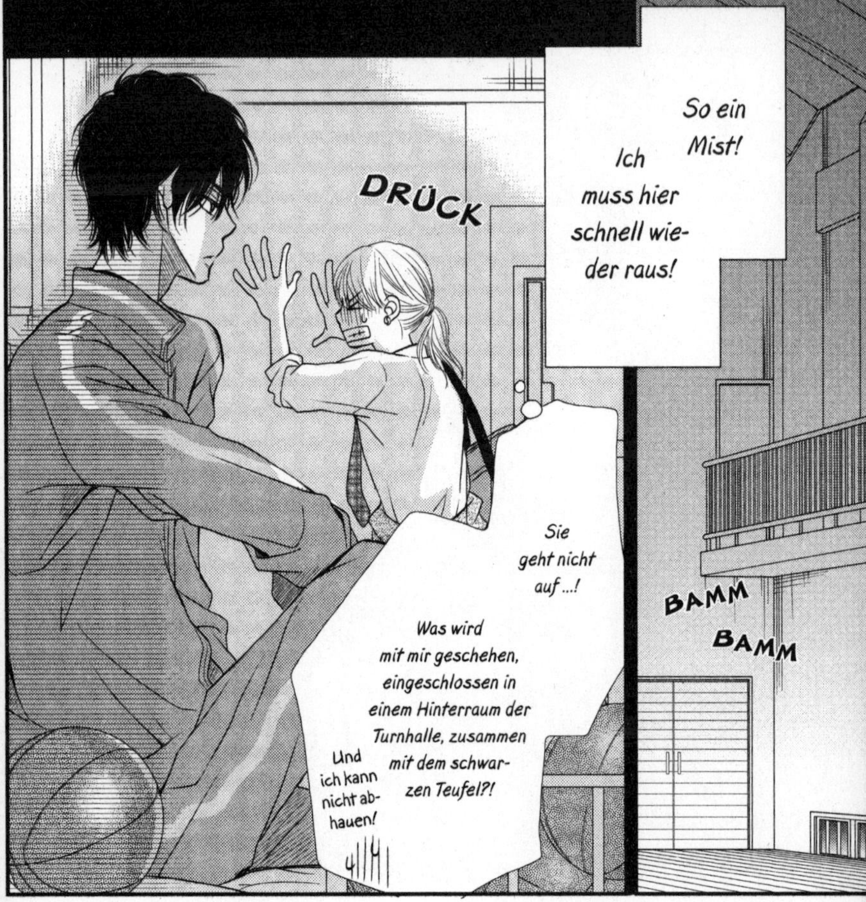
So ein Mist!
Ich muss hier schnell wieder raus!
BAMM
BAMM
DRÜCK
Sie geht nicht auf ...!
Was wird mit mir geschehen, eingeschlossen in einem Hinterraum der Turnhalle, zusammen mit dem schwarzen Teufel?!
Und ich kann nicht abhauen!

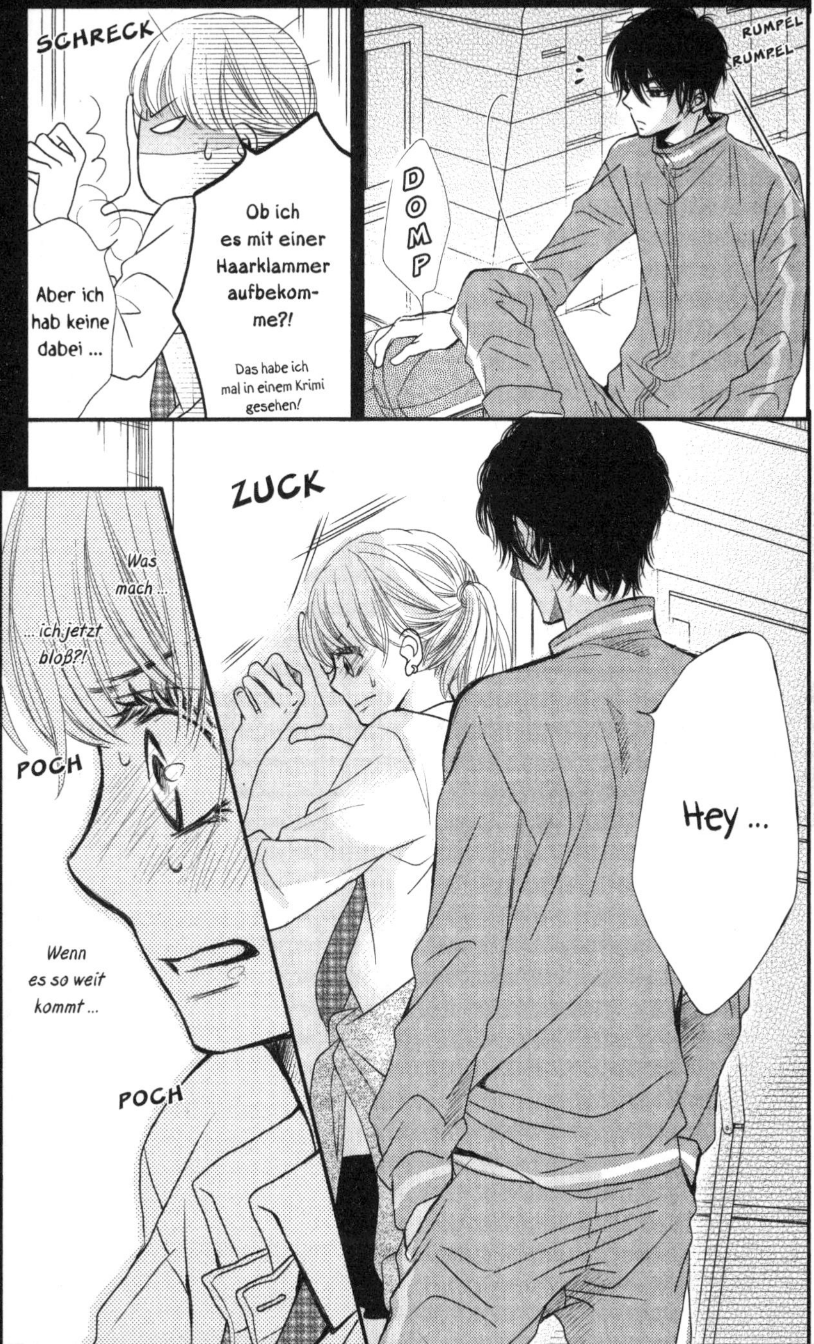
RUMPEL
RUMPEL
DOMP
SCHRECK
Ob ich es mit einer Haarklammer aufbekomme?!
Das habe ich mal in einem Krimi gesehen!
Aber ich hab keine dabei ...
ZUCK
Hey ...
Was mach ...
... ich jetzt bloß?!
POCH
Wenn es so weit kommt ...
POCH

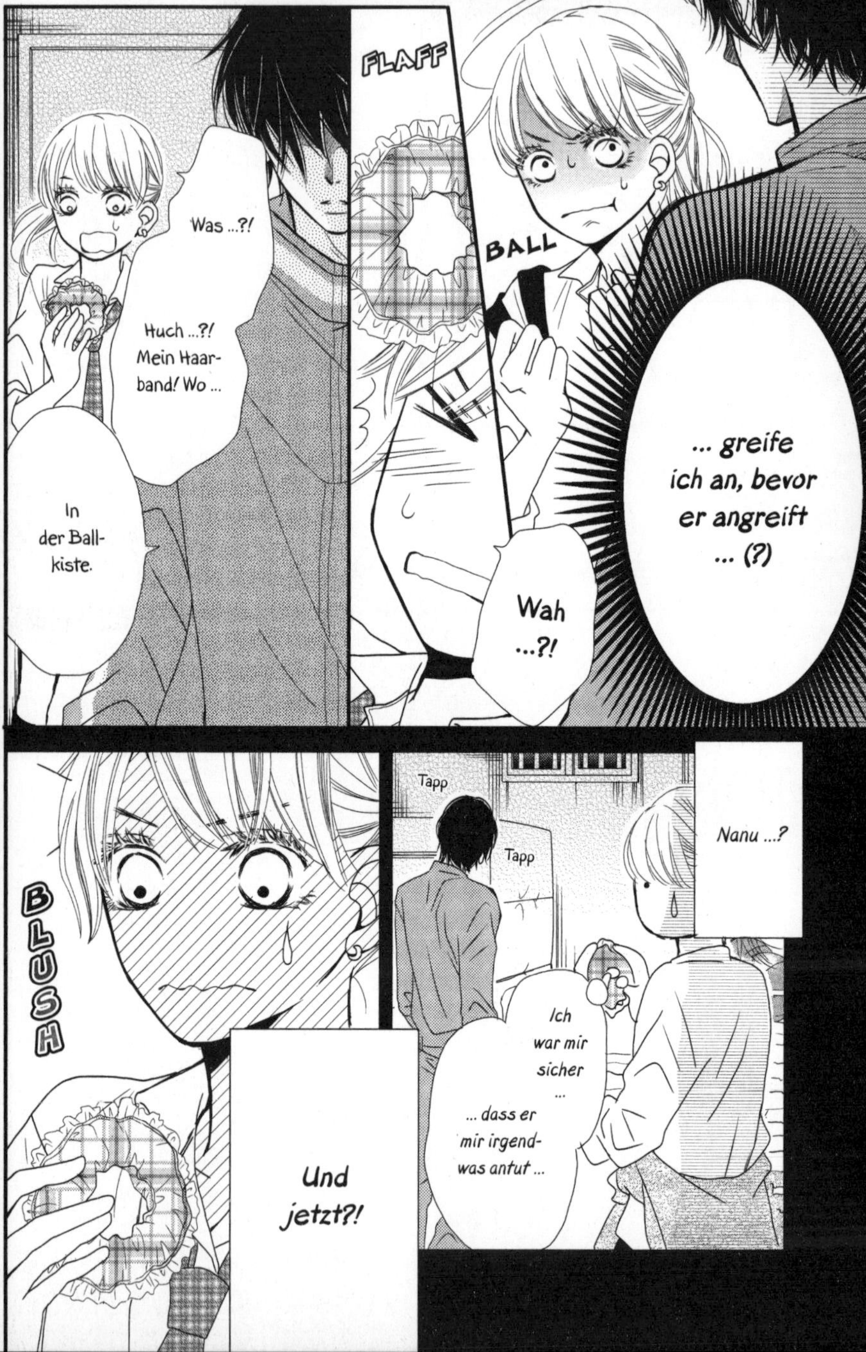
... greife ich an, bevor er angreift ... (?)
BALL
Wah ...?!
FLAFF
Was ...?!
Huch ...?! Mein Haarband! Wo ...
In der Ballkiste.
Nanu ...?
Tapp
Tapp
Ich war mir sicher ...
... dass er mir irgendwas antut ...
BLUSH
Und jetzt?!

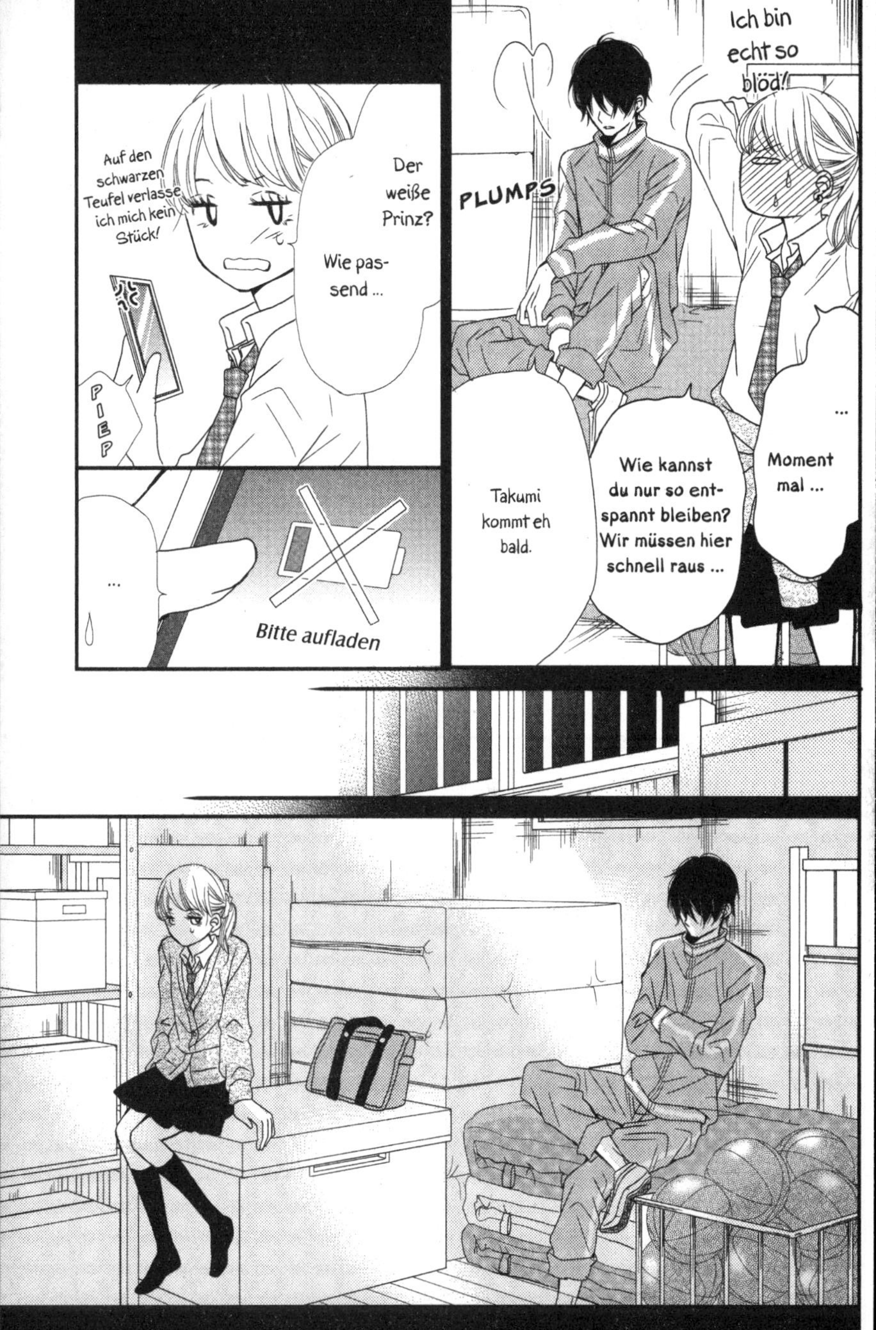
Ich bin echt so blöd!
PLUMPS
...
Moment mal ...
Wie kannst du nur so entspannt bleiben? Wir müssen hier schnell raus ...
Takumi kommt eh bald.
Der weiße Prinz?
Wie passend ...
Auf den schwarzen Teufel verlasse ich mich kein Stück!
PIEP
...
Bitte aufladen

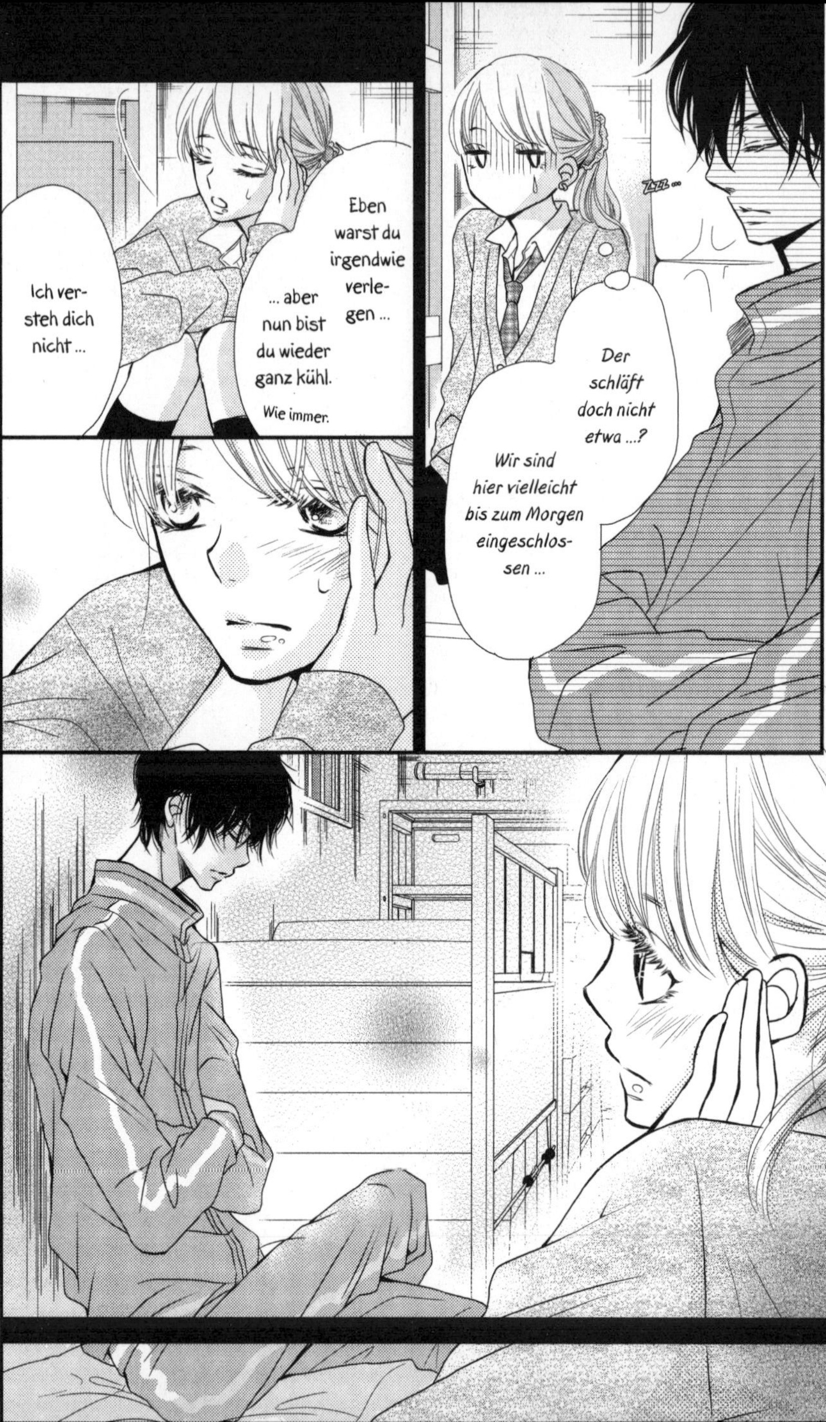
Der schläft doch nicht etwa ...?
Wir sind hier vielleicht bis zum Morgen eingeschlossen ...
Eben warst du irgendwie verlegen ...
... aber nun bist du wieder ganz kühl.
Wie immer.
Ich versteh dich nicht ...

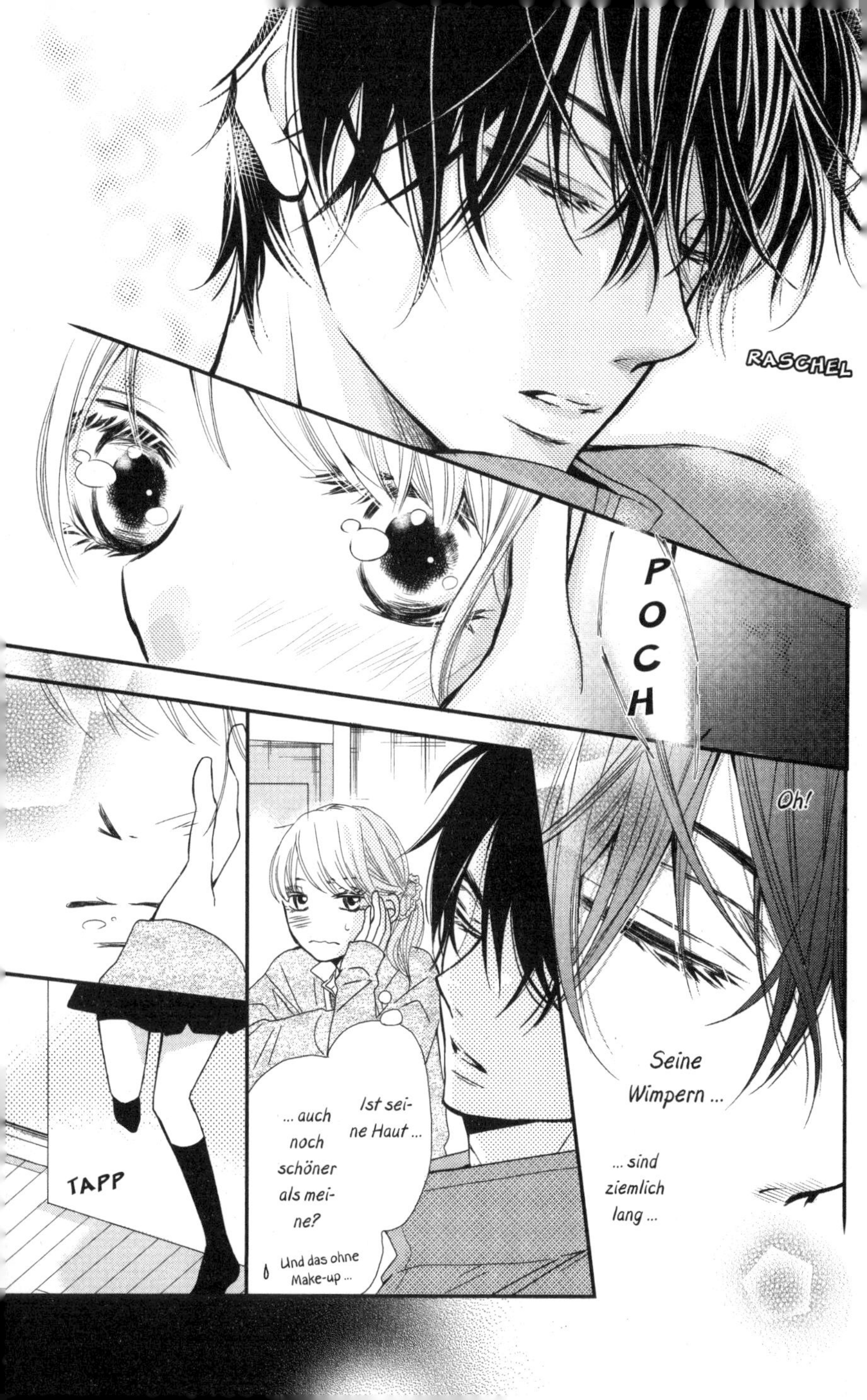
RASCHEL
POCH
Oh!
Seine Wimpern ...
... sind ziemlich lang ...
Ist seine Haut ...
... auch noch schöner als meine?
Und das ohne Make-up ...
TAPP

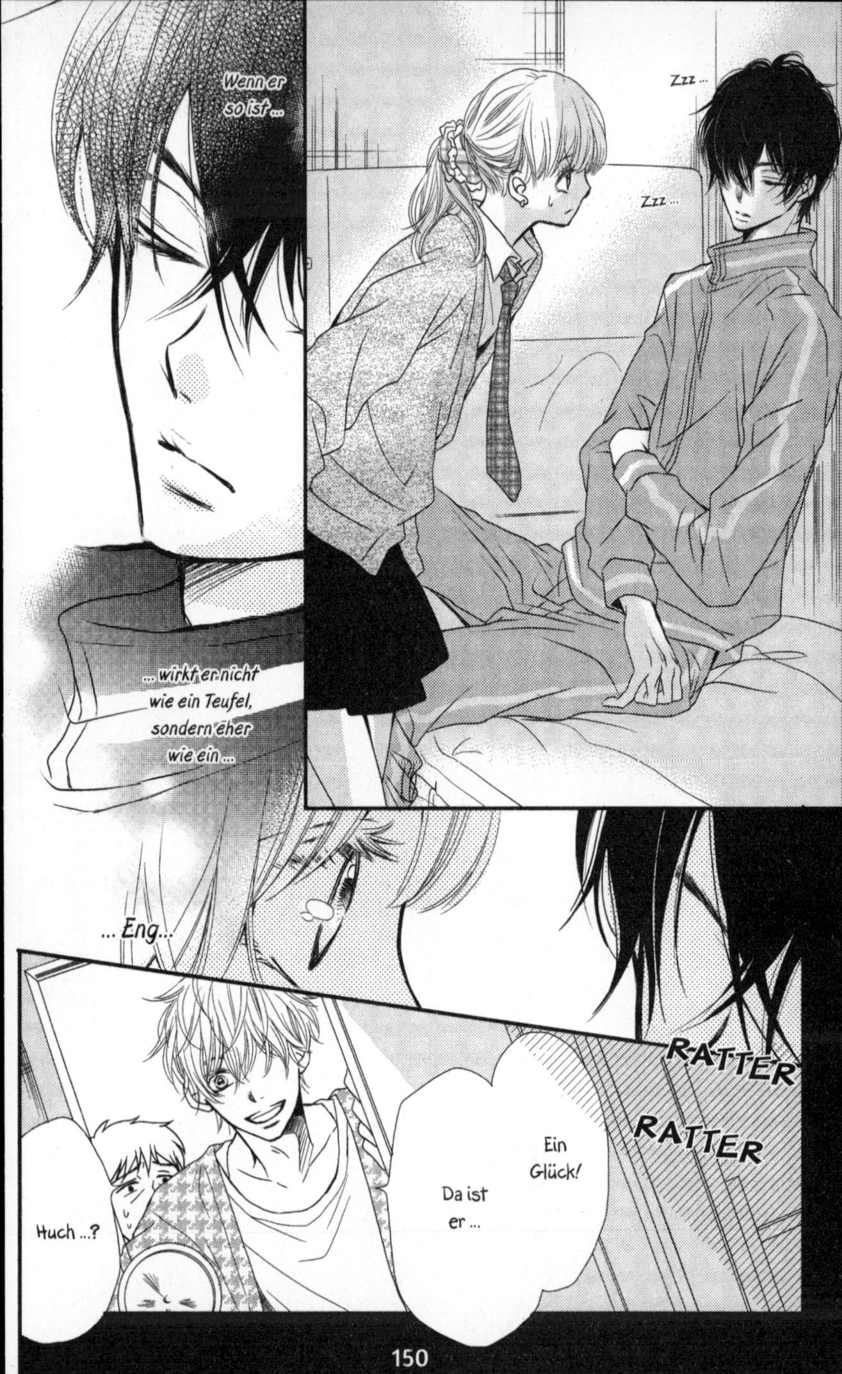
Zzz ...
Zzz ...
Wenn er so ist ...
... wirkt er nicht wie ein Teufel, sondern eher wie ein ...
... Eng...
RATTER
RATTER
Ein Glück!
Da ist er ...
Huch ...?

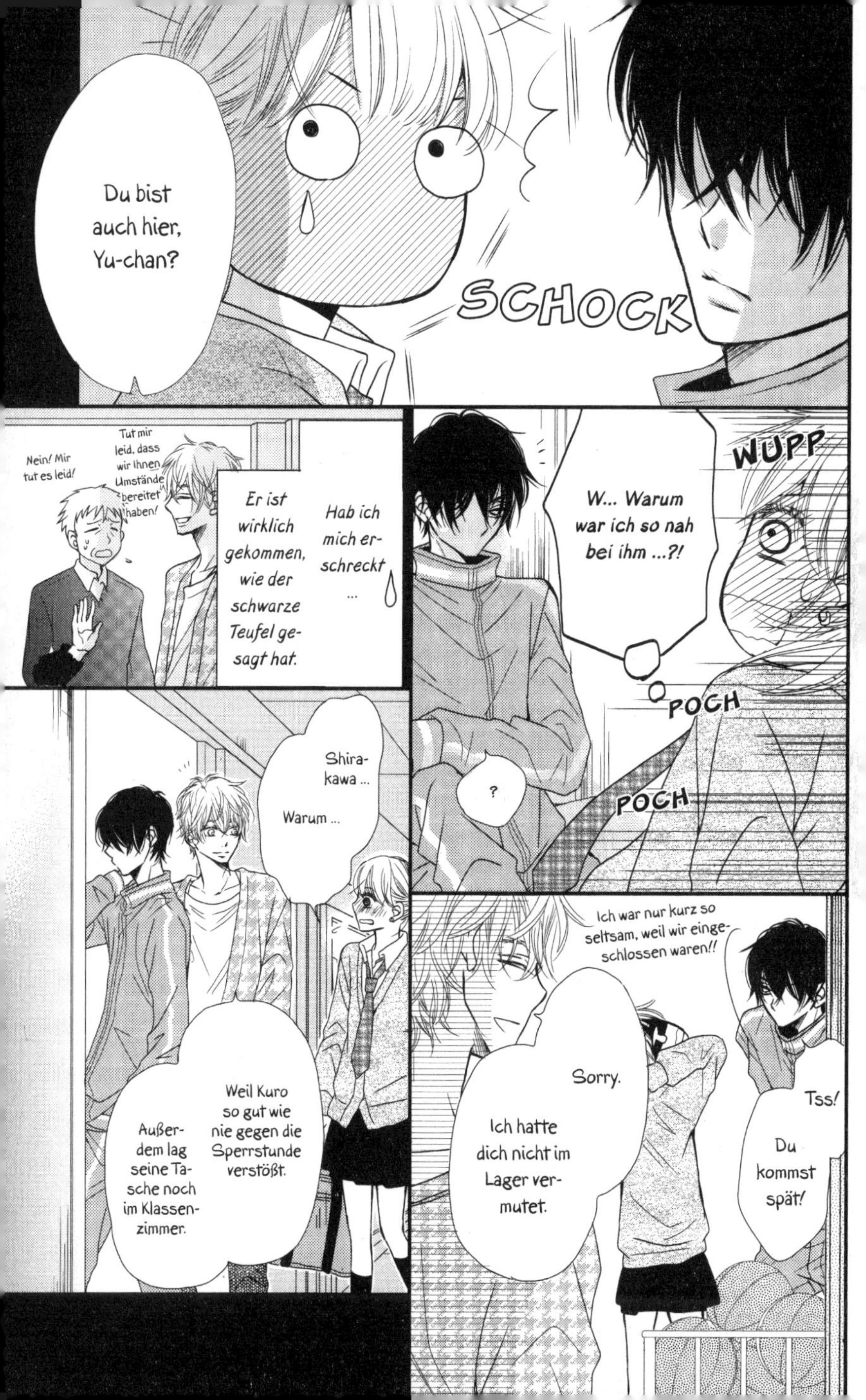
SCHOCK
Du bist auch hier, Yu-chan?
WUPP
W... Warum war ich so nah bei ihm ...?!
POCH
POCH
?
Hab ich mich erschreckt ...
Er ist wirklich gekommen, wie der schwarze Teufel gesagt hat.
Tut mir leid, dass wir Ihnen Umstände bereitet haben!
Nein! Mir tut es leid!
Ich war nur kurz so seltsam, weil wir eingeschlossen waren!!
Tss!
Du kommst spät!
Sorry.
Ich hatte dich nicht im Lager vermutet.
Shirakawa ...
Warum ...
Weil Kuro so gut wie nie gegen die Sperrstunde verstößt.
Außerdem lag seine Tasche noch im Klassenzimmer.

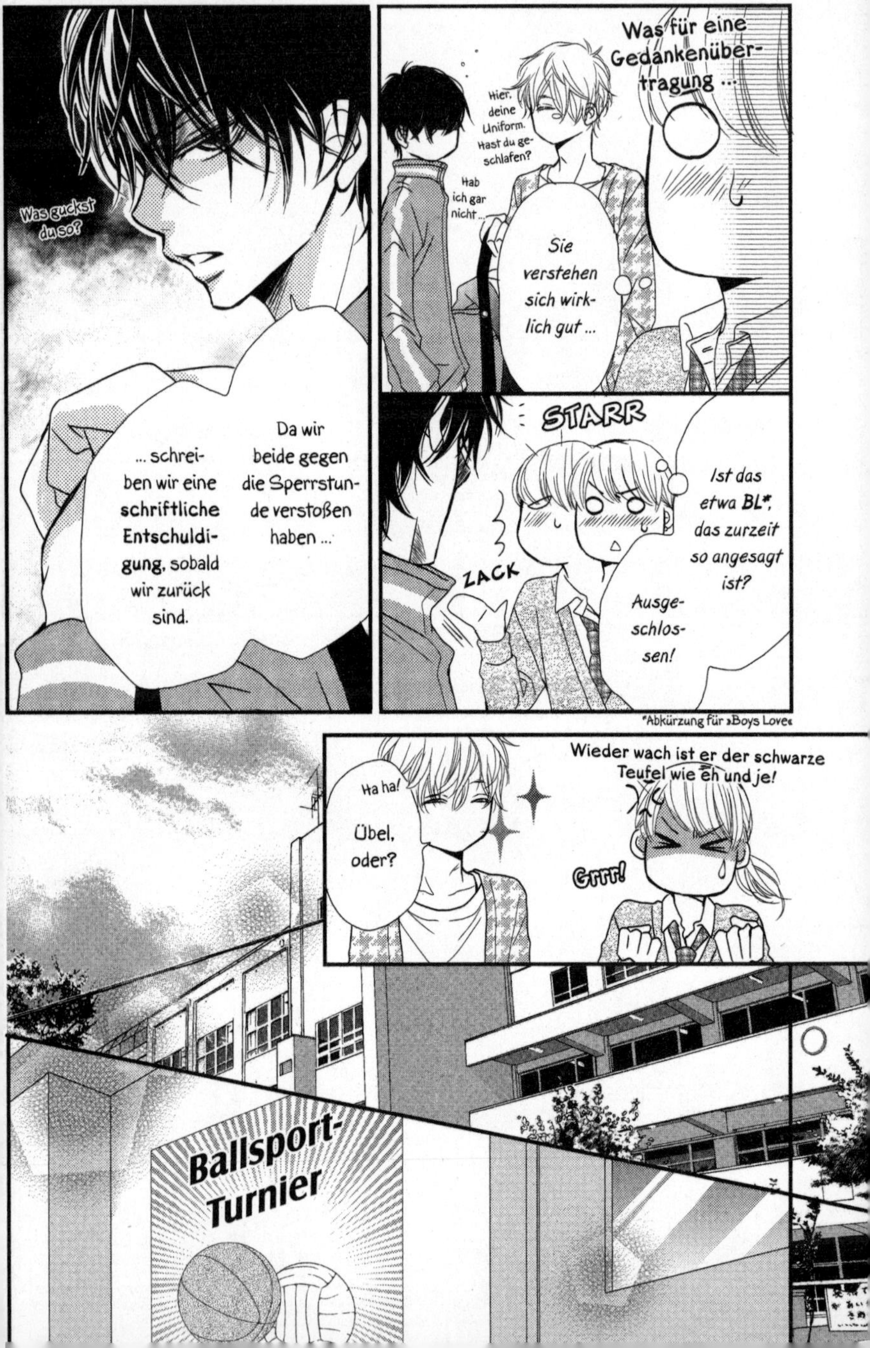

Was für eine Gedankenübertragung ...
Hier, deine Uniform. Hast du geschlafen?
Hab ich gar nicht ...
Sie verstehen sich wirklich gut ...
STARR
Ist das etwa BL*, das zurzeit so angesagt ist?
Ausgeschlossen!
ZACK
Was guckst du so?
Da wir beide gegen die Sperrstunde verstoßen haben ...
... schreiben wir eine schriftliche Entschuldigung, sobald wir zurück sind.
*Abkürzung für »Boys Love«
Wieder wach ist er der schwarze Teufel wie eh und je!
Grrr!
Ha ha!
Übel, oder?
Ballsport-Turnier

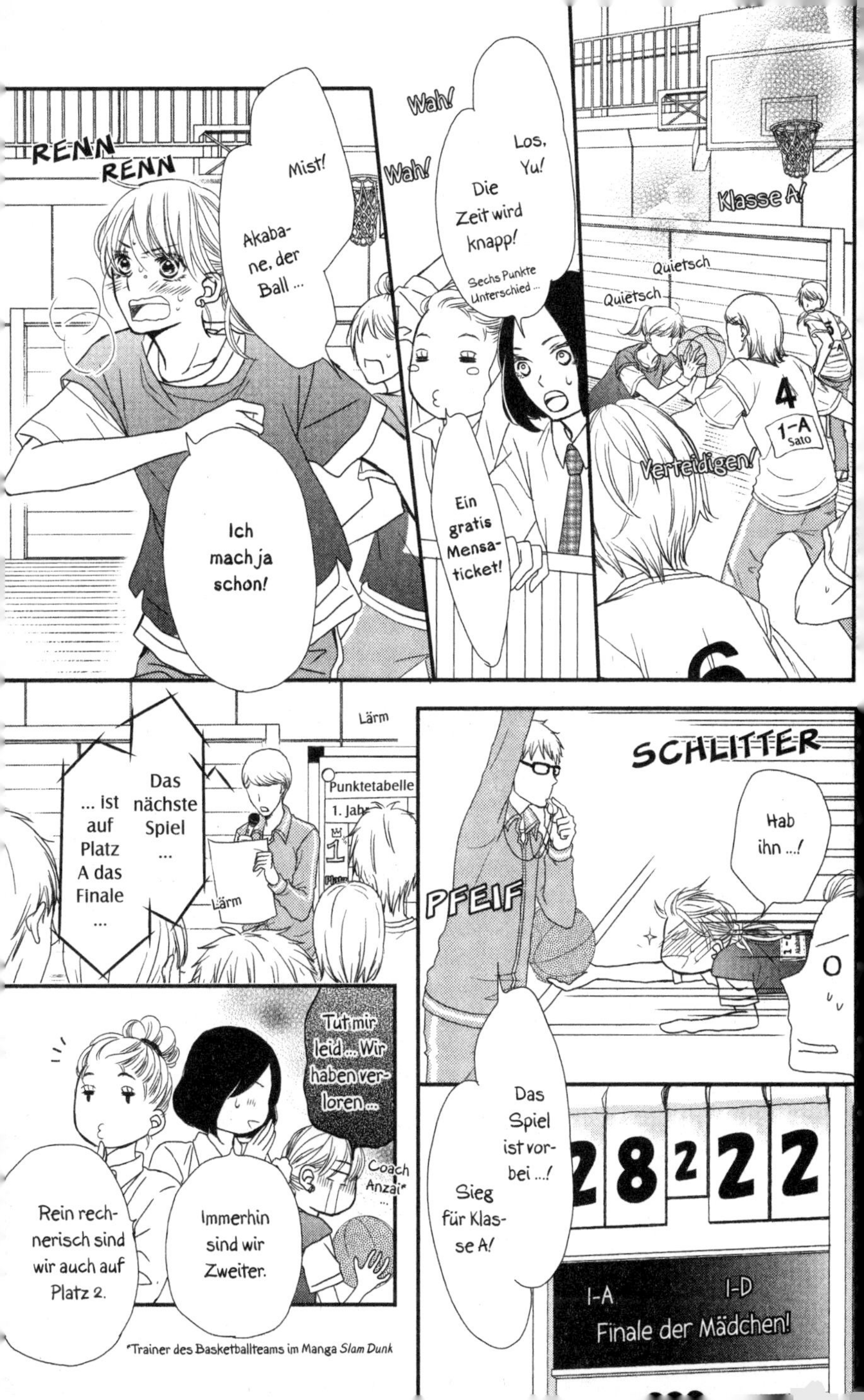

*Trainer des Basketballteams im Manga *Slam Dunk*

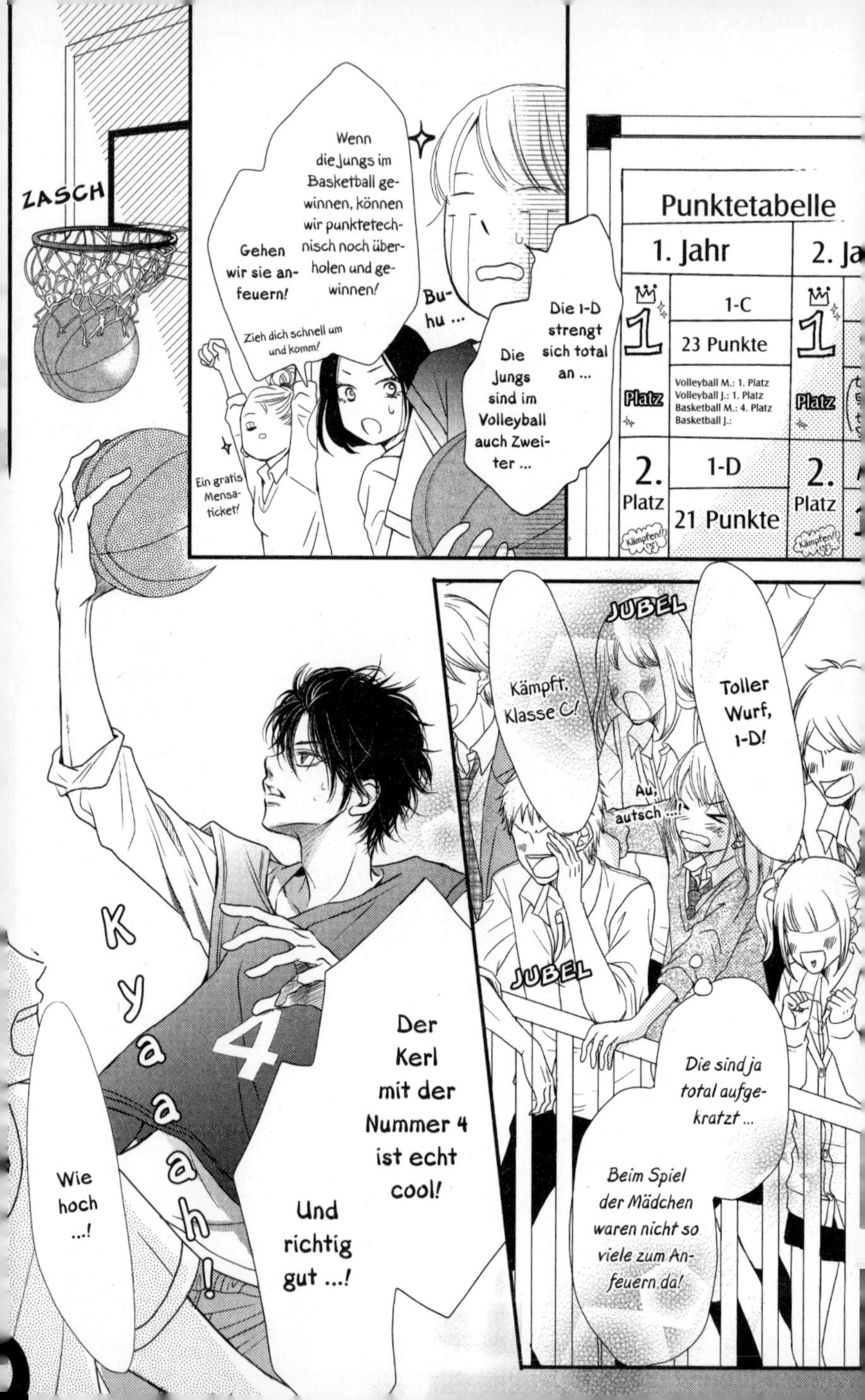
Punktetabelle
1. Jahr
2. Ja
1 Platz
1-C
23 Punkte
Volleyball M.: 1. Platz
Volleyball J.: 1. Platz
Basketball M.: 4. Platz
Basketball J.:
2. Platz
1-D
21 Punkte
Kämpfen!!
1 Platz
2. Platz
Kämpfen!!
Die 1-D strengt sich total an …
Die Jungs sind im Volleyball auch Zweiter …
Bu-hu …
Wenn die Jungs im Basketball gewinnen, können wir punktetechnisch noch überholen und gewinnen!
Gehen wir sie anfeuern!
Zieh dich schnell um und komm!
Ein gratis Mensaticket!
ZASCH
Toller Wurf, 1-D!
JUBEL
Kämpft, Klasse C!
Au, autsch …!
JUBEL
Die sind ja total aufgekratzt …
Beim Spiel der Mädchen waren nicht so viele zum Anfeuern da!
Der Kerl mit der Nummer 4 ist echt cool!
Und richtig gut …!
Kyaaah!
Wie hoch …!

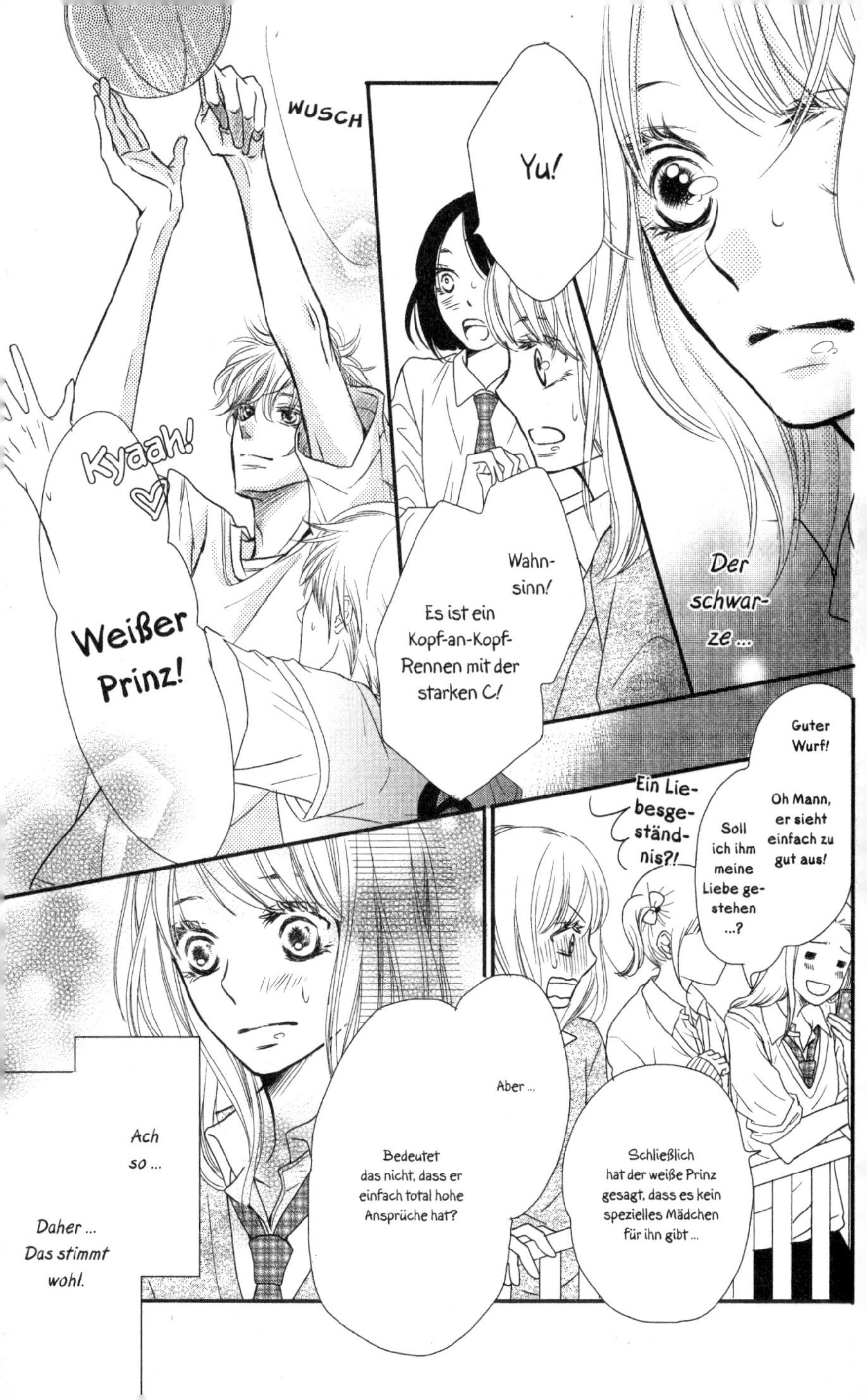
Yu!
WUSCH
Der schwarze ...
Wahnsinn!
Es ist ein Kopf-an-Kopf-Rennen mit der starken C!
Kyaah! ♡
Weißer Prinz!
Guter Wurf!
Oh Mann, er sieht einfach zu gut aus!
Soll ich ihm meine Liebe gestehen ...?
Ein Liebesgeständnis?!
Schließlich hat der weiße Prinz gesagt, dass es kein spezielles Mädchen für ihn gibt ...
Aber ...
Bedeutet das nicht, dass er einfach total hohe Ansprüche hat?
Ach so ...
Daher ... Das stimmt wohl.

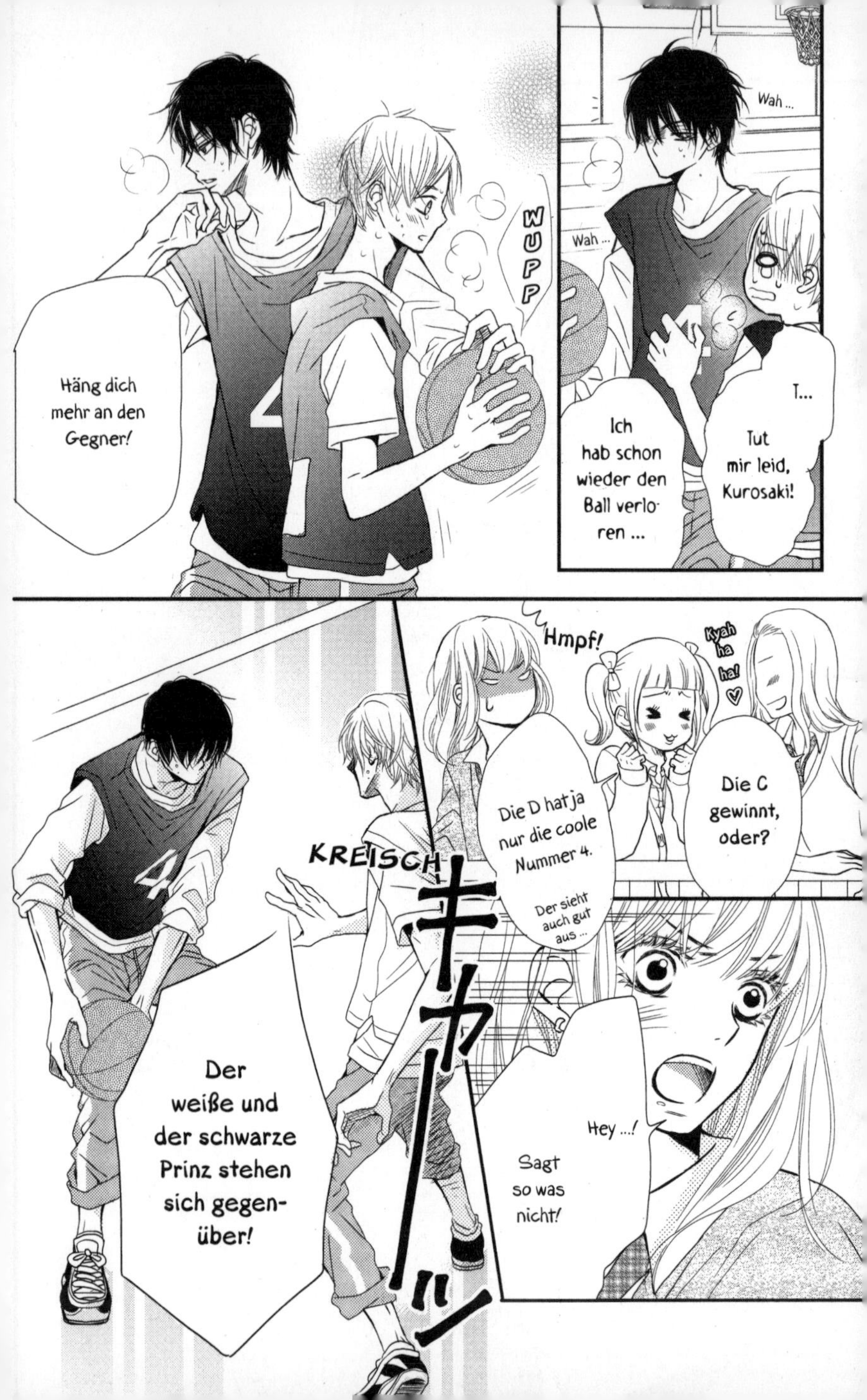
Wah ...
Wah ...
T...
Tut mir leid, Kurosaki!
Ich hab schon wieder den Ball verloren ...
WUPP
Häng dich mehr an den Gegner!
Kyah ha ha! ♥
Hmpf!
Die C gewinnt, oder?
Die D hat ja nur die coole Nummer 4.
Der sieht auch gut aus ...
KREISCH
Hey ...!
Sagt so was nicht!
Der weiße und der schwarze Prinz stehen sich gegenüber!

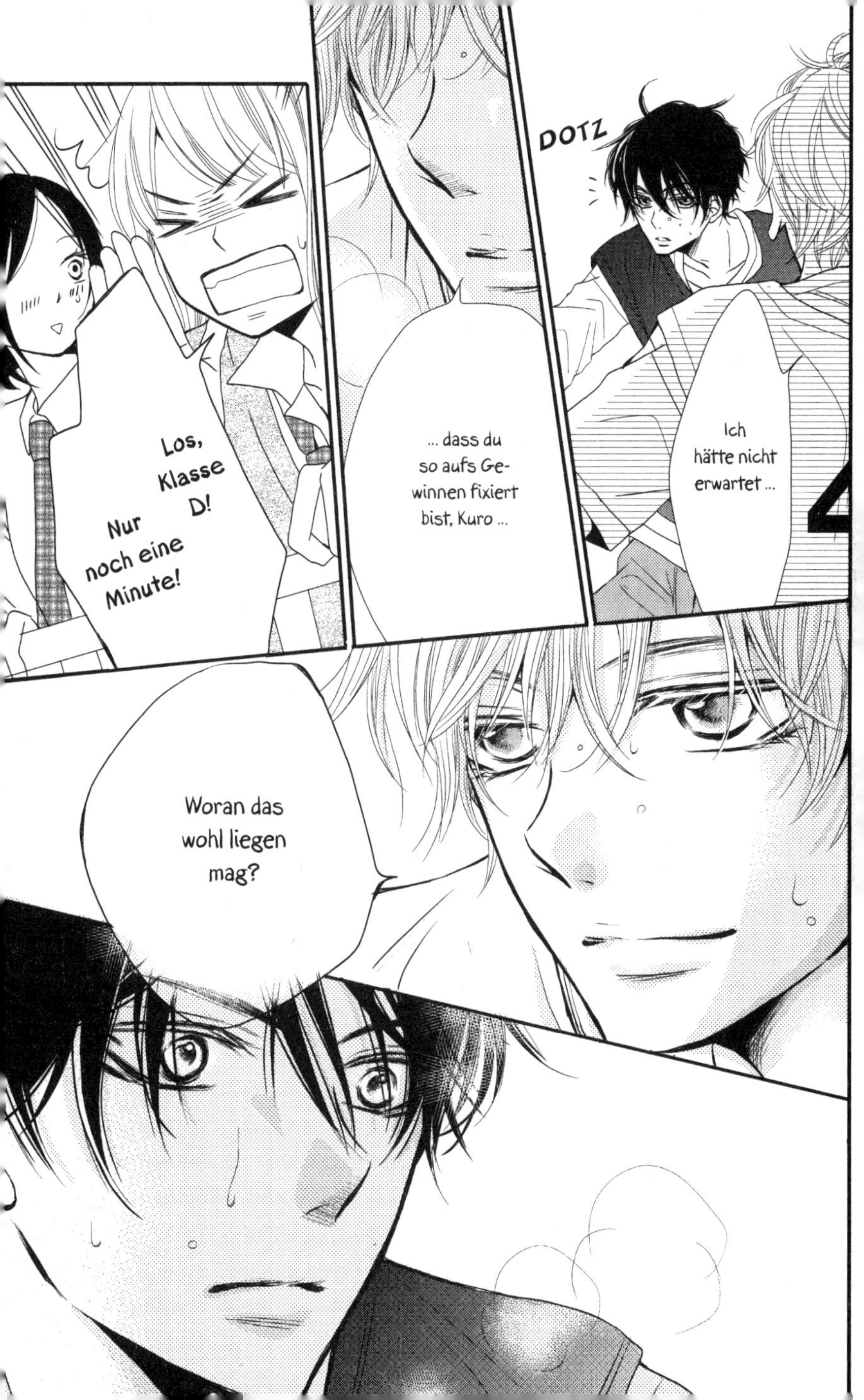
DOTZ
Ich hätte nicht erwartet ...
... dass du so aufs Gewinnen fixiert bist, Kuro ...
Los, Klasse D!
Nur noch eine Minute!
Woran das wohl liegen mag?

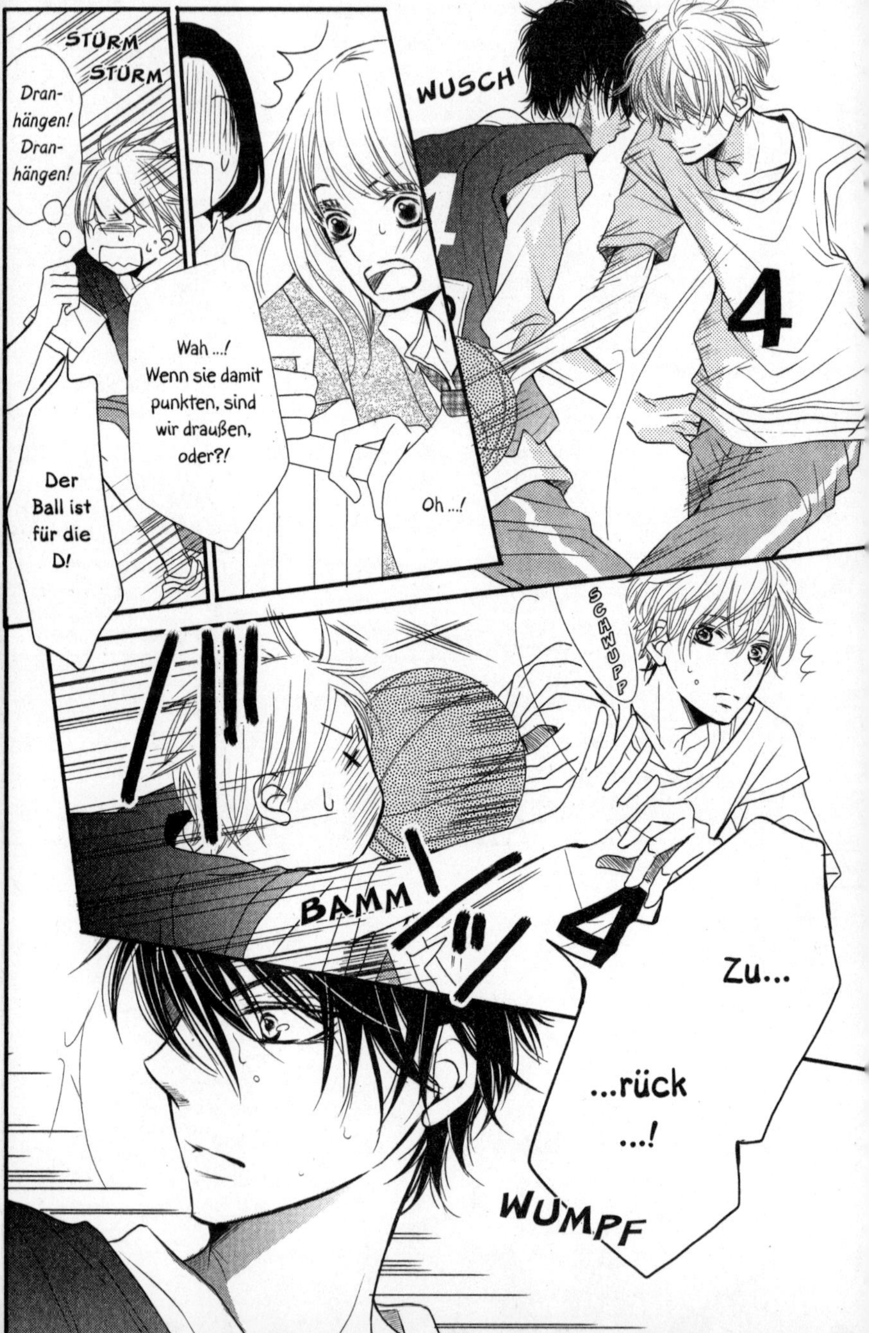
WUSCH
Oh ...!
Wah ...! Wenn sie damit punkten, sind wir draußen, oder?!
STÜRM STÜRM
Dran-hängen! Dran-hängen!
Der Ball ist für die D!
SCHWUPP
BAMM
Zu...
...rück ...!
WUMPF

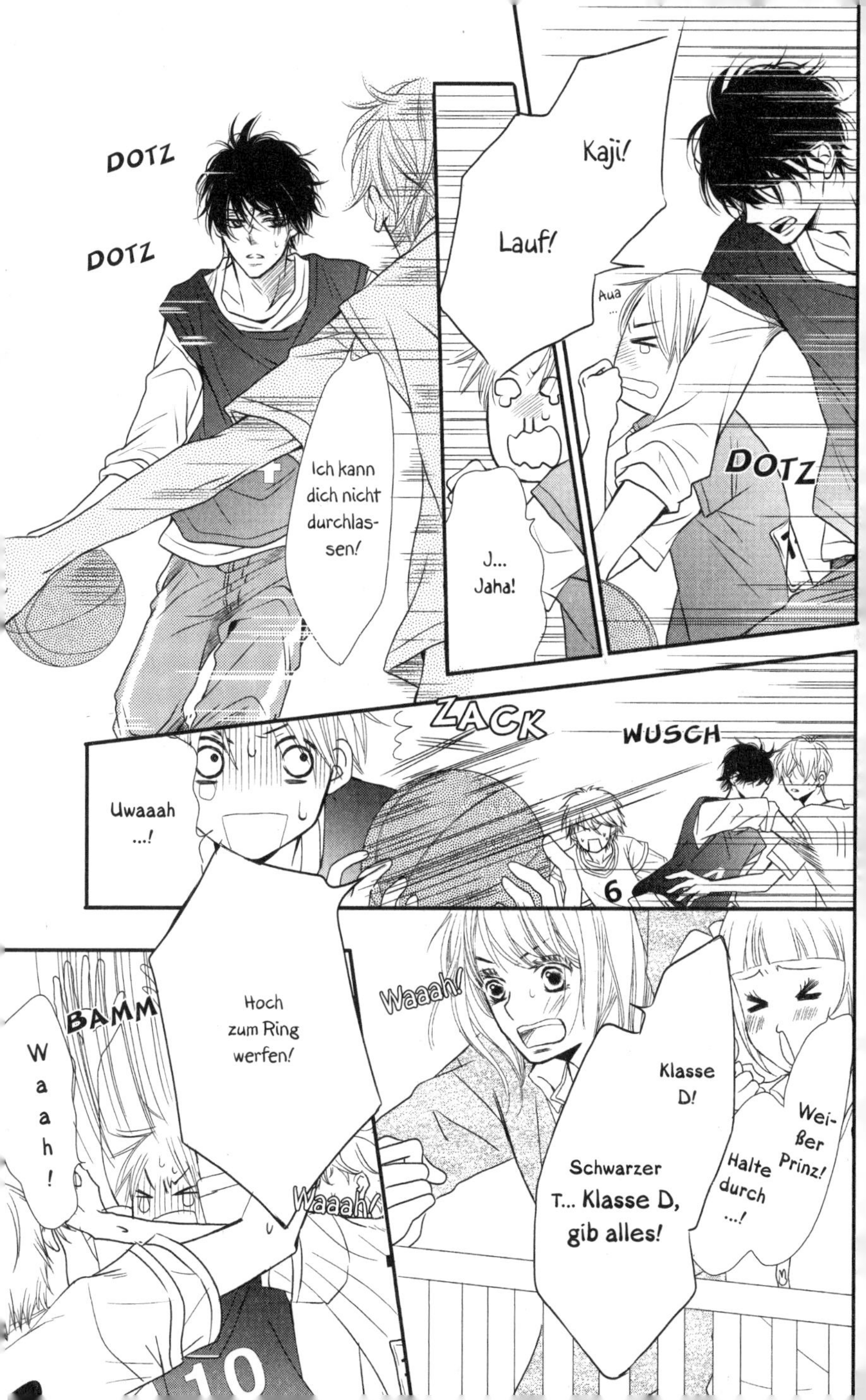
Kaji!
Lauf!
Aua ...
DOTZ
J... Jaha!
DOTZ
DOTZ
Ich kann dich nicht durchlassen!
WUSCH
ZACK
Uwaaah ...!
Weißer Prinz!
Halte durch ...!
Klasse D!
Schwarzer T... Klasse D, gib alles!
Waaah!
Waaah!
Hoch zum Ring werfen!
BAMM
Waah!

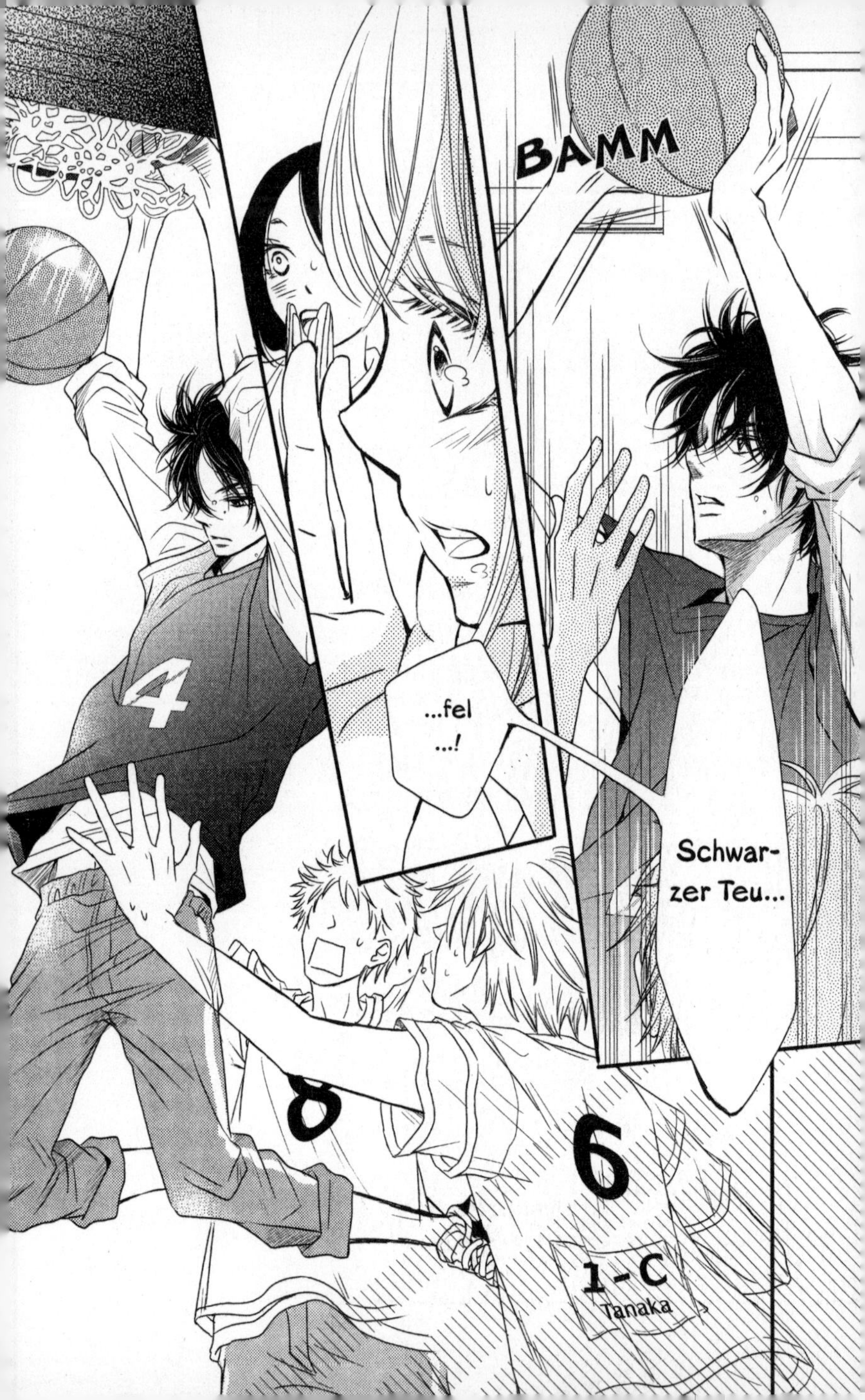
BAMM
Schwar-
zer Teu...
...fel
...!
4
8
6
1-C
Tanaka

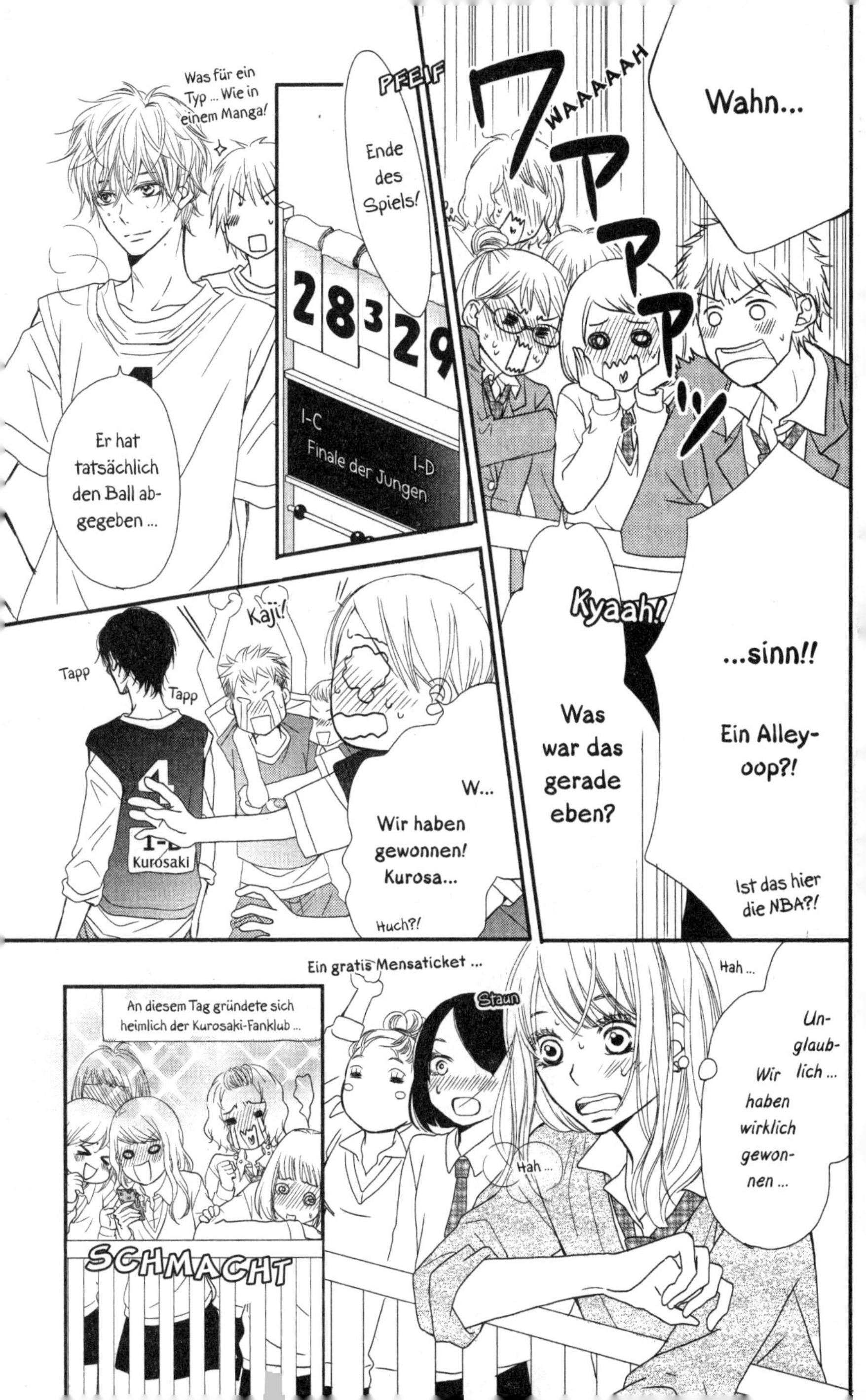

Wahn...
WAAAAAH
PFEIF
Ende des Spiels!
28 3 29
I-C
I-D
Finale der Jungen
Was für ein Typ ... Wie in einem Manga!
Er hat tatsächlich den Ball abgegeben ...
...sinn!!
Ein Alley-oop?!
Ist das hier die NBA?!
Kyaah!
Was war das gerade eben?
W...
Wir haben gewonnen! Kurosa...
Huch?!
Kaji!
Tapp
Tapp
1-D
Kurosaki
Hah ...
Un-glaub-lich ...
Wir haben wirklich gewon-nen ...
Hah ...
Staun
Ein gratis Mensaticket ...
An diesem Tag gründete sich heimlich der Kurosaki-Fanklub ...
SCHMACHT

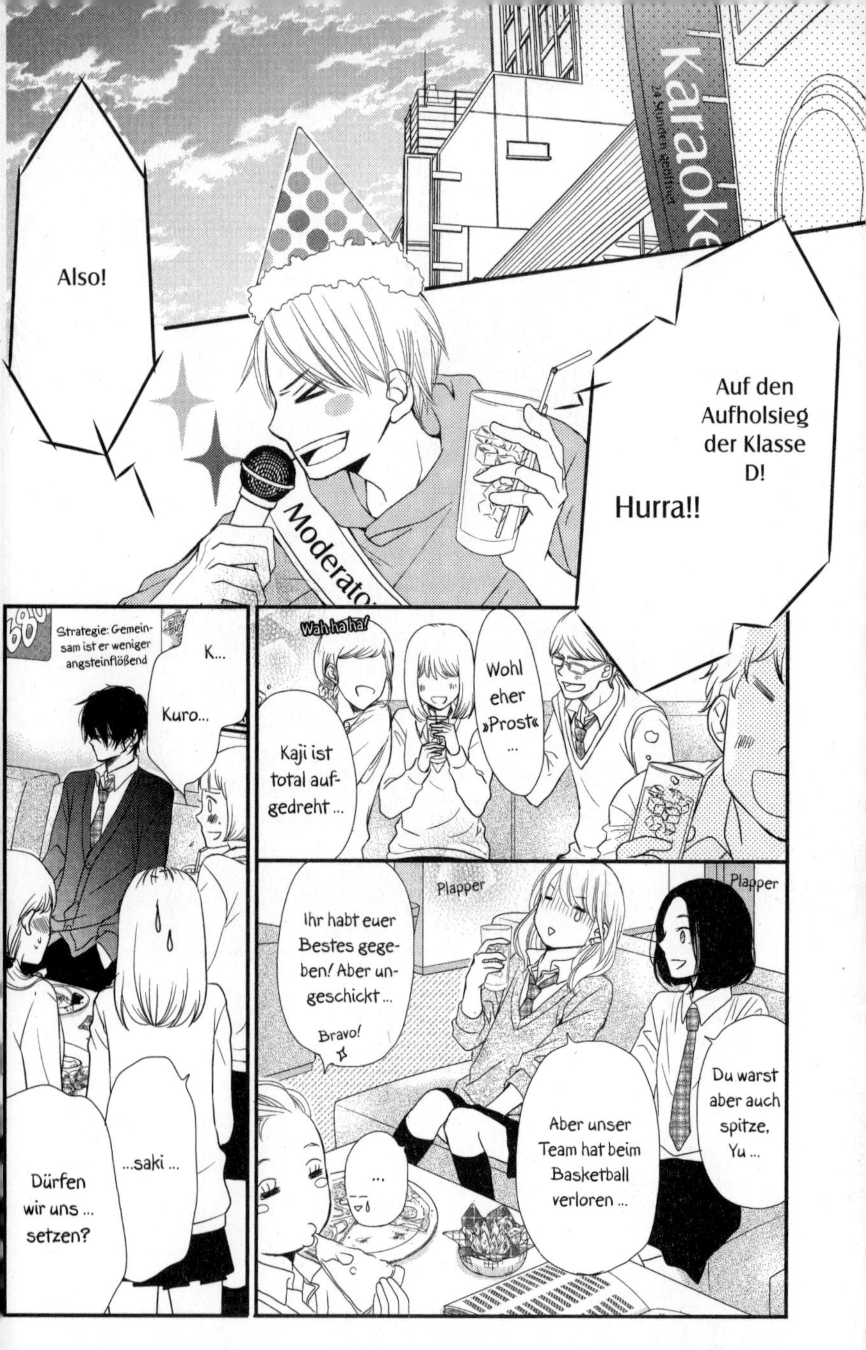
Karaoke
24 Stunden geöffnet
Also!
Auf den Aufholsieg der Klasse D!
Hurra!!
Moderator
Wah ha ha!
Wohl eher »Prost« …
Kaji ist total aufgedreht …
Strategie: Gemeinsam ist er weniger angsteinflößend
K…
Kuro…
Plapper
Plapper
Ihr habt euer Bestes gegeben! Aber ungeschickt …
Bravo!
Du warst aber auch spitze, Yu …
Aber unser Team hat beim Basketball verloren …
…
…saki …
Dürfen wir uns … setzen?

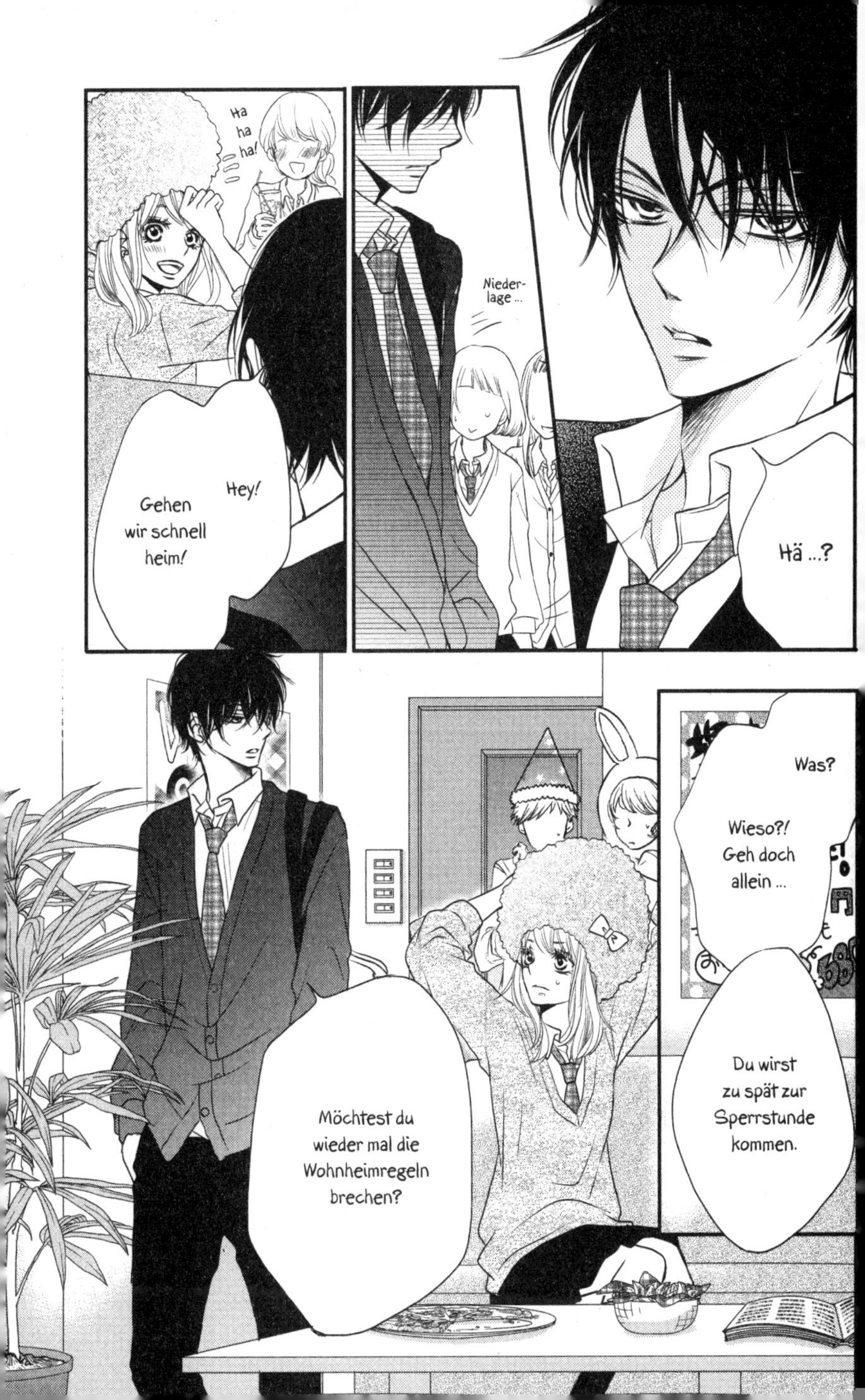

Hä ...?
Nieder-lage ...
Ha ha ha!
Hey!
Gehen wir schnell heim!
Was?
Wieso?! Geh doch allein ...
Du wirst zu spät zur Sperrstunde kommen.
Möchtest du wieder mal die Wohnheimregeln brechen?

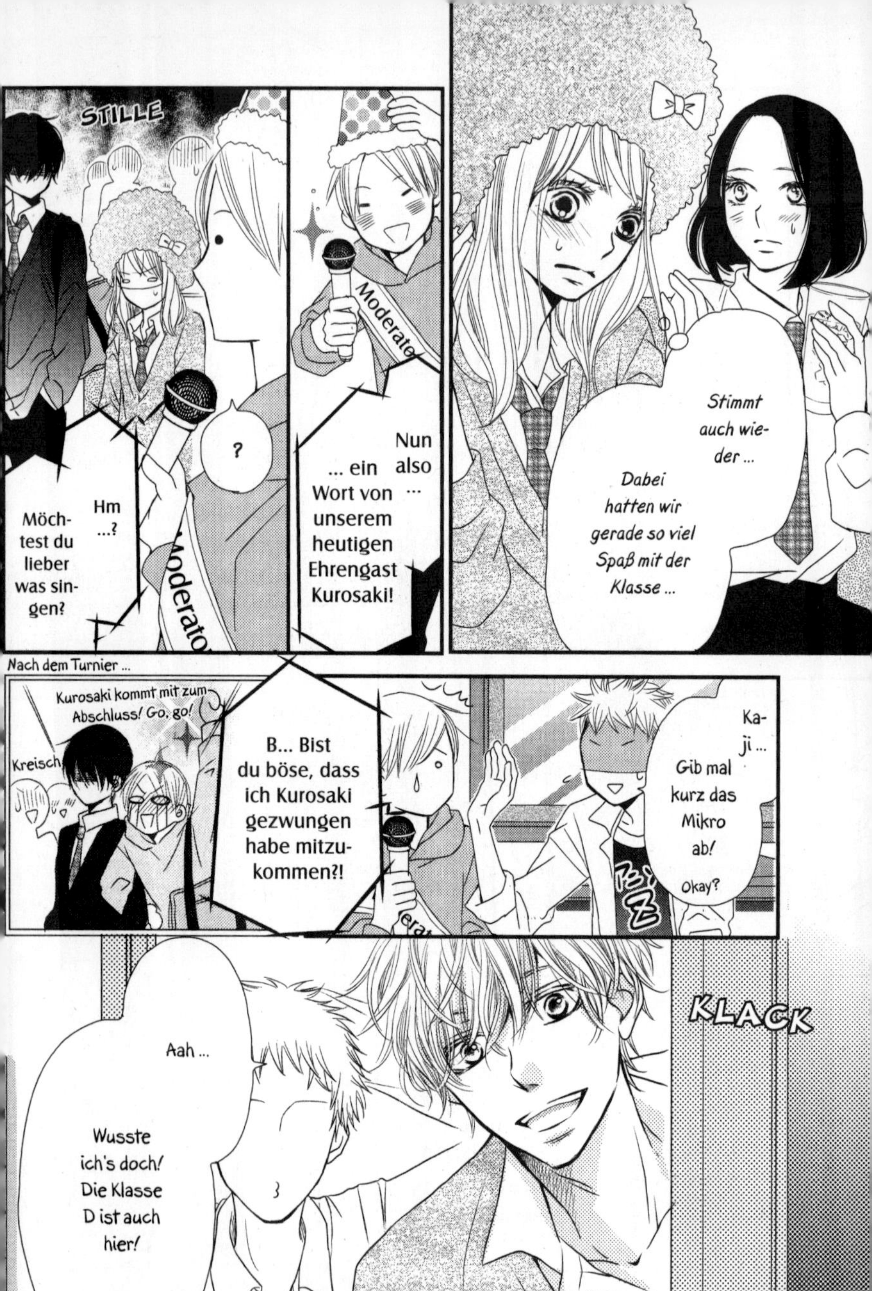
Stimmt auch wieder ...
Dabei hatten wir gerade so viel Spaß mit der Klasse ...
Nun also ...
... ein Wort von unserem heutigen Ehrengast Kurosaki!
?
STILLE
Hm ...?
Möchtest du lieber was singen?
Moderator
Nach dem Turnier ...
Ka-ji ...
Gib mal kurz das Mikro ab!
Okay?
B... Bist du böse, dass ich Kurosaki gezwungen habe mitzukommen?!
Kurosaki kommt mit zum Abschluss! Go, go!
Kreisch
KLACK
Aah ...
Wusste ich's doch! Die Klasse D ist auch hier!

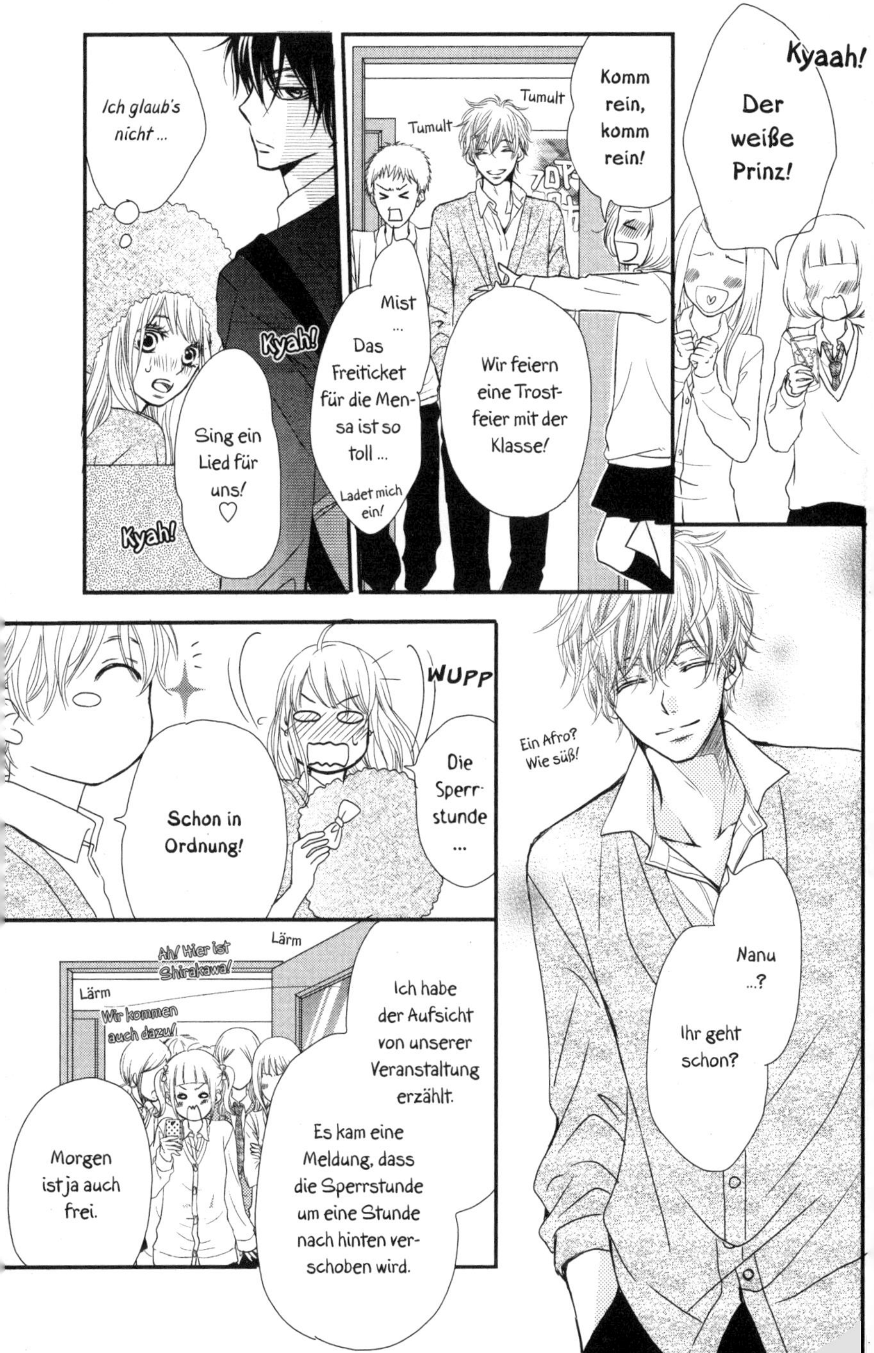
Kyaah!
Der weiße Prinz!
Komm rein, komm rein!
Tumult
Tumult
Wir feiern eine Trost-feier mit der Klasse!
Mist ... Das Freiticket für die Men-sa ist so toll ...
Ladet mich ein!
Ich glaub's nicht ...
Kyah!
Sing ein Lied für uns! ♡
Kyah!
Ein Afro? Wie süß!
Nanu ...?
Ihr geht schon?
WUPP
Die Sperr-stunde ...
Schon in Ordnung!
Ich habe der Aufsicht von unserer Veranstaltung erzählt.
Es kam eine Meldung, dass die Sperrstunde um eine Stunde nach hinten ver-schoben wird.
Lärm
Ah! Hier ist Shirakawa!
Lärm
Wir kommen auch dazu!
Morgen ist ja auch frei.

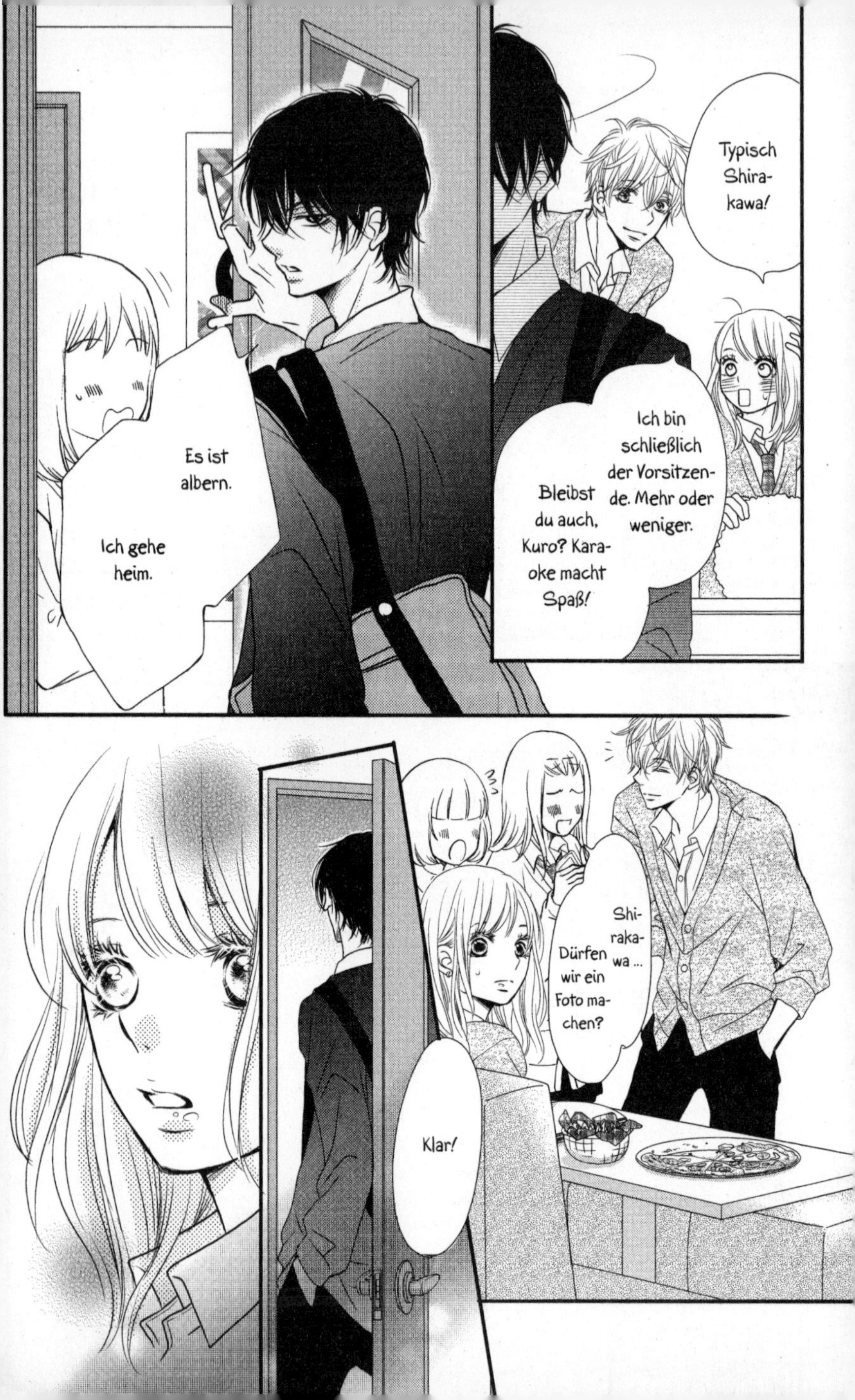
Typisch Shira-kawa!
Ich bin schließlich der Vorsitzen-de. Mehr oder weniger.
Bleibst du auch, Kuro? Kara-oke macht Spaß!
Es ist albern.
Ich gehe heim.
Shi-raka-wa ...
Dürfen wir ein Foto ma-chen?
Klar!

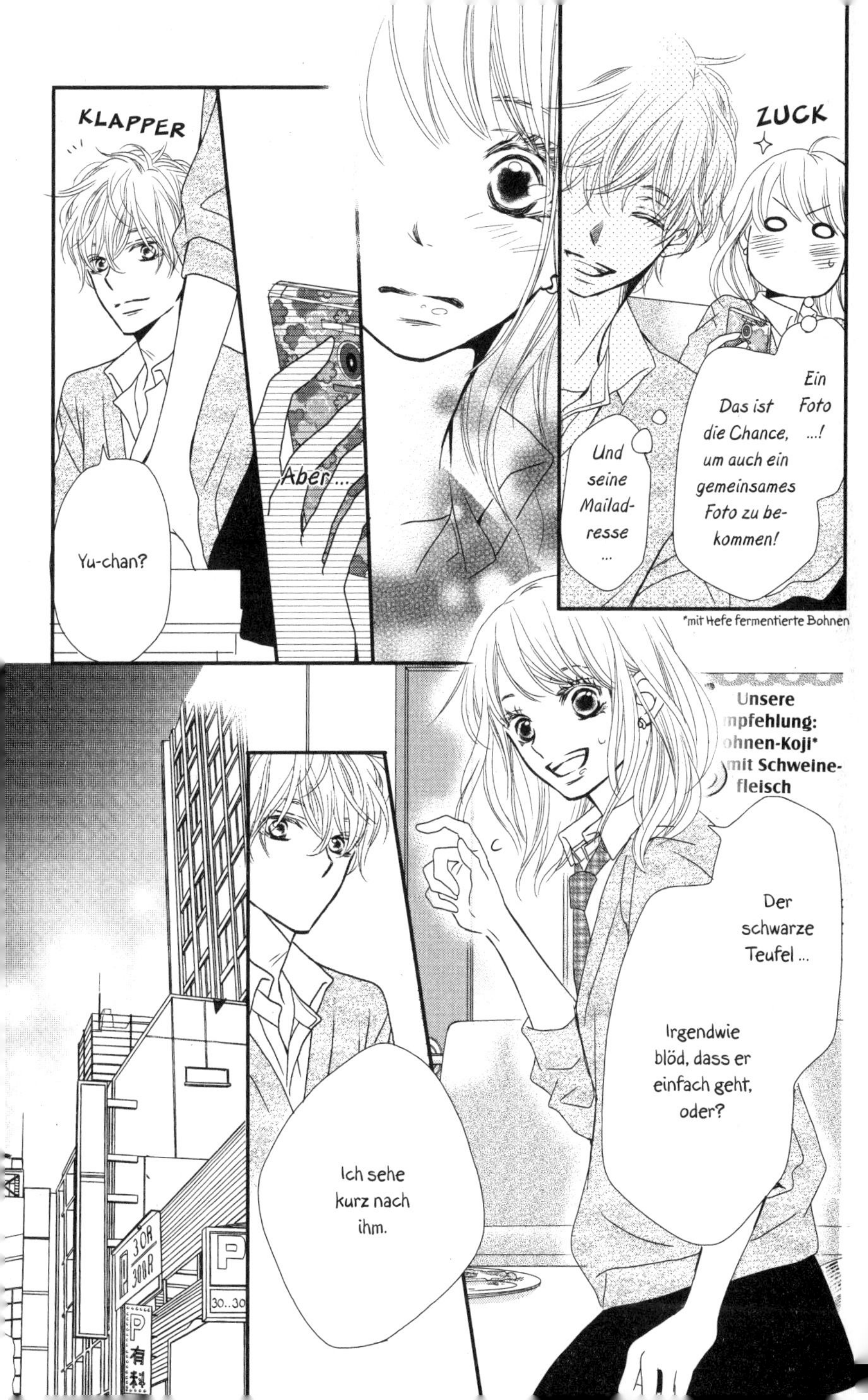
ZUCK
Ein Foto ...!
Das ist die Chance, um auch ein gemeinsames Foto zu bekommen!
Und seine Mailadresse ...
Aber ...
KLAPPER
Yu-chan?
*mit Hefe fermentierte Bohnen
Unsere
mpfehlung:
ohnen-Koji*
mit Schweinefleisch
Der schwarze Teufel ...
Irgendwie blöd, dass er einfach geht, oder?
Ich sehe kurz nach ihm.

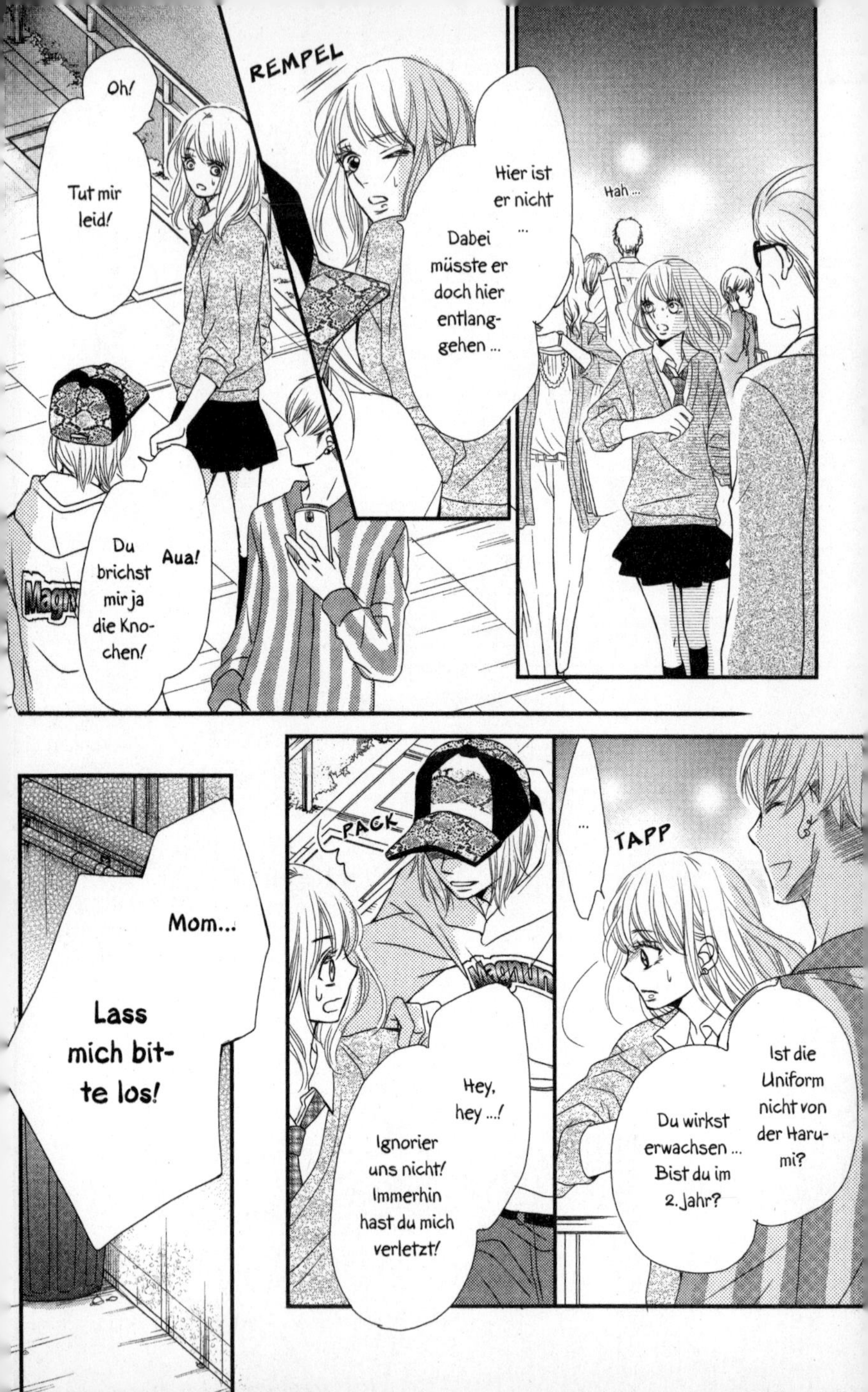
Hah ...
Hier ist er nicht ...
Dabei müsste er doch hier entlanggehen ...
REMPEL
Oh!
Tut mir leid!
Aua!
Du brichst mir ja die Knochen!
TAPP
...
Ist die Uniform nicht von der Harumi?
Du wirkst erwachsen ... Bist du im 2. Jahr?
PACK
Hey, hey ...!
Ignorier uns nicht! Immerhin hast du mich verletzt!
Mom...
Lass mich bitte los!

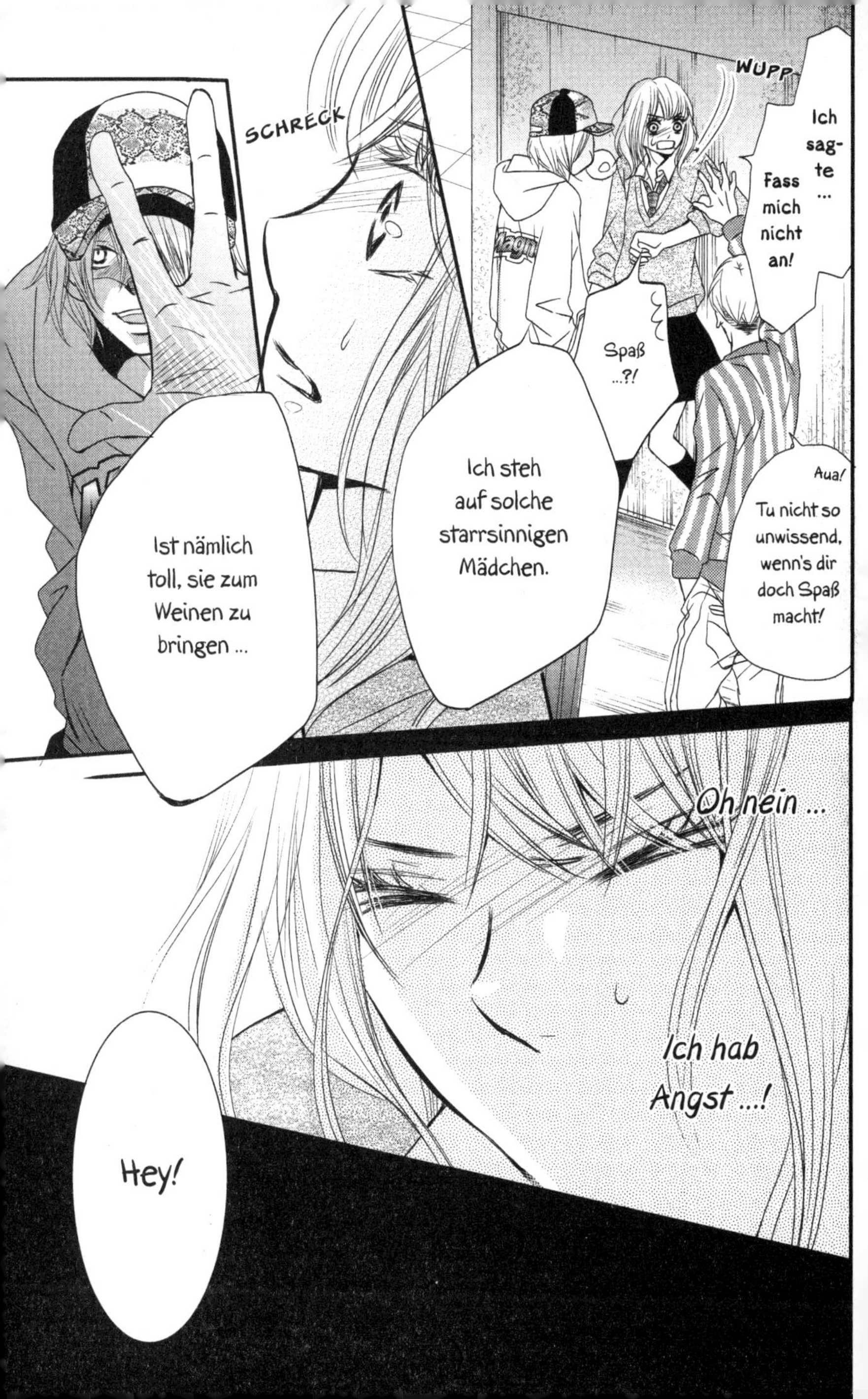
WUPP
Ich sagte ...
Fass mich nicht an!
Aua!
Tu nicht so unwissend, wenn's dir doch Spaß macht!
Spaß ...?!
SCHRECK
Ich steh auf solche starrsinnigen Mädchen.
Ist nämlich toll, sie zum Weinen zu bringen ...
Oh nein ...
Ich hab Angst ...!
Hey!

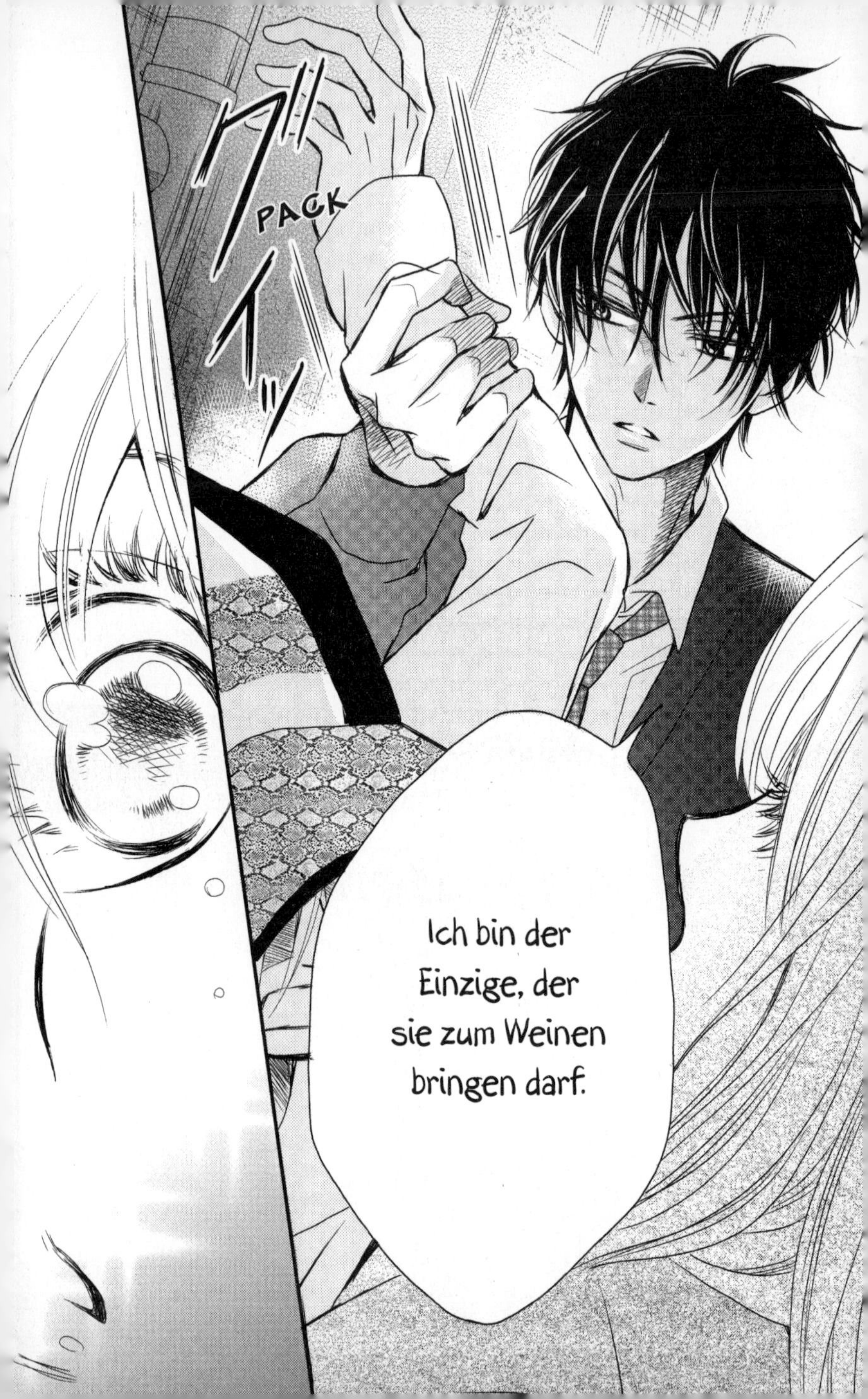
PACK
Ich bin der
Einzige, der
sie zum Weinen
bringen darf.

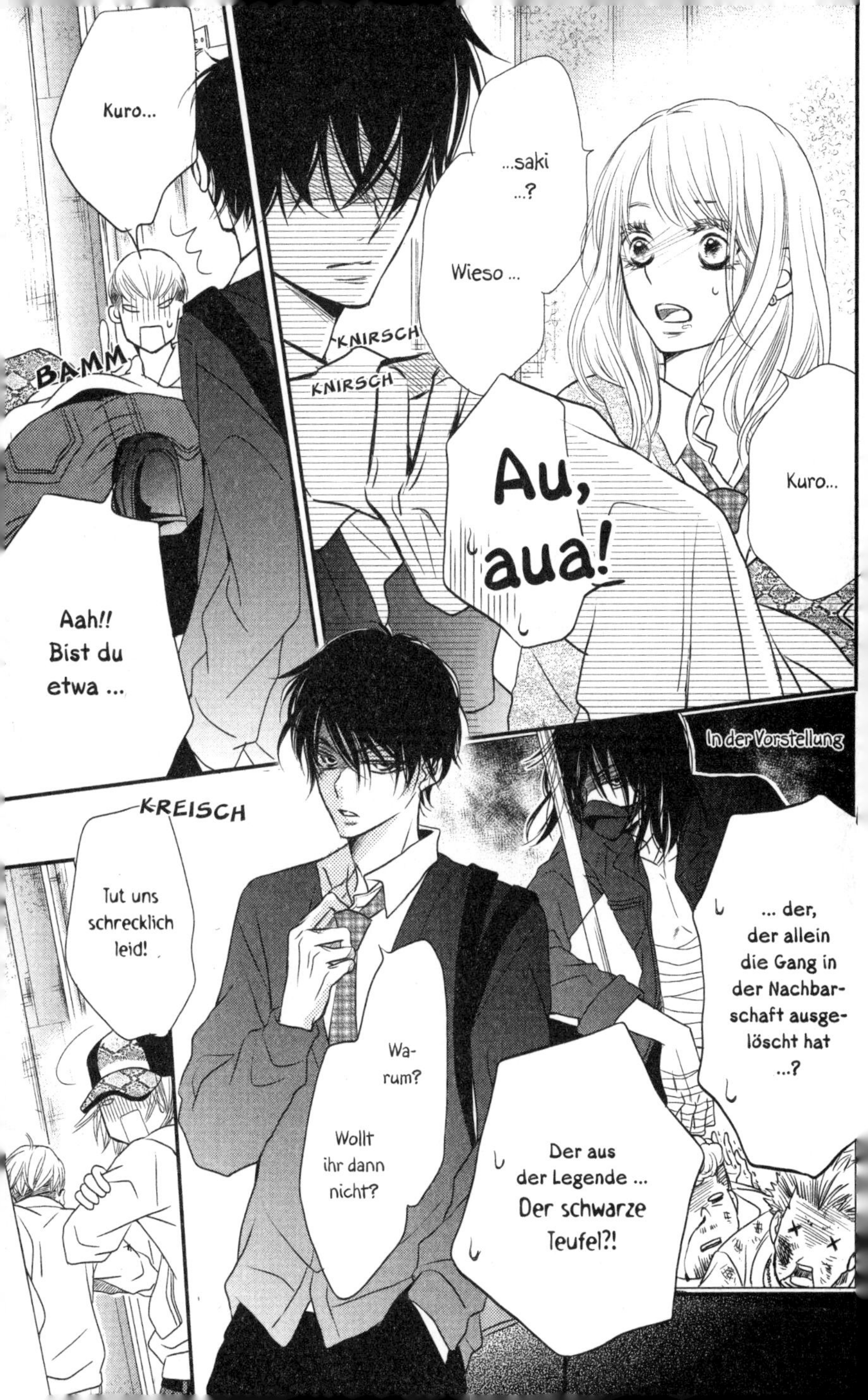
...saki
...?
Wieso ...
Kuro...
KNIRSCH
KNIRSCH
Kuro...
Au, aua!
BAMM
Aah!!
Bist du
etwa ...
In der Vorstellung
... der, der allein die Gang in der Nachbarschaft ausgelöscht hat ...?
Der aus der Legende ... Der schwarze Teufel?!
Wa-rum?
Wollt ihr dann nicht?
KREISCH
Tut uns schrecklich leid!

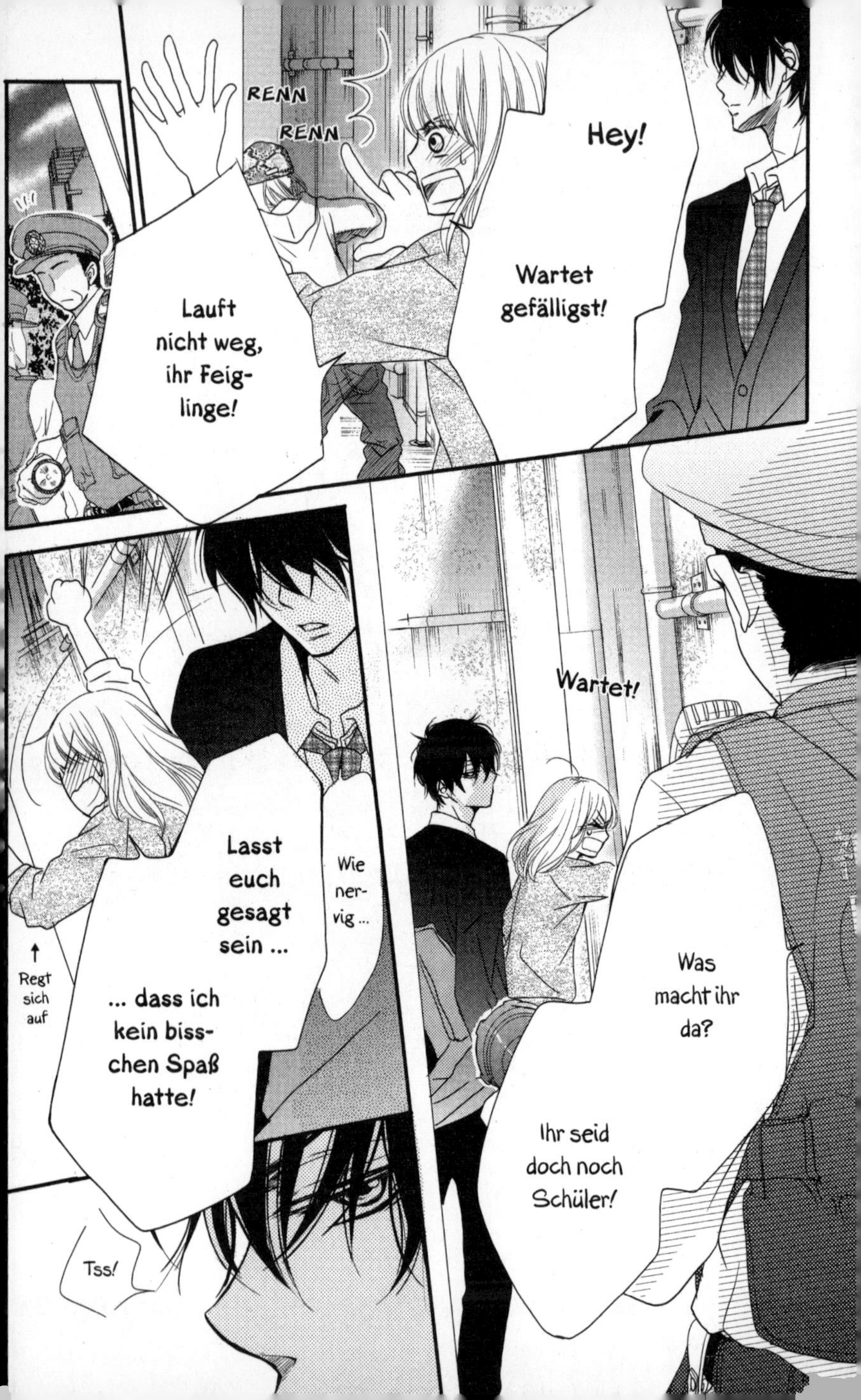
Hey!
Wartet gefälligst!
RENN RENN
Lauft nicht weg, ihr Feiglinge!
Wartet!
Was macht ihr da?
Ihr seid doch noch Schüler!
Wie nervig ...
Lasst euch gesagt sein ...
... dass ich kein bisschen Spaß hatte!
↑ Regt sich auf
Tss!

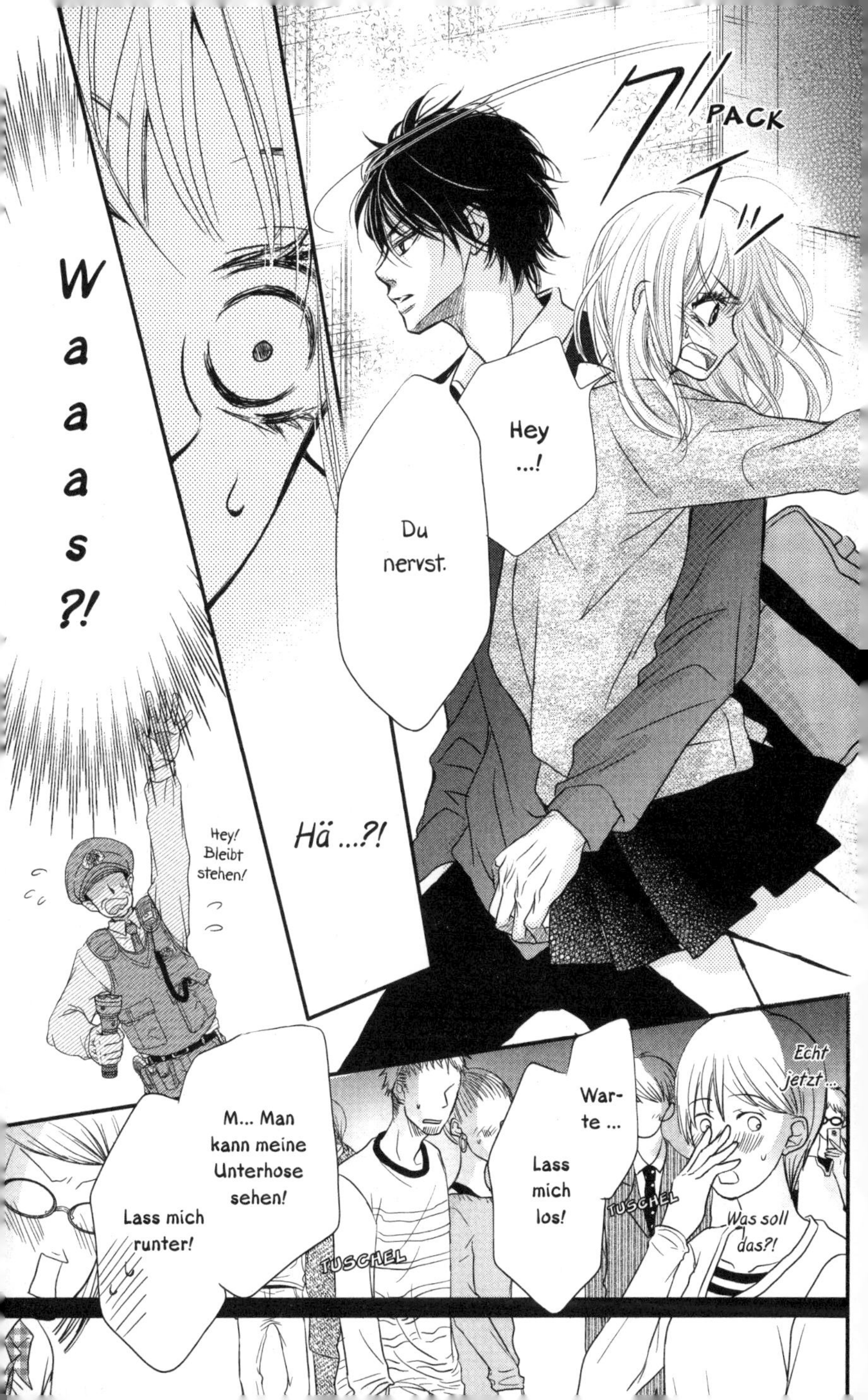
PACK
Hey ...!
Du nervst.
Waaas?!
Hä ...?!
Hey! Bleibt stehen!
Echt jetzt ...
Was soll das?!
War-te ...
Lass mich los!
TUSCHEL
M... Man kann meine Unterhose sehen!
Lass mich runter!
TUSCHEL

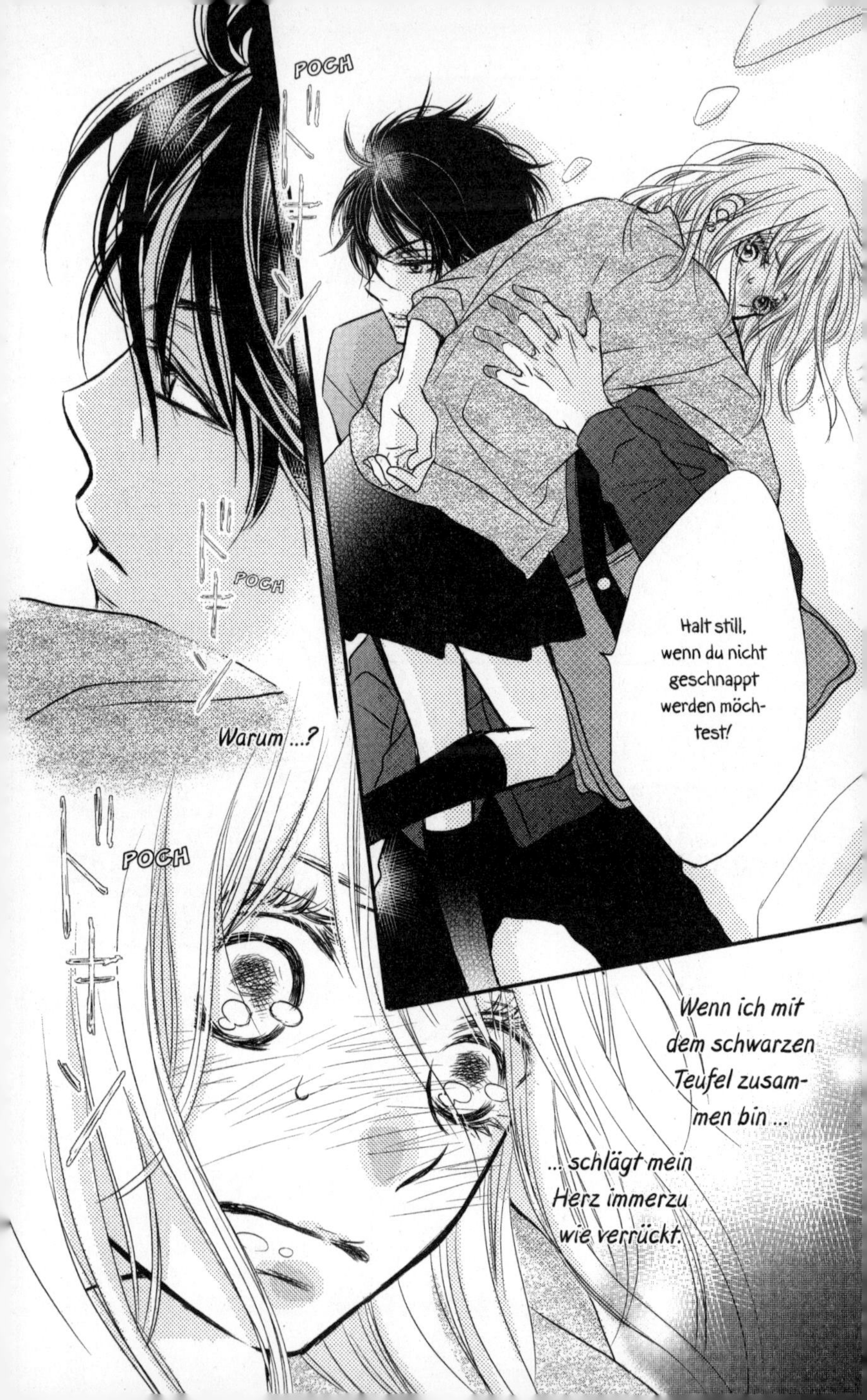
Halt still, wenn du nicht geschnappt werden möchtest!
POCH
POCH
Warum ...?
POCH
Wenn ich mit dem schwarzen Teufel zusammen bin ...
... schlägt mein Herz immerzu wie verrückt.

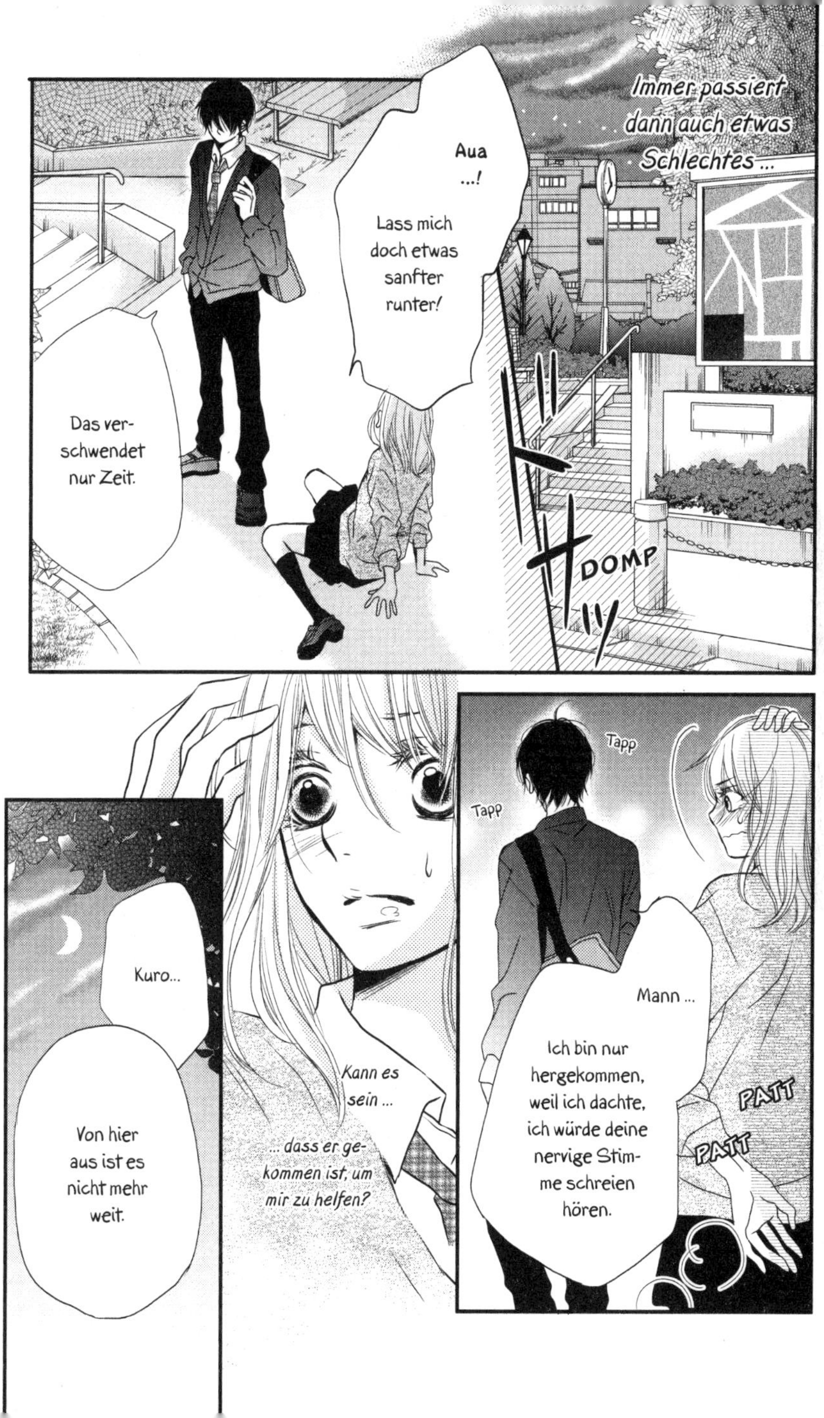
Immer passiert dann auch etwas Schlechtes ...
Aua ...!
Lass mich doch etwas sanfter runter!
DOMP
Das verschwendet nur Zeit.
Tapp
Tapp
PATT
PATT
Mann ...
Ich bin nur hergekommen, weil ich dachte, ich würde deine nervige Stimme schreien hören.
Kann es sein ...
... dass er gekommen ist, um mir zu helfen?
Kuro...
Von hier aus ist es nicht mehr weit.

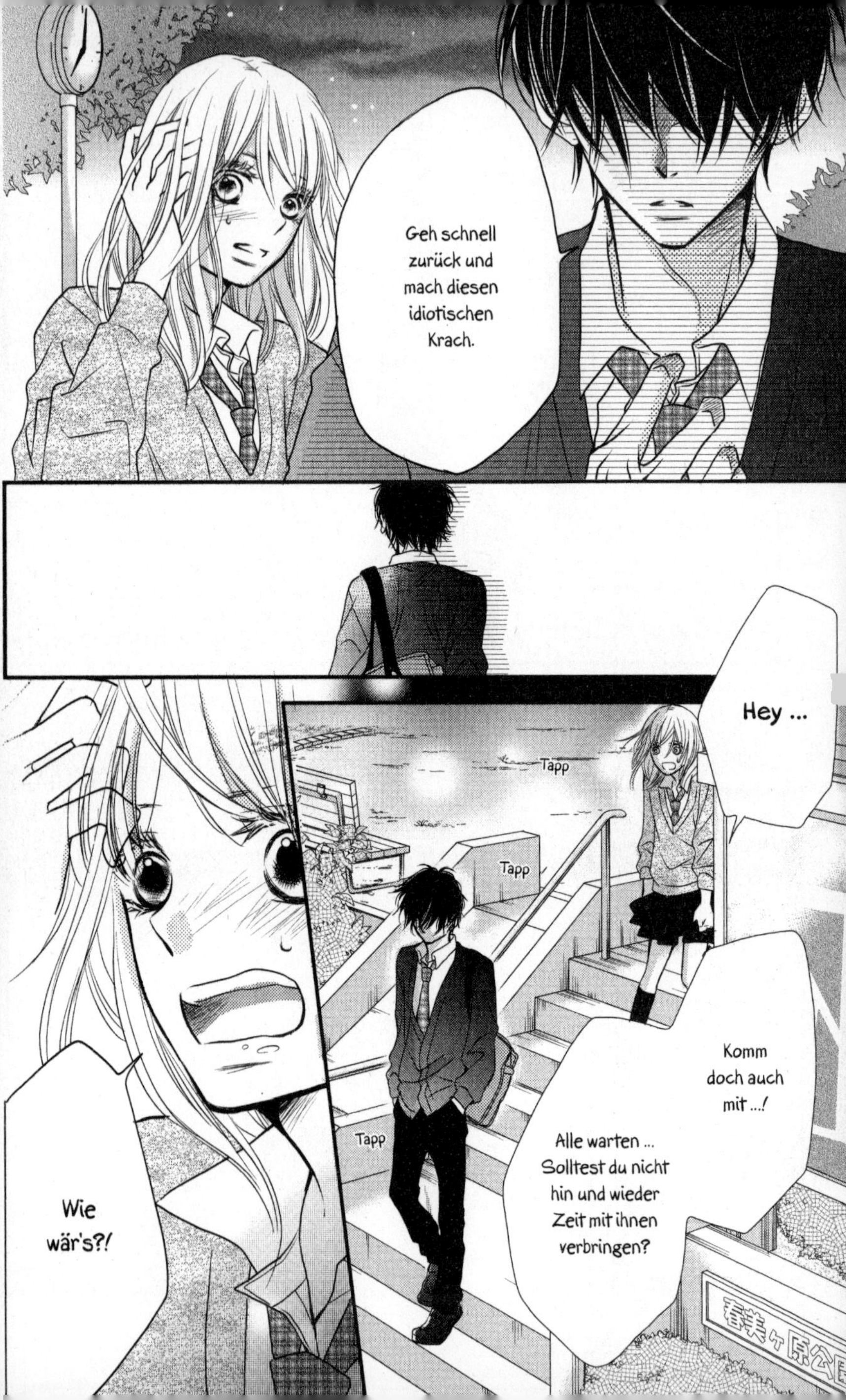
Geh schnell zurück und mach diesen idiotischen Krach.
Hey ...
Tapp
Tapp
Komm doch auch mit ...!
Alle warten ... Solltest du nicht hin und wieder Zeit mit ihnen verbringen?
Tapp
Wie wär's?!
春美ヶ原公

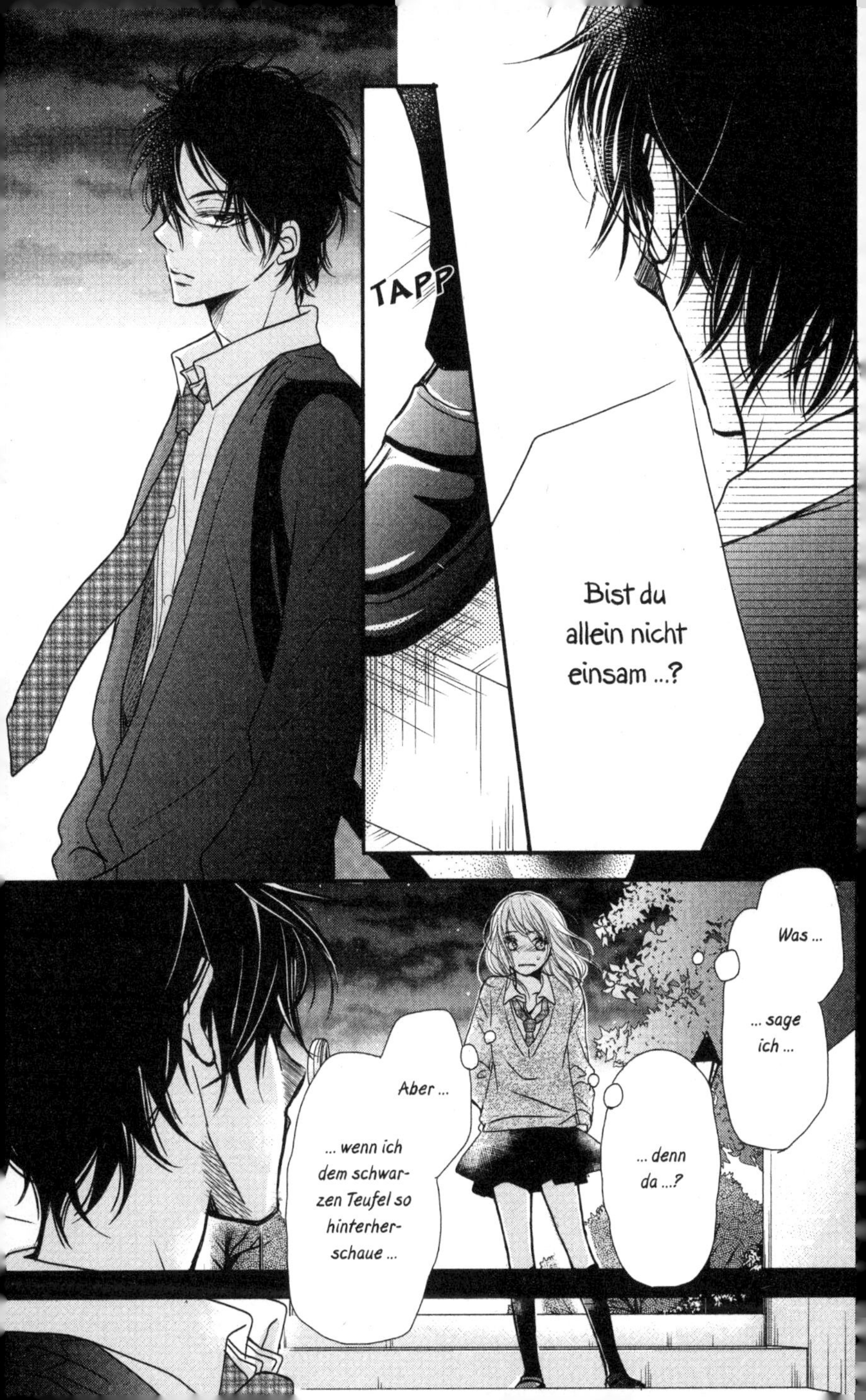

Bist du allein nicht einsam ...?
TAPP
Was ...
... sage ich ...
... denn da ...?
Aber ...
... wenn ich dem schwarzen Teufel so hinterherschaue ...

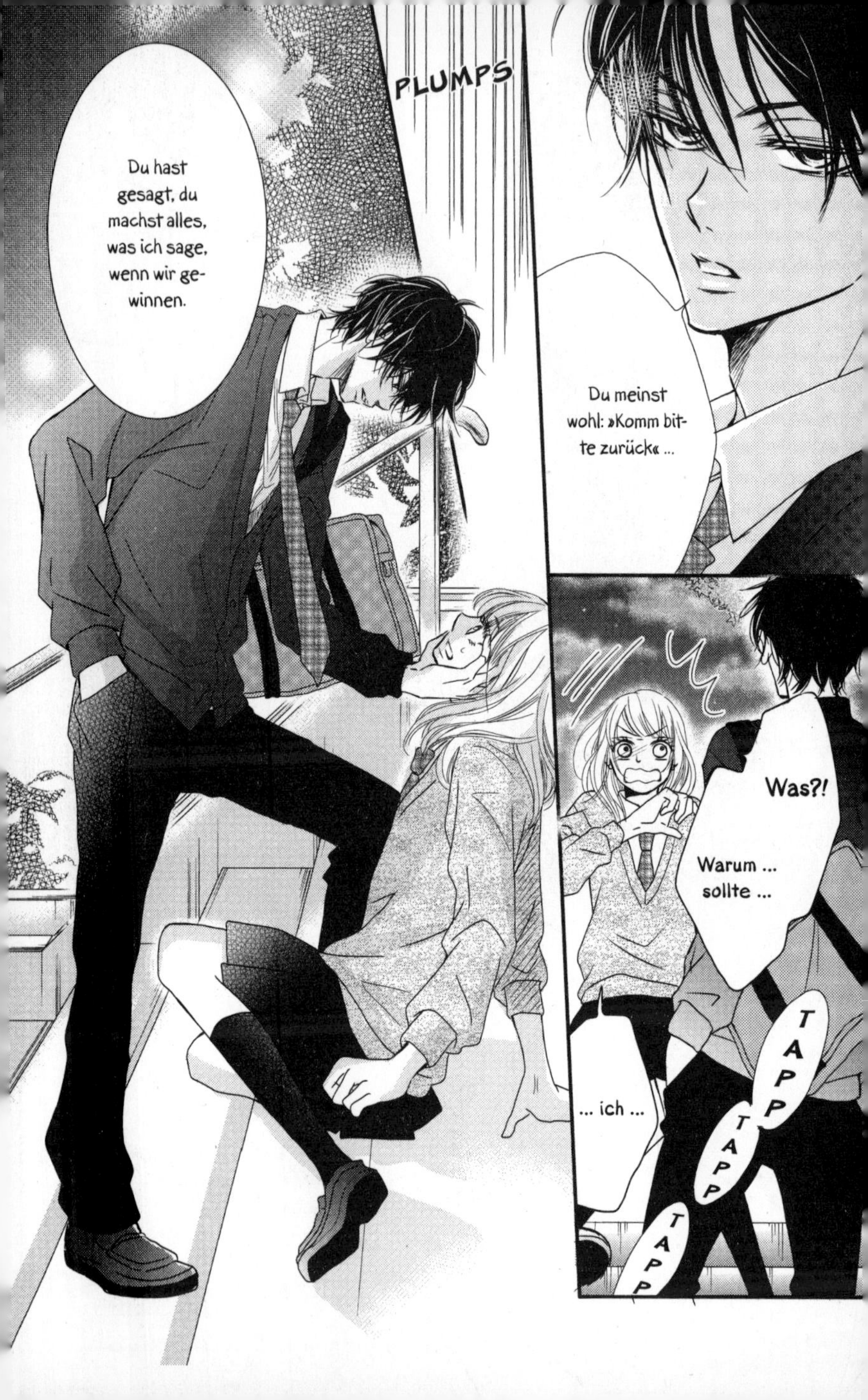
Du meinst wohl: »Komm bitte zurück« ...
PLUMPS
Du hast gesagt, du machst alles, was ich sage, wenn wir gewinnen.
Was?!
Warum ... sollte ...
... ich ...
TAPP
TAPP
TAPP

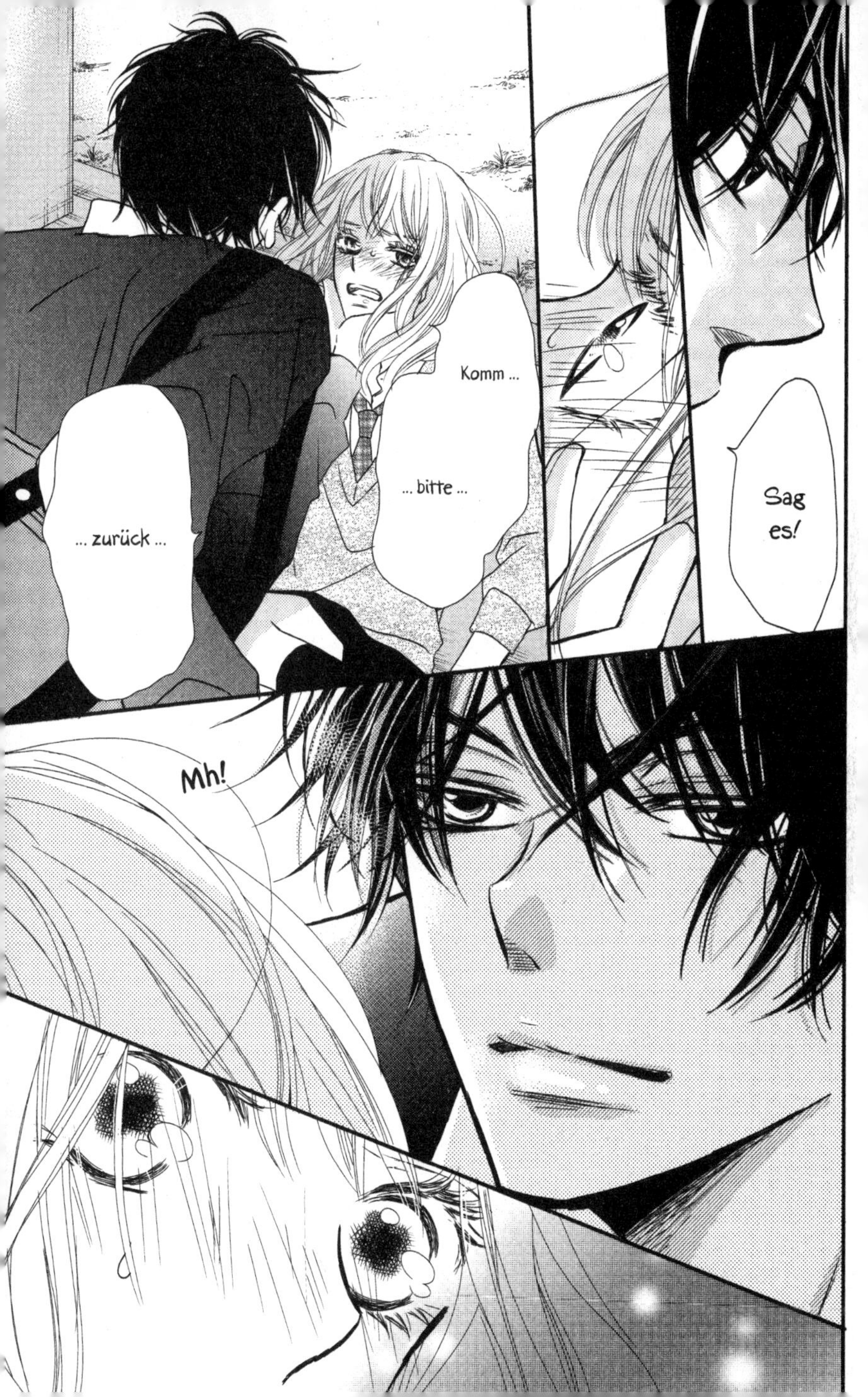
Sag es!
Komm ...
... bitte ...
... zurück ...
Mh!

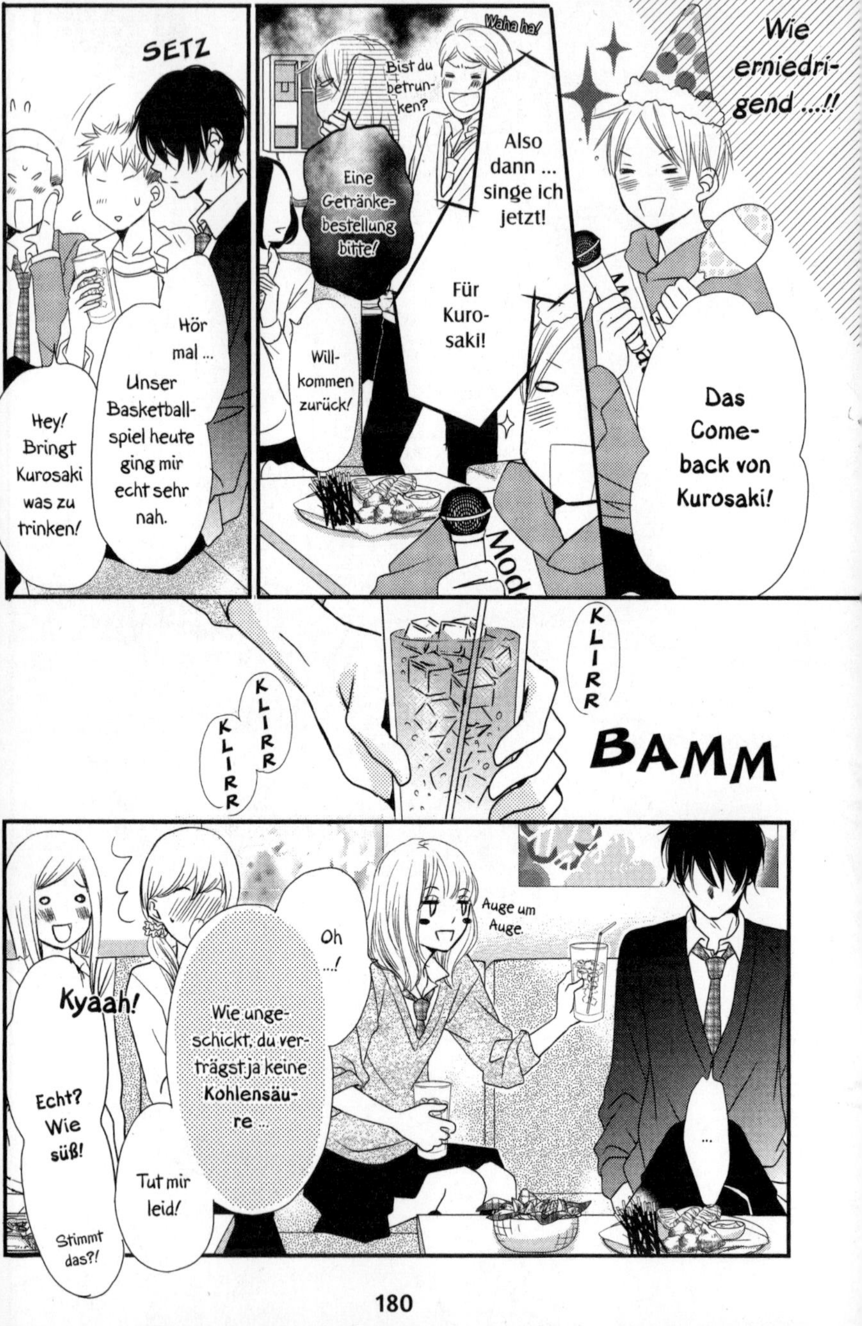
Wie erniedri-gend ...!!
Waha ha!
Bist du betrun-ken?
Also dann ... singe ich jetzt!
Für Kuro-saki!
Das Come-back von Kurosaki!
Eine Getränke-bestellung bitte!
Will-kommen zurück!
SETZ
Hör mal ...
Unser Basketball-spiel heute ging mir echt sehr nah.
Hey! Bringt Kurosaki was zu trinken!
KLIRR
KLIRR
KLIRR
BAMM
Auge um Auge.
...
Oh ...!
Wie unge-schickt, du ver-trägst ja keine Kohlensäu-re ...
Kyaah!
Echt? Wie süß!
Tut mir leid!
Stimmt das?!

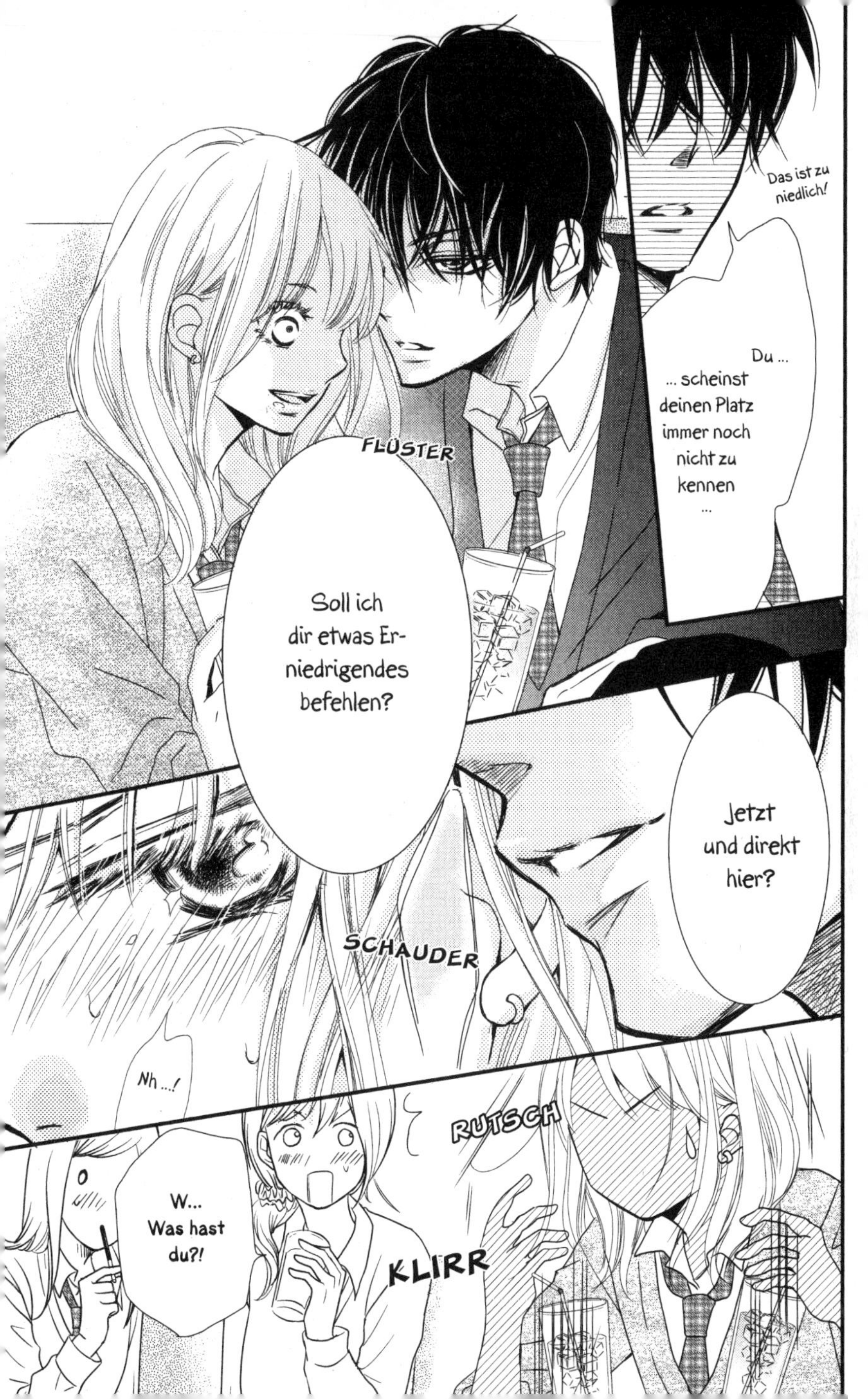
Das ist zu niedlich!
Du ...
... scheinst deinen Platz immer noch nicht zu kennen ...
FLÜSTER
Soll ich dir etwas Erniedrigendes befehlen?
Jetzt und direkt hier?
SCHAUDER
Nh ...!
RUTSCH
KLIRR
W... Was hast du?!

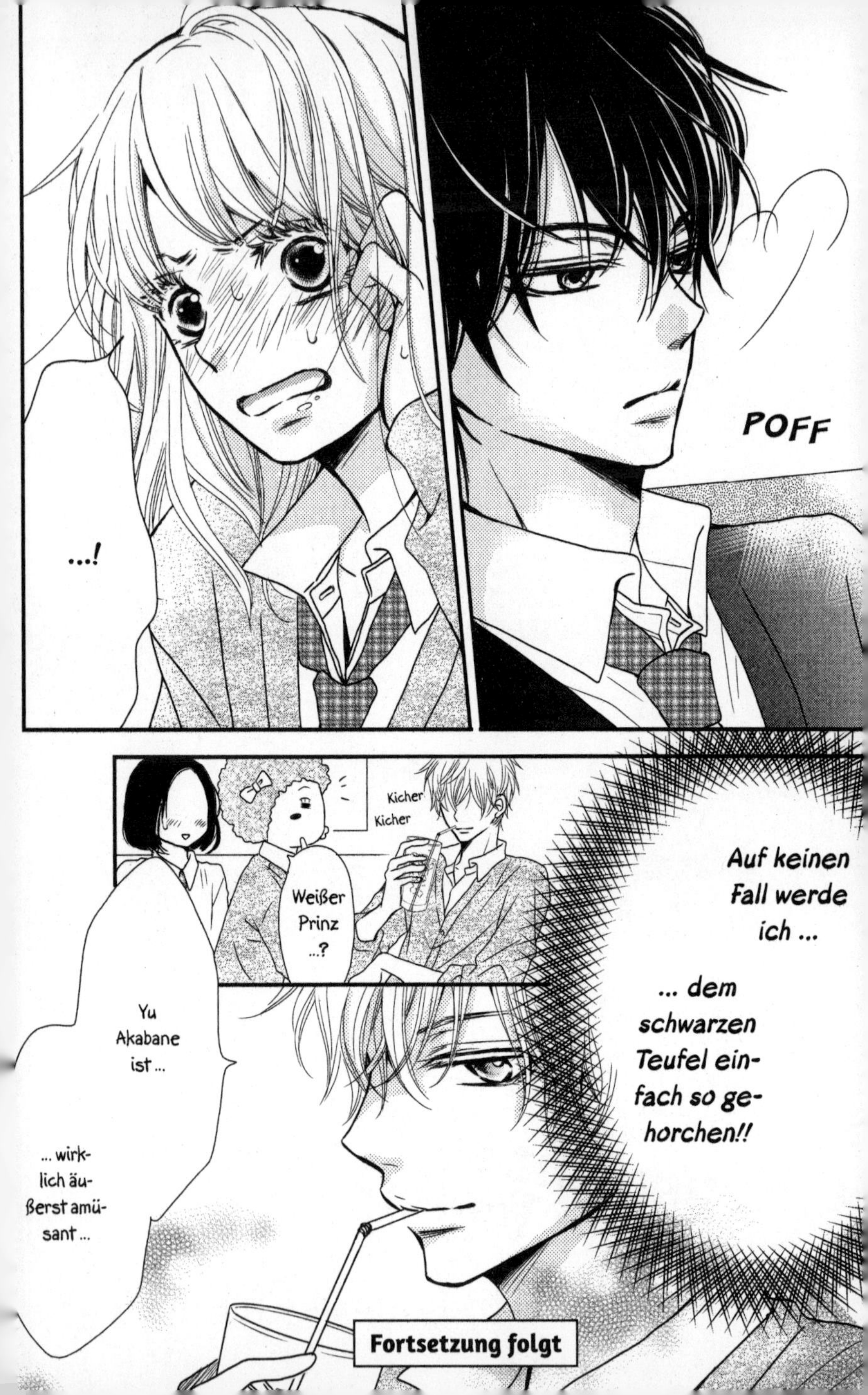

POFF
...!
Kicher
Kicher
Weißer Prinz ...?
Auf keinen Fall werde ich ...
... dem schwarzen Teufel einfach so gehorchen!!
Yu Akabane ist ...
... wirklich äußerst amüsant ...
Fortsetzung folgt

Verliebt in
Prinz und Teufel?

Begrüßung

Hallo, ich bin Makino! Vielen Dank, dass ihr dieses Buch in die Hand genommen habt!

Immer, wenn ich wieder ein Werk veröffentlichen kann, habe ich viele Befürchtungen, oder besser gesagt ... Ich zittere so sehr, ob es wohl gut geht, dass ich keine Nacht schlafen kann ...

Aber tatsächlich schlafe ich täglich tief und fest ...

Während der Veröffentlichung dieser Serie fühlte ich mich dauernd, als erlebte ich Tag für Tag ein aufregendes Abenteuer ... (*schwitz*)

Kleine Randnotiz ...

Beim Zeichnen von Kurosaki bin ich bisher am angespanntesten.

Wegen meines viel zu niedrigen Kampfwerts könnte ich es nicht mit ihm aufnehmen. In dem kurzen Bonusmanga im Nachwort habe ich schließlich meinen eigenen Hund zur Hauptfigur gemacht ...

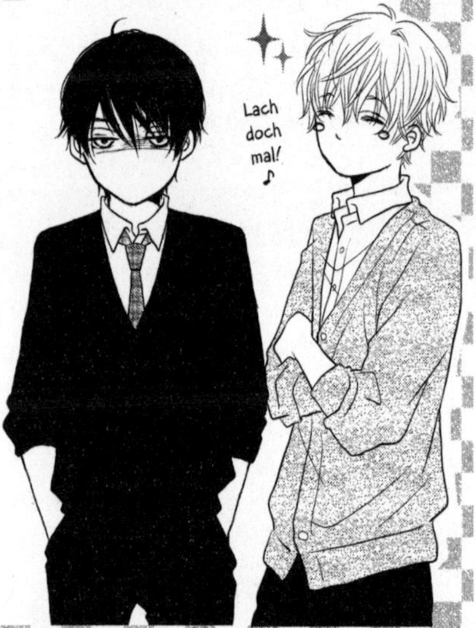

Übrigens ist für mich meine Redakteurin (eine starke Fleischfresserin) im Vergleich zu Kurosaki ... noch furchterregender ... (*lach*)
Ich werde von ihrem Sadismus angetrieben und kann auch über das Zeichnen hinaus immer auf ihre Hilfe zählen.
Wenn mein Manuskript sich zu verspäten droht, sagt sie mit süßer Stimme: »Soll ich dich mit dem Absatz meiner High Heels treten?« Da möchte ich ehrlich gesagt davonlaufen ... Mache ich aber nicht ...! Bestimmt nicht ...

Danksagung

Diesmal haben mir beim Manuskript geholfen:

- Saori-san
- Naoda Tsuboko-chan
- Adacchan

Meine Redakteurin, die mich immer mit ihrer überschäumenden Kraft mitzieht. Alle, die im Vertrieb von KC mitgeholfen haben. Meine Familie und Freunde. Mein Hund. (*lach*) Und schließlich meine Leser, von denen ich die größte Kraft bekomme!
Wirklich vielen Dank dafür!
Ich gebe mir auch weiterhin Mühe, dass meine Werke euch auf die ein oder andere Weise erreichen!
Unterstützt mich bitte auch weiterhin!

Mai 2014 Makino

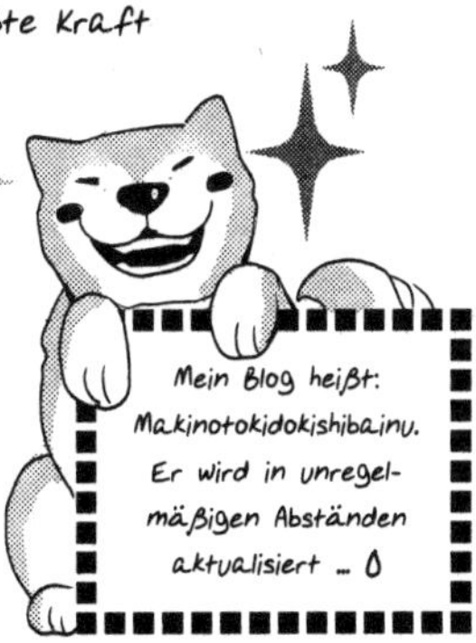

Ich werde meinem Frauchen auf keinen Fall einfach so gehorchen!

Ein Manga mit meinem Hund

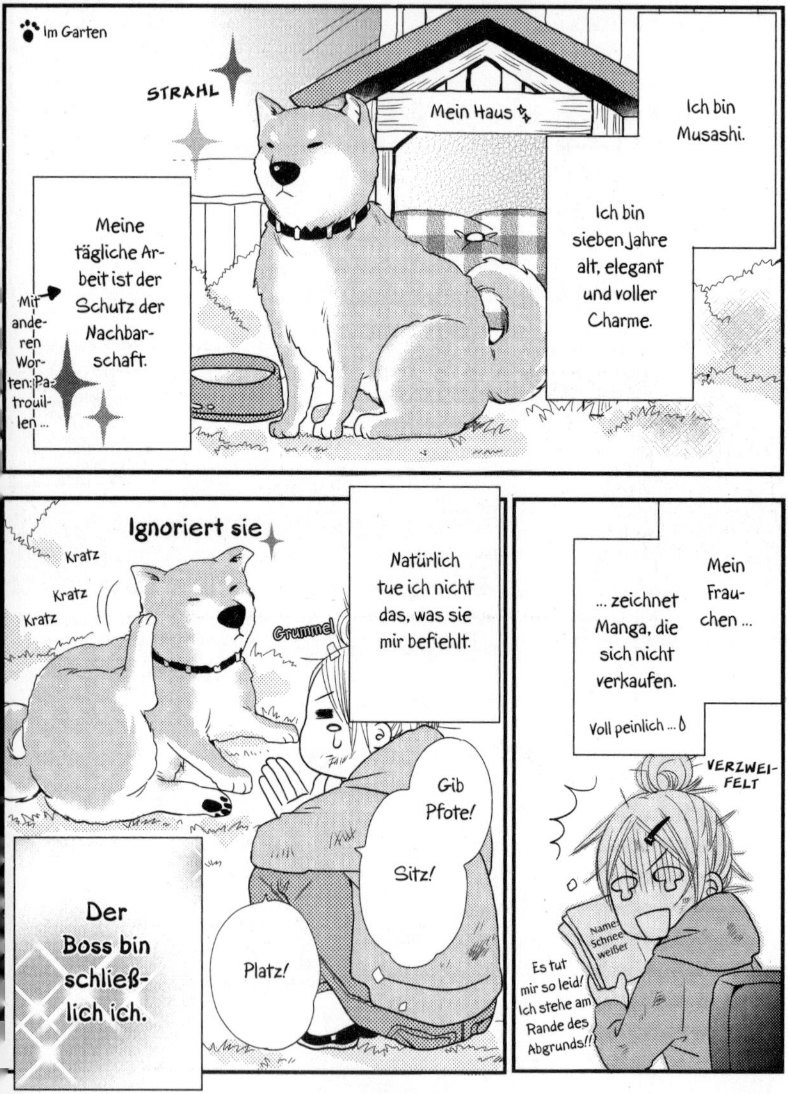

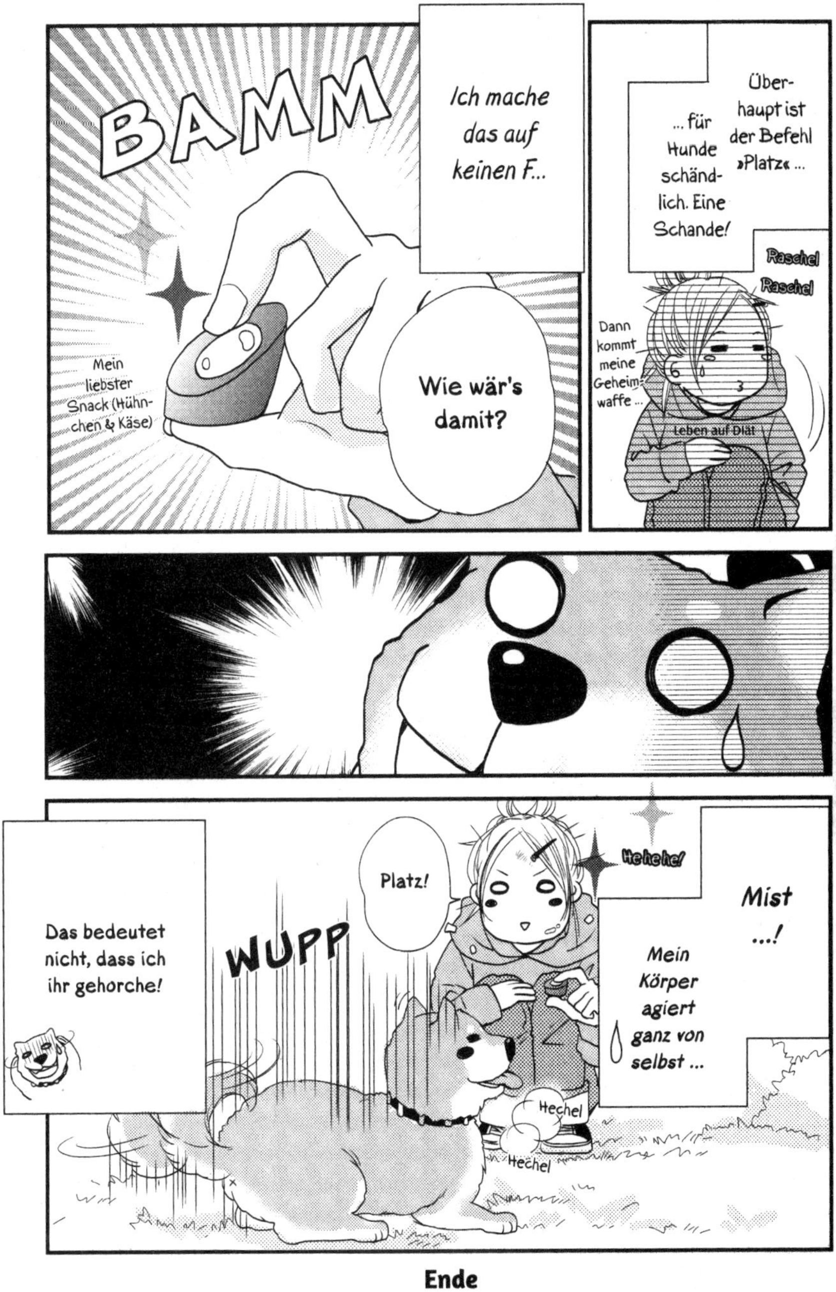
Über-
haupt ist
der Befehl
»Platz« ...
... für
Hunde
schänd-
lich. Eine
Schande!
Raschel
Raschel
Dann
kommt
meine
Geheim-
waffe ...
Leben auf Diät
Ich mache
das auf
keinen F...
BAMM
Wie wär's
damit?
Mein
liebster
Snack (Hühn-
chen & Käse)
Hehehe!
Platz!
Mist
...!
Mein
Körper
agiert
ganz von
selbst ...
WUPP
Hechel
Hechel
Das bedeutet
nicht, dass ich
ihr gehorche!

Ende

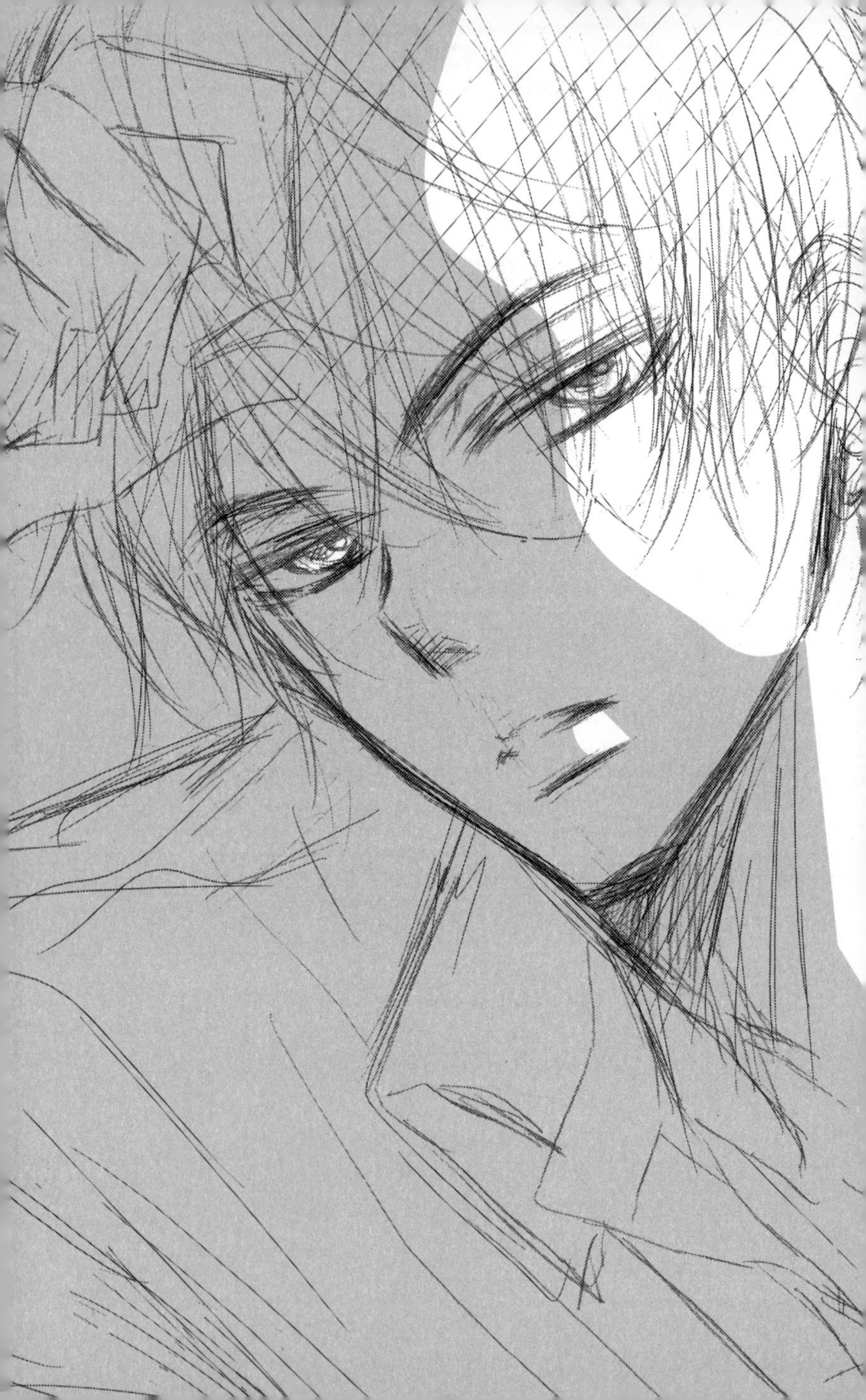

Autorenkommentar

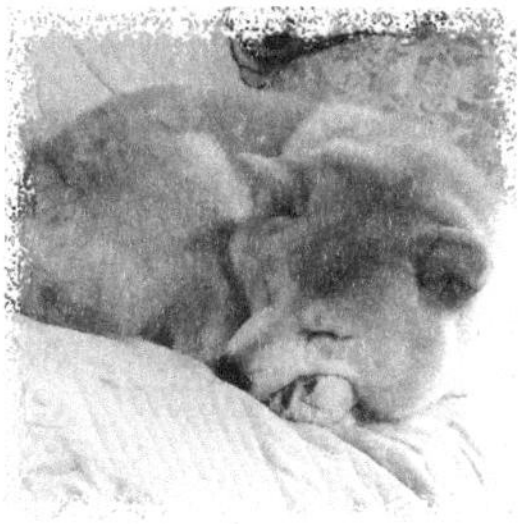

Bei dieser Geschichte habe ich mich an einen Typ Mann gewagt, den ich bisher noch nicht gezeichnet habe ... (*schwitz*)

Ich habe viel ausprobiert und war auch als Zeichnerin sehr angespannt und bemüht, dass es euch zumindest ein bisschen gefällt.

Übrigens ist auch mein Hund ins Wohnzimmer gekommen und hat in seiner ganzen erhabenen Ehrwürdigkeit wie selbstverständlich auf dem Sofa geschlafen. (*lach*)

Makino

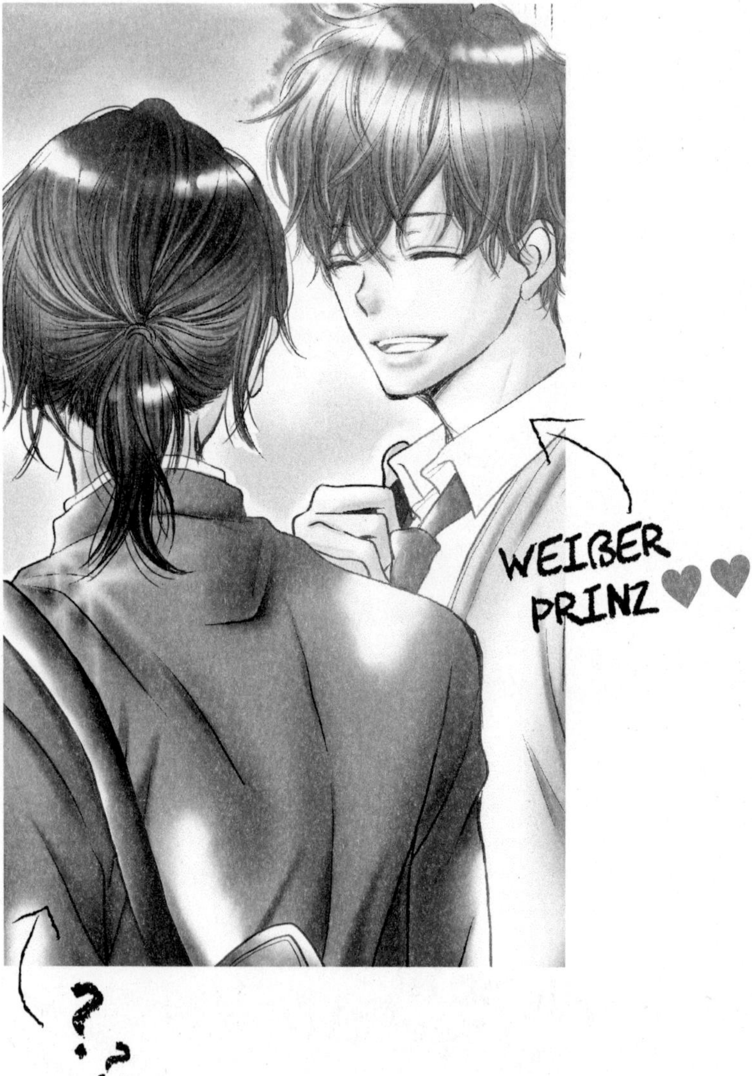
WEIßER PRINZ ♥♥
?

Verliebt in
Prinz und Teufel?

STOPP!

**Dies ist die letzte Seite des Buches!
Du willst dir doch nicht den Spaß verderben
und das Ende zuerst lesen, oder?**

Um die Geschichte unverfälscht und originalgetreu mitverfolgen zu können, musst du es wie die Japaner machen und von rechts nach links lesen. Deshalb schnell das Buch umdrehen und loslegen!

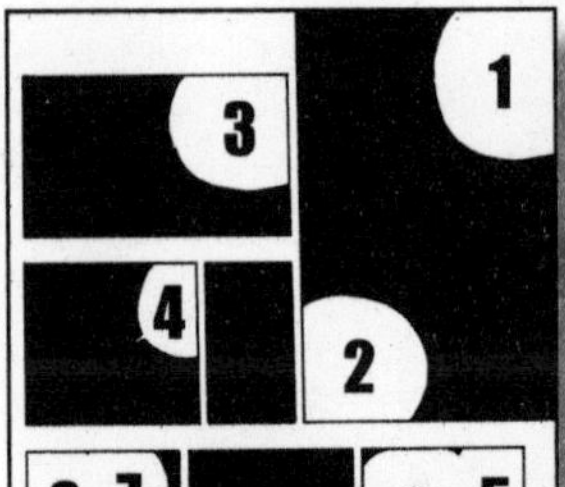

So geht's:

Wenn dies das erste Mal sein sollte, dass du einen Manga in den Händen hältst, kann dir die Grafik helfen, dich zurechtzufinden: Fang einfach oben rechts an zu lesen und arbeite dich nach unten links vor.
Viel Spaß dabei wünscht dir TOKYOPOP®!